Herbert E. Colla · Christian Scholz · Jens Weidner (Hrsg.)

»Konfrontative Pädagogik«

Das Glen Mills Experiment

W0061116

MG 2001
Forum Verlag Godesberg

Die Deutsche Bibliothek – CIP-Einheitsaufnahme

Konfrontative Pädagogik : das Glen Mills Experiment / Herbert E. Colla
... (Hrsg.). – Mönchengladbach : Forum-Verl. Godesberg, 2001
ISBN 3-930982-71-4

© Forum Verlag Godesberg GmbH, Mönchengladbach
Mönchengladbach 2001
Coverdesign/Layout: Konstantin Megas, Mönchengladbach
Gesamtherstellung: Rosch-Buch, D-96107 Scheßlitz
Printed in Germany
ISBN 3-930982-71-4

Dieses Buch ist dem Gründer

der **Glen Mills Schools** gewidmet,

Dr. C. D. Ferrainola

der mit Leidenschaft und langem Atem,

auch im Amerika des

»zero tolerance«,

seiner Lebensmaxime treu geblieben ist:

»There is no bad boy !«

Vorwort

Die **»Glen Mills Schools«** in der Nähe von Philadelphia im US-Staat Pennsylvania – was bedeuten sie für die bis zu 1000 Jugendlichen, die dort 12 bis 15 Monate leben: »Sozialpädagogischer Erlebnisurlaub«, »offener Strafvollzug« oder »Internat für Nachwuchsverbrecher«, also eine »Privatschule für Diebe, Dealer, Bankräuber«? Die Schlagworte ließen sich fortsetzen: »Seelen-MacDonalds für kleine Menschen« mit einem »totalitären Normensystem«, aber immer noch besser als der »Sauhaufen deutsche Jugendhilfe«. Alle Zitate stammen aus der ebenso aktuellen wie kontroversen Diskussion, die über die Medien der Öffentlichkeit vermittelt wird. »Angriff auf die bösen Jungs« (DER SPIEGEL 12/1999 – vgl. auch den Beitrag von T. Darnstädt in diesem Band) »Letzte Chance Amerika« (Fernsehfilm 1998), »Eldin im Wunderland« (Fernsehfilm 2000), »Aus diesem Knast kommen alle als Gentlemen wieder raus« (BRIGITTE 22/2000) lauten einschlägige Titel. Angesichts dieser aufgeregten Auseinandersetzung in der allgemeinen Öffentlichkeit ist es an der Zeit, daß sich Fachleute zu Wort melden, nachdem seit dem von Ottmüller 1988 vorgelegten Band »Glen Mills Schools – Ein Modell der Jugendkriminalrechtspflege in den USA« im deutschsprachigen Raum nur kleinere Beiträge erschienen sind. Es gilt, Entwicklungen nachzuzeichnen, Zwischenbilanz zu ziehen und Perspektiven – ggf. auch für ein deutsches Glen Mills – zu entwickeln: Sachlich, kritisch und vorurteilsfrei.

Ein Vorurteil muß dabei allerdings gleich vorab ausgeräumt werden: »Gehirnwäsche« gibt es in den Glen Mills Schools nicht.

> **»The students are not bad boys,**
> **They may have done bad things«**

Ein Modell, das die Schüler nicht als unveränderbar schlecht ansieht, für sie genauso Respekt und Würde wie für die eigenen Kinder einfordert und über eine ebenso fördernde wie fordernde Schulkultur versucht, positive persönliche Entwicklungsmöglichkeiten zu entdecken, orientiert sich an den Menschenrechten und entspricht dem Menschenbild auch unseres Grundgesetzes. Eine über »Peer-Group-Pressure« vermittelte Gruppen-Normen-Kultur ist wahrscheinlich noch nicht einmal sehr weit entfernt von dem Ideal klassischer Philosophie: »Handele so, daß die Maxime deines Willens jederzeit zugleich als Prinzip einer allgemeinen Gesetzgebung gelten könne« (Kant).

Die unbestrittenen Erfolge des Modells rufen immer wieder Skeptiker auf den Plan, die nach dem – möglicherweise kritikwürdigen »Geheimnis« des Erfolges fragen. Hier gibt das vorliegende Buch eine Antwort, die in dem Prinzip der konfrontativen Pädagogik gefunden wird. Dieses Prinzip bildet sozusagen den »roten Faden« für alle Beiträge in diesem Sammelband:

- **Jens Weidner** zeichnet die Grundlagen für eine konfrontative Pädagogik nach und plädiert für eine »klare Linie mit Herz«. - Normen aushandeln, Grenzen ziehen, Alltagsstruktur verbindlich machen, Gesetzesverletzungen konfrontieren, auch gegen Widerstände des Jugendlichen – das alles habe nichts mit Sanktionierung und Machtmißbrauch zu tun, sondern sei Voraussetzung für ein subkulturfreies Milieu und eine positive Peer-Group-Kultur wie in den Glen Mills Schools.

- **Herbert Colla** geht auf die Philosophie von Glen Mills ein und schildert, wie die Bedrohung durch die Willkür Stärkerer aufgehoben, wie antisoziales und prosoziales Verhalten geändert und wie soziale Kompetenz, verbale Konfliktfähigkeit und Friedfertigkeit – bisher (subkulturell) negativ bewertet – in erhöhtes Selbstwertgefühl, Souveränität und Stärke umdefiniert werden.

- Konfrontative soziale Arbeit im Grenzbereich von Jugendhilfe und Justiz ist das Thema von **Christian Scholz**, der ausgehend von unterschiedlichen gesetzlichen Zielvorgaben auf den notwendigen Balanceakt der »Verbindlichkeit des Unverbindlichen« verweist und die »geniale Idee« der Glen Mills Schools aufgreift, um sie auch für eine mögliche deutsche Schule zu nutzen.

- **Dagmar Schäfer** gibt den Leserinnen und Lesern die Möglichkeit, in die Innenwelt der Glen Mills Schools einzudringen, indem sie mit dem Trick einer Aufbereitung in Dialogform unterschiedliche Rollen und Perspektiven verdeutlicht.

- **Thomas Darnstädt** zeichnet ein SPIEGEL-typisches, ironisch-prononciertes Bild deutsch-amerikanischer Jugendhilfe und Justiz am Beispiel der Glen Mills Schools.

- Unter der Überschrift »Von Glen Mills lernen: Konfrontation als Hilfe im deutschen Anti-Aggressivitäts-Training« verweist **Horst Schawohl** darauf, daß Konfrontation ohne Kooperation nicht möglich ist, die ihrerseits Transparenz verlangt, und schildert an Praxisbeispielen das Fortschreiten vom Interventionsrecht zur Interventionserlaubnis.

2

Wer sich schon länger mit dem Thema beschäftigt, wird vielleicht einen Beitrag von *Petra Guder* vermissen, die als Leiterin des »Student Exchange Program« des Vereins *German Mills* langjährige praktische Erfahrungen mit Jugendlichen aus Deutschland in *Glen Mills* und mit der dortigen Institution hat sammeln können. Die einfache Erklärung dafür ist, daß *Petra Guder* zur Zeit an einem eigenen Sammelband arbeitet, in dem auch andere, von den hier veröffentlichten Beiträgen abweichende, Akzente gesetzt werden sollen. Die Herausgeber des vorliegenden Buches sehen in dieser Erweiterung des Spektrums, was mich besonders freut, eine fruchtbare Ergänzung für eine ebenso umfassende Information wie für eine weiterführende kritische Diskussion.

Prof. Dr. Bernd-Rüdeger Sonnen

Vorsitzender der Deutschen Vereinigung
für Jugendgerichte und Jugendgerichtshilfen (DVJJ)

Filmische Darstellung zum vorliegenden Buch:

Inhalt

Jens Weidner

Vom Straftäter zum Gentleman?

Über konfrontative Pädagogik als Erziehungs-ultima ratio

> **»** *Wer einen guten Draht zu mir hat, der kann mir auch hässliche Wahrheiten sagen. Da stell' ich meine Ohren nicht auf Durchzug. Da denk' ich drüber nach. Vielleicht veränder' ich mich dann sogar zum Besseren!* **«**

Dieser hoffnungsvolle Satz des 17-jährigen Wiederholungstäters Georg prägt die folgenden Ausführungen zur konfrontativen Pädagogik: Auf der Grundlage einer vertrauensvollen, von Sympathie und Respekt geprägten Beziehung, gilt es die Folgen delinquenten Handelns beim Täter ins Kreuzfeuer der Kritik zu nehmen. Das ist kein spektakulär neuer Gedanke, aber einer, dem an dieser Stelle mehr Gehör verschafft werden soll, vor allem bei denen, die sich als Erzieher, Kriminologen, als Sozialarbeiter und Pädagogen täglich mit Wiederholungstätern auseinanderzusetzen haben. **Konfrontative Pädagogik** oder präziser formuliert: die konfrontative Methodik in der Pädagogik, versteht sich in diesem Sinne als Ergänzung, **als pädagogische ultima ratio** (Weidner 1999:4ff.), wenn akzeptierendes Begleiten (Krafeld 1996), non-direktive Gesprächsführung (Rogers 1994), einfühlsame Einzelfallhilfe oder ein lebensweltorientierter Zugang (Thiersch 1995) nicht mehr ausreichen.

I. Sozialisationstheoretische Bezüge

Der Mehrfachauffällige wird mit Hurrelmann (1995:69ff.) als produktiver Realitätsverarbeiter begriffen, der Sozialisationsprozessen unterliegt: „Sozialisation bezeichnet den Prozess der Entstehung und Entwicklung von Persönlichkeit in wechselseitiger Abhängigkeit von der gesellschaftlich vermittelten sozialen und dinglich materiellen Umwelt." Lerner/Busch-Rossnagel (1981) sprechen von „Individuals as Producers of Their Development". **Ziel des Sozia-**

lisationsprozesses ist ein handlungsfähiges Subjekt durch den Aufbau eines reflektierten Selbstbildes (Hurrelmann 1995:79f.). Die (delinquente) Störung Mehrfachauffälliger resultiert danach aus der Diskrepanz zwischen individuell-sozialer Kompetenz und realen Notwendigkeiten. Deutlich wird dies bei Ahmet, dessen individuell-kulturell geprägte Kompetenz bei Schimpfworten, die seine Familie betreffen, fast reflexhaft dazu führt, dass er, über die realen Notwendigkeiten hinaus, unangemessen aggressiv handelt. Kernpunkt aller Sozialisation (Hurrelmann 1995:76, vgl. Hurrelmann/Ulich 1991, Tillmann 1996) ist die Entwicklung und Förderung von **Handlungskompetenz:** „Die Kompetenz zum Handeln und insbesondere auch zum interaktiven und kommunikativen Handeln ist Voraussetzung dafür, daß sich ein Mensch mit den Erfordernissen und Anforderungen der Umwelt arrangieren und dabei die eigenen Motive, Bedürfnisse und Interessen berücksichtigen und einbringen kann."

Auffällig ist der interaktive Kompetenzmangel bei wiederholt aggressiv Agierenden, die körpersprachlich zwar imposant bis einschüchternd auftreten, aber ausser einem fulminanten Beleidigungsrepertoire wenig Konfliktbewältigungsstrategien zu bieten haben. Es ist offensichtlich, das dieses unterleibsorientierte Trash-Niveau nicht ausreicht, den Erfordernissen einer Kommunikations- und Dienstleistungsgesellschaft gerecht zu werden.

Nach Habermas (1973:118ff.) und Krappmann (1969:78) werden – pointiert formuliert - folgende zentrale Dimensionen der Handlungskompetenz beschrieben: Empathie, Frustrationstoleranz, Ambiguitäts- oder Ambivalenztoleranz sowie Rollendistanz. Bezogen auf Mehrfachtäter ergibt sich hier ein ernüchterndes Bild: Empathie in Bezug auf die Folgen von Delinquenz für die Opfer und die signifikanten Anderen (wie die eigenen Kinder, Eltern) ist nur marginal ausgeprägt. Die Frustrationstoleranz scheint bei Mehrfachtätern, die biografieanalytisch meist auch mehrfach frustriert wurden, nahezu aufgebraucht.

Der Ambivalenztoleranz und ihrer mehrdeutigen Rollenerwartung werden Mehrfachauffällige kaum gerecht, wenn sie etwa dem Werkstatt-Meister mit den Interaktionsritualen und dem Scene-Slang der eigenen Subkultur begegnen. „'Noch so'n Spruch Kiefernbruch', das ist bei meinen Kumpels ein Lacher, bei meinem Meister eine Abmahnung", so die nicht sehr überraschende Erkenntnis des 17-jährigen Wolfram.

Auch die Rollendistanz (vgl.Goffmann 1973:125ff.), also die Fähigkeit auf Abstand zur eigenen Rolle zu gehen, ist bei Mehrfachtätern förderungswürdig. Goffmans (1972) humorvolle Erkenntnis zu den z.B. martialisch-aggressiven Selbstdarstellungen des Alltags (,Wir spielen alle Theater') wird von den Betroffenen nicht geteilt, die mit grossem Ernst in ihrer, auch delinquenten,

Rolle verhaftet sind. Die „positionsbejahende Rollendistanz" scheint mangelhaft ausgeprägt. Sie „läßt sich übrigens an bestimmten Verhaltensweisen leicht erkennen, zum Beispiel an der gelegentlichen Ironisierung und Verfremdung vermeintlich zwingender Rollenverpflichtungen, an der Fähigkeit zum Perspektiven- und Rollenwechsel (...) oder auch an einer pointierten Hervorhebung der Rollenhaftigkeit" (Biermann 1992:47).

Neben dem Ausbau der Handlungskompetenz verfolgt die konfrontative Pädagogik zwei weitere Sozialisationsziele:

1. Die Förderung **prosozialen Verhaltens**: „Eine Person zeigt prosoziales Verhalten, wenn sie willentlich für eine andere Person oder Personengruppe einen Vorteil anstrebt, beispielsweise helfen, teilen, spenden oder unterstützen will. Für die Definition wichtig sind die beabsichtigten positiven Folgen für die andere Partei" (Silbereisen/Schuhler 1993:275). Die Entwicklung prosozialen, insbesondere altruistischen Verhaltens, wird mit der sozial-kognitiven Fähigkeit zur Perspektivenübernahme verknüpft.

2. Die Weiterentwicklung **moralischen Bewusstseins** (Kohlberg/Turiel 1978: 13ff.) von der für Mehrfachauffällige typischen präkonventionellen Moral (Einteilung in gut/böse, Belohnung/Bestrafung, eine Hand wäscht die andere-Mentalität) zur konventionellen Moral (good-boy-girl orientation, Loyalität gegenüber gesellschaftlich anerkannten Normen/ Gesetzen, Verantwortung/Pflicht erfüllend). Die intrinsisch motivierte postkonventionelle Moral mit ihrer Orientierung an den Menschenrechten und Kants kategorischem Imperativ (‚Handle so, dass die Maxime deines Willens jederzeit zugleich als Prinzip einer allgemeinen Gesetzgebung gelten könne') wird als wünschenswerte, aber doch schwer zu erreichende, Zukunftsperspektive begriffen.

2. Sozialpädagogisch-psychologische Anknüpfungspunkte

Konfrontative Pädagogik umschreibt prononciert folgendes professionelles Verständnis im Umgang mit Mehrfachauffälligen: Danach sollten 80% der professionellen Persönlichkeit einfühlsam, verständnisvoll, verzeihend und non-direktiv bleiben, aber um **20% Biss**, Konflikt- und Grenzziehungsbereitschaft (vgl. Redl 1987:203ff.) sowie konsequente Intervention ergänzt werden. Und um diese 20% geht es primär in den folgenden Ausführungen.

Konfrontative Pädagogik ist nichts wirklich Neues, denn sie bündelt (sozial)pädagogische (u.a. Makarenko, Korczak, Redl) und psychologische (u.a. Corsini, Farrelly) Erfahrungen des letzten Jahrhunderts, um den Erziehungsaufgaben der Gegenwart gerecht zu werden. Sie grenzt sich ab von einem autoritärpatriachalischen Erziehungsstil sowie von einem rein permissiven Verständnis, das die Ursachen abweichenden Verhaltens ausschliesslich im gesellschaftlichen Kontext bzw. als Ausdruck von Labeling-Prozessen sieht.

Konfrontative Pädagogik orientiert sich an einem **autoritativen Erziehungsstil** (Silbereisen/Schuhler 1993:278ff.) Dieser ist weder stumpf-militärisch, noch alles erlaubend, sondern verfolgt eine „klare Linie mit Herz" (Weidner 1999: 101), die Wärme, Zuwendung, verständlich begründete, klare Strukturen und Grenzen, entwicklungsgerechte Aufgaben und Herausforderungen vermittelt (Baumrind 1967:43ff.). Die Vorteile dieses Stils, in Abgrenzung zum autoritären und permissiven Verständnis, beschreiben Steinberg/Darling (1994) mit prosozialerem Verhalten der Probanden, grösserer Aufgeschlossenheit und sozialerer Kompetenz, sowie einem angemessen - durchsetzungsfähigen Alltagsverhalten.

Besonders Letzteres ist bedeutend für aggressive Wiederholungstäter, die sich auch nach einem Resozialisierungs-Prozess als durchsetzungsstark und nicht als Versager (‚Dully‘) definieren möchten. Die Lebenshypothese der Täter lautet: Gewalt macht stark und unangreifbar. Friedfertigkeit dagegen sei Feigheit und Schwäche, so das Ergebnis einer Befragung von 62 Mehrfachgewalttätern (Weidner 1994).

Ein Grund für die positiven Ergebnisse zum autoritativen Stil scheint in dessen hoher Kommunikations- und Aushandlungsbereitschaft zu liegen: Er impliziert eine pädagogisch gelenkte Streitkultur im (sozial)pädagogischen Schonraum mit den betroffenen Jugendlichen über Normen, Werte und abweichendes Verhalten, wie sie etwa aus Streitschlichterverfahren, Schulparlamenten, dem Täter-Opfer-Ausgleich oder Redls ‚life-space-interview‘ (1987:48 ff.) bekannt sind. Abweichendes Verhalten „verstehen, aber nicht einverstanden sein", formulierte treffend der Sozialpädagoge Gall (1997) als richtungsweisendes Motto.

Nach Hoffmann/Saltzstein (1967) kommt dem Begriff der **'Induktion'** beim autoritativen Erziehungsstil und der Internalisierung prosozialen Handelns eine besondere Bedeutung zu. **Internalisierung** soll als normativ orientiertes Verhalten definiert werden, das von aktueller, situationsspezifischer externer Kontrolle relativ unabhängig ist (Seel 1976:114). Zur Induktion heisst es: „Auf Verstöße gegen erwünschtes Verhalten kommt von Eltern, die sich induktiv verhalten, kein Verbot. Vielmehr werden dem Kind die negativen Folgen für es selbst und für andere aufgezeigt und damit das erwünschte Verhalten begründet, das statt dessen erwartet wird. Hiermit sind die Eltern einerseits Modell für einen verständnisvollen, ruhigen aber bestimmten Umgang mit Konflikten in sozialer Interaktion. Andererseits erweitern sie das Repertoire ihres Kindes an Empathie und sozial-kognitiven Fähigkeiten, das so in die Lösung des Erziehungsproblems einbezogen wird" (Silbereisen/Schuhler 1993:279).

Konfrontative Pädagogik ist geprägt durch die methodischen Erfahrungen der kognitionspsychologisch orientierten **konfrontativen Therapie** (Corsini 1994:555ff.) sowie der **provokativen Therapie** des social workers und Psychotherapeuten Frank Farrelly (1994:956ff.), dessen verblüffende, humorvolle, paradox-interventionistische Alltagsarbeit gerade bei sozialarbeits- und psychologiegesättigten Mehrfachauffälligen auf Neugier und Interesse stösst.

Corsini (1994:956) kommentiert in seinem Handbuch der Psychotherapie die Arbeit Farrellys: „Er wendet viele Formen des Humors, u.a. Übertreibung, Mimikry, Spott, Verzerrung, Sarkasmus, Ironie und einfach schlichte Scherze, zum Vorteil des Klienten an, wobei er mit Absicht gegen die Prinzipien konventionellen Denkens verstößt. Diese Vorgehensweise führt zu einer wichtigen Frage: ... Sollte der verletzende Humor fester Bestandteil des Handwerkzeugs eines Therapeuten werden ?" Farrelly beantwortet diese Frage eindeutig mit einem herzlichen ‚Ja'! Und in bezug auf delinquente Probanden ist zu ergänzen, dass diesen die **Rolle des advocatus diaboli** sehr vertraut ist! „Interessant an dieser Therapie ist u.a.," so Corsini, „daß sie im Kontext jener liebenswürdigen und freundlichsten aller Therapien – Carl Rogers' Klientenzentrierter Therapie – entwickelt wurde."

Farrelly (1994:960ff.) folgt zehn Postulaten, von denen eines für unser Thema besonders bedeutend ist:

Die Angst der Professionellen, dass Jugendliche zusammenbrechen, wenn Sozialpädagogen oder Psychologen diese mit den Folgen dessen konfrontieren, was sie angerichtet haben. Ein zurückhaltender Mitarbeiter der norddeutschen Jugendhilfe formulierte das dem Verfasser gegenüber auf sehr bildhafte Weise:

„Wissen Sie, wenn Sie (der Verfasser) aggressive Täter mit ihren Straftaten so hart konfrontieren besteht die Gefahr, dass diese aus Verzweiflung in die Elbe springen". Diese Verantwortung wolle er nicht tragen. Aggressive Jugendliche, die von diesen Bedenken hörten, konterten nicht weniger pointiert: „Wir springen bestimmt nicht in die Elbe, wir schmeissen den in die Elbe!" Farrelly (1994:961) kommentiert diesen schwarzen Humor sehr realistisch in Bezug auf Mehrfachauffällige:

„Die psychische Fragilität von Klienten wird sowohl von ihnen selbst als auch von anderen weit überschätzt. Die meisten Klienten und Therapeuten betrachten den Klienten als jemanden, der dem ‚Humpty-Dumpty' ähnelt, jenem unglückseligen Ei, das von der Mauer herunterfiel und bei der geringsten Erschütterung einen Sprung bekommen, aufbrechen und auseinanderfallen wird...Der Provokative Therapeut konzentriert sich absichtlich übermäßig stark und spaßhaft auf das, was bei dem Klienten nicht ‚in Ordnung' ist, um ihn zu provozieren, das herauszuholen, was bei ihm ‚in Ordnung' ist, um seine Stärken erneut zu bestätigen und seine persönlichen Kräfte zu aktivieren." Lachen, gerade auch auf Kosten der Defizite des Klienten – so Farrelly (1994:977) – ist die beste Medizin !

Die **konfrontative Therapie** strebt einen schlagartigen, radikalen, schnellen Erkenntnisgewinn des Menschen an, methodisch orientiert an Perls ‚hot seat' (vgl. Weidner 1993) und Morenos ‚Hinter-dem-Rücken-Technik': Der aggressive Jugendliche erklärt und rechtfertigt sein Verhalten. „Wenn er seine Erklärungen beendet hat, ‚verläßt' der Protagonist den Raum symbolisch, in dem er sich aus der Gruppe heraus begibt und nach außen blickt. Der Rest der Gruppe diskutiert ‚hinter seinem Rücken' über ihn, während er zwar zuhört, aber nicht zusieht..." (Corsini 1994:561) Die so gehörten schonungslos offenen Statements der anderen Gruppenmitglieder werden im Anschluss zusammen mit dem Probanden reflektiert.

„Was mich die Jahre hindurch in diesem entsetzlichen Beruf gehalten hat", so Corsini, nicht ohne Selbstironie (1994:555), „ waren die relativ seltenen Fälle, bei denen ich merkte, daß mein Einsatz tatsächlich etwas bewirkte. Ich bin überzeugt, daß es mindestens zwei Dutzend Menschen draußen gibt, die früher hinter Schloß und Riegel saßen und die jetzt – als direkte Folge der Konfrontativen Therapie – ‚normal' sind. Und deshalb empfehle ich, daß diejenigen Psychologen, die in Strafanstalten tätig sind, etwas über die Konfrontative Therapie erfahren sollten."

Konfrontative Pädagogik fördert das Prinzip ‚**Jugend erzieht Jugend**', wie es aus so unterschiedlichen pädagogischen Konzepten bekannt ist, wie Korczaks ‚Strafgesetzbuch', Makarenkos Kameradschaftsgericht, Neills Schulversammlungen in Summerhill (vgl.www.s-hill.demon.co.uk) oder Ferrainolas (Ottmüller 1988:111ff.) ‚Bulls Club' in Glen Mills. Ziel ist ein Gleichklang von formeller und informeller Erziehungsstruktur, pointiert formuliert: ein subkulturfreies Milieu, d.h. die Normen der Mitarbeiter (von der Leitung über die Erzieher bis zum Hausmeister) und der Jugendsubkultur streben Deckungsgleichheit an. Vorrath/Brendtro (1974) sprechen von der Notwendigkeit einer **Positiven-Peer-Kultur**. Allen/Pilnick (1973:3 ff.) betonen das „confronting the shadow organization" als Voraussetzung, damit pädagogisches Handeln überhaupt greifen kann.

3. Handeln mit Augenmass in der Jugend-Kriminalitätsrechtspflege

Pädagogisches Handeln in der (Jugend)Kriminalrechtspflege soll im folgenden im Spannungsfeld zwischen pädagogischem Bezug, Betroffenenperspektive, doppeltem Mandat und Grenzziehung betrachtet werden.

Nach den antiautoritär (Neill 1969) und antipädagogisch (Braunmühl 1979) geprägten 70er Jahren, nach dem Siegeszug der kritischen Erziehungswissenschaft (Mollenhauer 1968) und offensiv-emanzipatorischen Sozialpädagogik (Giesecke 1973) , der danach prägenden Lebensweltorientierung (Thiersch 1995) sowie den engagierten Ausführungen zur Sozialarbeitswissenschaft (Puhl 1996) wird zu Beginn der Jahrtausendwende eine geisteswissenschaftlich geprägte Debatte über Erziehungsziele aufgegriffen, die fast antiquiert anmutet. Die Frage also, was Soziale Arbeit, was Erziehung in einer individualisierenden Risikogesellschaft (Beck 1986) beim Probanden bewirken soll ?

Bis zur Jahrtausendwende hat sich in der Sozialen Arbeit derart Konstruktives entwickelt, dass der Tübinger Sozialpädagoge und Erziehungswissenschaftler Thiersch (1995:235) euphorisch-omnipotent vom **„sozialpädagogischen Jahrhundert"** spricht. Er meint damit die quantitative und qualitative Differenzierung in der Sozialen Arbeit und deutet damit etwas (dem Verfasser) zutiefst Sympathisches an: Sozialarbeiter und Pädagoginnen müssen ermutigt werden selbstbewusst, vielleicht sogar arrogant aufzutreten. Es ist Zeit Abschied zu nehmen von branchentypischen Selbstzweifeln und dem sozialpädagogischen Faible zur Larmoyanz. Und dieser Abschied hat gute Gründe, denn es ist die Soziale Arbeit, die - ganz unbescheiden – hochtrabende Konzeptideen in die Praxis transferiert und sich nicht mit einer gelungenen individuellen und/oder gesellschaftsorientierten Ursachenanalyse zufrieden gibt.

Fakt bleibt: Fern ab von Elfenbeinturm und reiner Lehre waten die Professionellen durch die Rand- und Grenzgebiete der deutschen Erfolgsgesellschaft, umgeben von **Modernisierungsverlierern**. Zusammen mit innovationsfreudigen Juristen und Kriminologen wird erfolgreich versucht, die Reaktionsspielräume der Instanzen sozialer Kontrolle zu verbessern: Diversion, Täter-Opfer-Ausgleich, Erlebnispädagogik, Soziales Training, Mediationsverfahren, Konfliktlotsen, Anti-Aggressivitäts®- und Anti-Gewalt-Trainings belegen dies und zugleich Mollenhauers (1964:27) alte Formulierung, wonach Sozialpädagogik „gleichsam das exponierteste pädagogische Experimentierfeld der Gesellschaft (ist), (...) weil sie, ihrem Auftrag entsprechend, es nicht mit der Überlieferung von kulturellen Sach-Inhalten zu tun hat, sondern ausschließlich mit der Bewältigung aktueller, im Entwicklungs- und Eingliederungsprozeß des Heranwachsenden auftretender Probleme."

Das hat Tradition: Basierend auf Nohls (1927) ‚pädagogischem Ethos‘, ange-
trieben von Mollenhauers (1964:97f.) ‘schützen, pflegen, beraten‘, immer auf
der Suche nach Thierschs (1987:1008),gelingenderem Alltag‘ versuchen die
Professionellen der Sozialen Arbeit **nicht-stigmatisierend** ihre Jugendlichen
ernst zu nehmen, sie auszuhalten, zu teilen, den Alltag zu strukturieren, auf-
zuklären und die Lebenswelt der Betroffenen zu verbessern.

Dieses Selbstverständnis sozialpädagogischen Handelns wird aber durch die
kleine Gruppe der Mehrfachauffälligen strapaziert. Genauer, eine engagierte
Debatte von strafen oder behandeln oder nur begleiten ist entstanden. Eine
Debatte, die auch bald der Vergangenheit angehören könnte, denn die Kom-
plexität von Erziehungsprozessen ist nicht für ein entweder-oder geeignet. Die
Zukunftsperspektive dürfte pragmatischer Natur sein. Sie wird lauten: **Beglei-
ten und behandeln und bestrafen**, punktgenau, dem Persönlichkeitsprofil der
Betroffenen entsprechend.

Und das brückenschlagende Schlagwort, das rechtsstaatliche Hardliner und
sanfteste Pädagogen miteinander in Zukunft verbinden könnte, das heißt
Grenzziehung.

3.1. MTV-Generation versus Wiederholungstäter

Fakt ist: Die Soziale Arbeit wird mit der Forderung nach mehr und strenge-
rer Konsequenz konfrontiert. Diese strengere Debatte hat etwas Charmant-
Kurioses an sich: Sie basiert nicht auf einer Verschlechterung der jungen

Generation. Genauer: Weit
über 90% der Jugendli-
chen sind gar nicht böser
geworden. Die benehmen
sich sehr gut, vielen kritischen Pädagogen sind diese
Jugendlichen sogar schon
zu nett und angepasst. Die
sind Mitglieder der MTV-
Schnelldenker Generation,
medial verliebt und durchaus aufstiegs- und lei-
stungsorientiert: the **new
germans mit europäisch-**

Glen Mills Kids, 1984

globaler Ausrichtung. Eine spannende Gruppe, die den Reformeifer der 70er,
den Kampf gegen Atomkraftwerke, das Hinterfragen der Wettbewerbsgesell-
schaft als ‚gerontologische Nummer‘ von pädagogischen und anderen Grufties

14

begreifen. Die haben richtig Humor ! Und : Zielgruppe einer konfrontativen Pädagogik sind sie nicht !

Fakt bleibt: die Werte- und Erziehungsdebatten hat unsere Branche nicht wegen dieser Jugendlichen zu führen, sondern wegen einer kleinen, aber medial imposant auftretenden ‚**Jugendkriminalitäts-Elite**‘, die deutschlandweit, im Fall Mehmet 1999 sogar europaweite Popularität erlangt hat. Diese Hochkaräter heißen in Hamburg Dennis, bringen in Mannheim Polizisten um, leben in Frankfurt in der Ahornstraße oder machen Greifswald unsicher. Der falsche Eindruck entsteht: Die Republik wird von diesen Erziehungs-Fehlschlägen überrollt.

Die Realität ist das nicht. Die Realität der extrem schwierigen, z.T. gefährlichen Jugendlichen fassen Jugendhilfe und Polizei einträchtig zusammen, wenn sie sagen : ‚Von denen gibt es so wenige, die kennen wir alle mit Namen.‘

Fakt bleibt: Ein Massenphänomen sind diese Wiederholungstäter nicht. Aber sie machen massenhaften Ärger. Ca. **9% dieser abweichenden Jugendlichen sind für die Hälfte aller Straftaten verantwortlich**. Und da müssen Soziale Arbeit, Pädagogik und Psychologie aktiver werden! Interventionen fallen nicht leicht, denn diese Jugendlichen haben etwas Irritierendes: Sie sind geradezu erziehungsresistent. Die verschaffen selbst den engagiertesten und erfahrensten Professionellen Schlafstörungen. Sozialpädagogische Jugendzentrums-Leitungen geraten bei deren Namen in Panik, selbst liberale Lehrer träumen vom Schulverweis und die Jugendhilfe vor Ort weiß:

‚Jetzt gibt es Ärger, den kriegen wir nicht in den Griff. Die örtliche Presse wird uns zerreißen, spätestens nach dem übernächsten kleinen oder großen Rückfall‘, so ein norddeutscher Jugendamtsleiter.

Fast immer sind dies männliche Jugendliche, meistens stammen sie aus broken homes und die besonders Gewalttätigen unter ihnen, waren selbst Opfer kontinuierlicher Erziehungsgewalt. Die Opfer von gestern sind die Täter von heute und die gegenwärtigen Misshandlungszahlen des deutschen Kinderschutzbundes lassen für die Zukunft keine Verbesserung erkennen. Diese Jugendlichen haben in der Regel **keine primäre Veränderungsmotivation** weg von der Delinquenz:

Warum sollte sich ein engagierter Schulabzieher auch freiwillig verändern? In Schleswig-Holstein sagte dem Verfasser ein junger, hellwacher, vor Selbstbewusstsein strotzender Bedroher: „Ich weiß nicht, was Du willst, ich stehe hier am Schultor und ich sage den Jungs immer ‚laßt das mit den Geschenken, ich will die nicht, ehrlich‘. Und die hören nicht auf mich. Jetzt hab ich schon 3

Swatchuhren, Turnschuhe, Markstücke und Süßes, aber auch mal eine Jacke. Ich glaub', die halten mich für so einen Altkleiderfuzzi." Ein cooler Typ mit einer Werbebotschaft: ,Ich will so bleiben, wie ich bin.'

Wer als Professioneller wartet, dass dieser Schüler sich freiwillig verändert, wird höchstwahrscheinlich enttäuscht werden. Dem geht es nämlich richtig gut: sein Verhalten sichert ihm Respekt, Status und selbst die Lacher hat er auf seiner Seite. Die Kriminologie weiß sogar, ab wann man bei dem Jungen auf intrinsisch motivierte Veränderung hoffen darf: ungefähr ab dem zwanzigsten Lebensjahr. Fachterminologisch spricht man vom ,jugendtypischen Episodencharakter'. Dieses Warten hat nur einen entscheidenden Nachteil: Der Schleswig-Holsteiner war gerade 15 geworden, d.h. er produziert noch über 5 Jahre Albträume in seiner Umwelt.

Abwarten und gewährenlassen, das bedeutet in so einem Fall sich pseudotolerant zu verhalten, das heißt auch Opfer billigend in Kauf zu nehmen. Für Sozialarbeiterinnen und Pädagogen ein unverzeihlicher Faulpax ! Otto (1998:38) spricht daher von der Notwendigkeit des „Kampfes um das Arbeitsbündnis...den die Betreuer mit großer Beharrlichkeit initiieren" müssen, um der „Kultur des coolen Abwieglers" (Otto 1998: 34) erfolgreich zu begegnen!

3.2. Grenzziehung mit Herz

Viele Professionelle haben ein ähnliches Empfinden, greifen ein und leiden dennoch: Grenzen ziehen, streng sein, autoritativ agieren, das widerspricht ihrem akademisch sozialisierten Selbst- und Erziehungsverständnis, das stärker von Begriffen wie Akzeptanz, Liebe, Emanzipation und Kompetenzförderung geprägt ist.

Vor allem bei Begriffen wie Grenzziehung werden bei älteren Professionellen irreführende Assoziationen wach, von Unterdrückung bis time-out-Räumen, von ,Clockwork Orange', bis ,einer flog übers Kuckucksnest', den Kultfilmen zu Manipulierbarkeit und zur ,totalen Institution' (Goffman 1973). Gedanken werden wach an die über 200 Jahre alte Schwarze Pädagogik (Rutschky 1977), die z.T. martialische ,Erziehungsempfehlungen' dokumentiert, wie: ,Der nicht geschundene Mensch wird nicht erzogen.' Oder: ,Wer die Rute spart, der haßt den Sohn.'

Grenzziehung wird verwechselt mit Begriffen wie Sanktionierung und Machtmissbrauch - die es in der offiziellen Lesart unserer Branche nicht gibt. Inoffiziell gibt es natürlich Sanktionssysteme. Kaum primitive, aber subtile, denn die Professionellen in der sozialen und psychologischen Branche können auch **Meister feinsinniger Machtspiele** sein, im Team, aber auch gegen ihre Probanden. Franziska Lamott (1984) hat dazu ein sozialtherapeutisches Buch geschrieben mit dem Titel: ‚Die erzwungene Beichte‘ und der Theologe Rolf Lüdemann (1990) hat Soziale Arbeit und Therapie als ‚verdeckte Gewaltformen‘ zu entlarven versucht. Unsere Branche ist nicht so sozial und nett, lieb und teamorientiert, wie sie immer tut.

 Und wenn dieser Beitrag für die Notwendigkeit von Grenzziehung und autoritativem Erziehungsstil plädiert, dann ist das kein Plädoyer für verdeckte, subtile branchentypische Machtspiele, sondern für mehr Streitkultur und für ein **engagiertes Aushandeln** mit den Jugendlichen und eben nicht für das pädagogische Abnicken aus Desinteresse, das dann als Betroffenenperspektive missinterpretiert wird.

Wie sehen denn nun Machtspiele aus ? Ein sozialpädagogisch-psychologisches Teambeispiel (vgl. Weidner/Koller-Tejeiro 1999):

Freitag mittag. Teamsupervision. Wir sind alle offen. Der Supervisor arbeitet non-direktiv, bündelt die Fragestellung und läßt uns reden. Herbert (Wohngruppenleiter) sagt: Monika (die ist Psychologin), ich muß Dir mal ehrlich was sagen, aber sei nicht sauer darüber, wir sind ja in der Supervision... und dann verpult Herbert ihr so einen ungerechten Vorwurf, mit engelhaft-ernster Miene, wo jeder aus dem Team weiß, für Monika ist das Wochenende gelaufen. Nur der Supervisor bekommt es nicht mit. Der ist ein Externer. Am Ende sagt Herbert nochmal, ‚du bist mir deswegen aber nicht sauer, ehrlich ne ?‘ Und er legt dabei die Hand fürsorglich auf Monikas Schulter. Die reagiert dezent aversiv und macht gute Miene zum bösen Spiel: ‚Nein, nein, ich bin nicht sauer‘ sagt Monika und lächelt etwas gequält und sie denkt ‚dieses Schwein, egal, man trifft sich immer zwei Mal im Leben‘. Was Herbert nicht wußte: Monika ist nicht nur nachtragend-rachsüchtig, sondern sie hat auch noch ein Elefantengedächtnis - aber das ist wieder eine andere Geschichte.

Grenzziehung heute grenzt sich davon ab. Sie widerspricht nur scheinbar einem **optimistischen rousseauschen Menschenbild**, zumal auch Rousseau in seinem Emile dem Bild vom Erzieher als ‚Autorität‘, aber nicht als ‚autoritär‘, folgte. Normen aushandeln, Grenzen ziehen, Alltagsstruktur verbindlich machen, Gesetzesverletzungen konfrontieren, auch gegen Widerstände des Jugendlichen, das macht sozialpädagogische Arbeit mit Mehrfachauffälligen erst glaubwürdig, denn es ist eine Binsenweisheit, dass gerade Mehrfachauffällige pädagogische Freundlichkeit und Milde als Schwäche begreifen. ‚**They take kindness for weakness**‘ heißt es international. Das ist schade, aber eine Realität auf die es pädagogisch zu antworten gilt.

Und die Antwort an den Jugendlichen könnte lauten: ‚Ich mag Dich, ich mag Dich sogar sehr, aber in Bezug auf Deine Taten bist Du ein richtig mieser Kerl!‘

Aber: Dürfen Professionelle so reden ? Wird damit nicht das **interaktionisti-sche Stigmatisierungs-Gebot** verletzt ? Die Labeling-Theorie (Sack 1979:431ff.) gilt zurecht als theoretisches Basiswerkzeug, hat aber – als häßliche Neben-wirkung – Professionelle derart beeindruckt, dass sie gar nicht mehr eingrei-fen mögen. Von Non-intervention wird fachlich gesprochen. Falsch verstan-den führt dies dazu, dass überfällige Wahrheiten dem Probanden gegenüber verschwiegen werden. Daher an dieser Stelle der Appell: Übertreiben Sie es nicht mit der Stigmatisierungsangst. Praktizieren Sie konfrontative Pädago-gik, d.h., seien Sie nicht nur empathisch-höflich, seien Sie auch brutal ehrlich. Farrelly/Matthews (1994) weisen zurecht darauf hin, dass unsere Probanden hässliche Wahrheiten durchaus verkraften !

Zentral bleibt in diesem Kontext die Frage, wo Grenzziehung in der Pädago-gik zwingend geboten ist, denn nicht jedes grosszügige Gewährenlassen hat einen anti-autoritären Anspruch. Manchmal ist es nur Gleichgültigkeit oder **Konfliktangst der Professionellen** und das ist pädagogisch nicht seriös.

Wer als Sozialpädagogin oder Erziehungswissenschaftler das Wort Grenzzie-hung in den Mund nimmt, wer Jugendlichen Gespräche aufzwingt, weil sie pädagogisch angezeigt erscheinen, der gilt als professionell fragwürdiger Fall. In der Lesart der letzten drei Jahrzehnte heisst etwas Aufzwingen, sozial-pädagogisch versagt zu haben, denn man konnte nicht durch Freiwilligkeit, Milde, mit warmherzigen Worten und durch Engagement überzeugen. Gerade bei erziehungsresistenten Mehrfachauffälligen kann dieser Anspruch nur selten eingelöst werden. Entsprechend soll dieser Beitrag ermutigen sich ein-zumischen, einzugreifen, zu widersprechen, nicht wegzuschauen, den Jugend-lichen **gesellschaftliche Konsens-Wertvorstellungen** nahe zu bringen, auf neu-hochdeutsch: Streitkultur mit den Kids zu praktizieren.

Zeigen Sie sozialpädagogische Zivilcourage im Umgang mit Ihren engagierten Norm- und Gesetzesbrechern. Bleiben Sie Anwalt Ihres Jugendlichen, ohne jeden Unfug abzunicken, den gerade Mehrfachauffällige praktizieren. Noch deutlicher: Zwingen Sie die Jugendlichen zur Auseinandersetzung, kleben Sie wie ein **sozialpädagogisches Kaugummi am Turnschuh Ihrer Klientel**, denn das ist dynamisch, spannend und das Gegenteil von Langeweile, eben ‚konfronta-tive Pädagogik‘, eine sinnvolle Ergänzung zu Rogers beliebter non-direktiver Gesprächsführung. ‚Achtung‘, heisst es dann in der Jugendkultur: ‚Diese Sozi-alarbeiterin, dieser Pädagoge ist mit Vorsicht zu genießen, den musst du ernst nehmen‘, so ein sich ansonsten chaotisch gebärdender 15-jähriger.

Wie ist das, wenn Professionelle in Ihrem Alltag an Grenzen stossen, in der Auseinandersetzung mit Kindern, Jugendlichen und Heranwachsenden ? Wie ist das, wenn ihnen ein tief empfundenes „verpiss Dich" entgegengeschleudert wird, wenn klar ist, dieser Jugendliche ist gar nicht motiviert, findet sogar richtig mies, daß ein lässig gekleideter Sozialspiesser gegen Vandalismus und Abzieherei angeht, gegen kleine Unterdrückungen und für den regelmäßigen Schulbesuch, gegen Haschischkonsum und für Schularbeiten. Reicht bei diesen Konflikten eine non-direktive Zurückhaltung, eine akzeptierende Sozialarbeit, die die Jugendlichen begleitet ?

Ein 16-jähiger Mehrfachauffälliger formulierte dieses wohlwollende Begleiten so: „Meinen Sozialen konnte ich immer allen Mist von mir erzählen". Die Betonung liegt auf ‚Mist‘. Die Fachdienste als seeliche Mülleimer mit Butler-Image, denn „Anträge füllen die auch noch für mich aus", so der Junge. Kein Wunder also, dass so viele in unserer Branche ausbrennen oder sich auf eine formalistische Bürokraten-Mentalität zurückziehen ! Der Interaktionismus (Goffman 1972) spricht vom ‚Engagement-Zyklus‘, dem schwierigen Spiel von Nähe und Distanz .

Interventionserschwerend signalisieren diese Jugendlichen den Professionellen noch eines: Wenn zu kritische, zu unangenehme, zu peinliche defizit- und deliktbezogene Fragen gestellt werden, dann besteht die **Gefahr des Beziehungsabbruchs**. Ein Albtraum für viele Erzieher, Sozialpädagogen und Psychologinnen - denn wie gestaltet sich die Arbeit ohne professionelle Beziehung ?

*Einer meiner dynamischen Mehrfach-Gewalttäter machte das noch deutlicher. Körpersprachlich breitbeinig und mit 1, 82 m bedrohlich vor mir stehend flüsterte er mir zu: ‚Nur dumme Leute fragen mich nach meinen Opfern‘ und er liess sich die Option offen, mir im Zweifelsfall ‚eins in die Fresse‘ zu hauen. Der Jugendliche hatte ein gutes Feeling, denn genau das war avisiert, ihm ein Gespräch über Opfer aufzuzwingen. Seine Drohgebärde nannte der Körperverletzer **präventives ‚Pädagogen-Schocken‘**, denn ‚dann werden die richtig höflich‘, so der 1, 82 Mann. Es sei gleich angemerkt, lassen Sie sich nicht durch solche Sprüche ins Boxhorn jagen, denn Übergriffe auf Professionelle sind extrem selten. Der Verfasser bekam z.B. in 9-jähriger Arbeit mit Mehrfach-Körperverletzern nur 2 Mal Schläge (ins Gesicht) – und das auch noch ‚sozialverträglich‘: ‚Dosierte Schläge‘ nannten das die Jugendlichen, denn sie wussten, was ein Akademiker verkraftet. Sie waren lieb böse!*

Hier liegt ein Dilemma, das es näher zu beleuchten gilt: Die Angst vor dem Beziehungsverlust zu der nicht gerade pflegeleichten Klientel impliziert die Gefahr zu höflich, zu nachsichtig, zu schönredend zu sein. Und das ist schlecht, aber verständlich, denn der **pädagogische Bezug** ist seit den 20er

Jahren ein zentraler Eckpfeiler in unserer Arbeit. Und er ist mehr als emphatisches Begleiten. Hermann Nohl (1927), einer der Väter einer geisteswissenschaftlich orientierten sozialpädagogischen Theoriebildung, definierte: Er ist „das leidenschaftliche Verhältnis eines reifen Menschen zu einem werdenden Menschen, und zwar um seiner selbst willen, daß er zu seinem Leben und zu seiner Form komme."

Nohls geisteswissenschaftlich geprägter Sozialpädagoge greift ein, streitet, setzt dem ‚werdenden Menschen' auch Grenzen ! Ist das zu altmodisch und hausbacken, vor allem zu überheblich formuliert, weil der Sozialpädagoge meint, besser als der Proband Bescheid zu wissen, was gut oder schlecht ist ? Ich meine: Nein !

Dieser pädagogische Bezug begreift Erziehung nicht als Manipulation – wie die Anti-Pädagogik. Er interveniert, er läßt nicht locker, auch gegen den Willen des Betroffenen. Er pflegt eben **nicht den ‚herrschaftsfreien Diskurs'** der kritischen Erziehungswissenschaft, mit Jugendlichen, die ihre Machtbedürfnisse auch mit Gewalt durchsetzen wollen. Vielmehr spiegelt sich in ihm die psychoanalytische Sozialpädagogik eines Fritz Redls (1987:55f., 1979:192f.) wieder und der empfahl die **‚Einmassierung des Realitätsprinzips'** in die Seele der ‚Kinder, die hassen', so sein gleichnamiger Erziehungsklassiker. Ein schwieriges Unterfangen, wie das folgende Beispiel zeigt, die sogenannte „vorwegnehmende Provokation" zur Abwehr von Erziehungsansprüchen:

„Am auffallendsten von allen Tricks, die Henry im Kampf gegen die Erwachsenen einsetzte, waren seine Maßnahmen, mit denen er andere Kinder davon abzuhalten versuchte, dem Erwachsenen gegenüber Diebstähle oder andere Delikte gegenüber einzugestehen. Immer, wenn ein Kind im Büro des Direktors in bezug auf einen möglichen Diebstahl oder aggressives Ausagieren befragt wurde, postierte sich Henry buchstäblich vor der Tür und machte ‚störende Zwischenrufe'. Wer auch immer ‚dran' war, bekam ‚rückenstärkende' Ermahnungen zugerufen, so z.B.: „Sag's ihm nicht, laß ihn raten, he, he, he (...) Dann machte er verächtliche Geräusche mit Lippen und Zunge und rief obszöne Bemerkungen durchs Schlüsselloch. Ohne Ausnahme mußte der Direktor das Büro verlassen, die Befragung unterbrechen und Henry zur Rede stellen, der sich manchmal sogar in einen Wutanfall hineinsteigerte, um den Direktor zu veranlassen, ihn irgendwie körperlich zu ‚bändigen'. Inzwischen war das andere Kind meist wieder so ‚moralisch aufgerüstet' und wegen der physischen Maßnahmen gegen Henry wieder so mit Feindseligkeiten gegen den Direktor ‚aufgeladen', daß das ursprüngliche Ziel der Befragung aufgegeben werden mußte."

Wie ist die Einmassierung von Realitätsprinzipien in Erziehungsprozessen zu bewerten, auch gegen den Willen von delinquent agierenden Jugendlichen ?

Der Tübinger Erziehungswissenschaftler Andreas Flitner (1985:105) fragt, wo **Grenzziehung hilfreich** und wegweisend ist und wo sie zu einem autoritären Gehabe verkommt? Er differenziert drei zentrale Bereiche, die ein Eingreifen zwingend erforderlich erscheinen lassen :

1. Grenzen sind dort zu ziehen, wo dem Individuum eindeutig Gefahren drohen.

2. Grenzziehung ist dort nötig, wo ohne solche Grenzen Menschen verletzt, geplagt, gekränkt würden.

3. Es gibt Grenzen, die das gesellschaftliche Leben erfordert, so Flitner, und er ergänzt, es gäbe schon unter Kindern „nicht nur Abhängigkeit und Tyrannei, sondern leider auch sadistisches Quälen und furchtbare Unterdrückung, die der Erwachsene verhindern muß."

Redl (1979:145ff./ 1987:203ff.) empfiehlt gleich zwanzig Interventionen, vom feinsinnig nonverbalen Hinweis über die Ermahnung bis zur Sanktion, die auch in Form einer **Wiedergutmachung** erfolgen kann. Er spricht vom Ringen mit dem ‚delinquenten Ich' der Jugendlichen, um Neutralisierungstechniken (Sykes/Matza 1979:368) aufzulösen und Schuld- und Schamgefühle zu wecken:

„*Sogar wenn der Delinquent die Verantwortung für seine abweichenden Handlungen anerkennt und bereit ist zuzugeben (...) kann die moralische Entrüstung des Selbst und anderer neutralisiert werden (...). Das Unrecht, so könnte behauptet werden, ist in Wirklichkeit kein Unrecht; es ist vielmehr eine Form gerechter Rache oder Strafe. Durch eine subtile Alchemie verwandelt sich der Delinquent in einen Rächer und das Opfer wird zu einem Übeltäter. Tätliche Beleidigung eines (...) vermeintlichen Homosexuellen, Angriffe auf Mitglieder einer Minoritätengruppe, von denen man sagt, sie seien nicht am richtigen Platz, Vandalismus als Rache an einem unangenehmen Lehrer, Diebstähle an einem ‚unehrlichen' Geschäftsinhaber (...) Robin Hood und seine Nachfahren (...) nehmen noch immer die allgemeine Phantasie gefangen, und der Delinquent mag seine Handlungen als Teil einer ähnlichen Rolle sehen.*"

Das erscheint zentral für pädagogisches Handeln und unterstreicht die Bedeutung delikt-konfrontativer Interaktionen: Die Notwendigkeit bei zu häufigen Abweichungen und kriminellem Handeln moralisches Bewusstsein zu wecken !

Deswegen bildeten Korczak und Makarenko ihre mit Kindern und Jugendlichen besetzten Parlamente und ‚Gerichte', die Normbrüche verhandelten und Sanktionen verhängten. Deswegen regiert in der US-Glen Mills Schools für Gang-Jugendliche heute der Jugend-bulls-club. Das Motto: Jugend erzieht

Jugend. Genauer: Jugend setzt Jugend Grenzen durch peer-group-pressure, durch prosozialen Gruppendruck. Und all diese bewährten Praxiserfahrungen haben eines gemeinsam: Sie **reagieren (pädagogisch, nicht juristisch !) auf Kleinigkeiten, damit Grosses erst gar nicht passiert.** In Deutschland scheint gegenwärtig umgekehrt gearbeitet zu werden: Kleines wird als jugendtypisch ignoriert und nur bei Grossem wird interveniert. Aus Sicht des Verfassers erscheint dies kein zukunftsweisender Weg zu sein, denn gerade die kleinen Auseinandersetzungen sind erfolgversprechend auflösbar und derart beziehungsfördernd, dass sie eine gute Basis zur Lösung auch grosser Konflikte darstellen. Hier sollte umgedacht werden !

Das setzt Konfliktbereitschaft voraus, gerade auch bei angstmachendem Verhalten. Den Jugendlichen ist diese Streitkultur vertraut, aber viele Professionelle müssen sie noch lernen !

Wie diese konfliktschlichtende und konfrontative Pädagogik praktisch gestaltet werden kann, soll im folgenden am **Beispiel der Glen Mills Schools** verdeutlicht werden.

3. Die Glen Mills Schools:
Über die Schaffung eines delinquenz- und subkulturfreien Milieus in der Jugendkriminalrechtspflege

Die private, offene, stationäre US-Glen Mills Schools bei Philadelphia für delinquente, gewalt- und gangorientierte jugendliche Wiederholungstäter („students' genannt) ist eine Mischung aus komfortablem, lern- und ausbildungsorientiertem Universitäts-Campus und strukturiertem Alltag einer deutschen Sozialtherapie.

Die Glen Mills Schools ist anspruchsvoll, analog der Maxime des Begründers und Executive Directors Ferrainola (1999: 322f.): „Warum sollte von Erziehungseinrichtungen weniger erwartet werden, deren Unterbringungskosten die Studiengebühren der Harvard University als Kleingeld erscheinen lassen ... Der bemerkenswerteste Erfolg der Schule ist die Schaffung einer Lernumgebung, in der ein reifes und respektvolles Verhalten unter den Schülern üblich ist. Die Schüler von Glen Mills haben gute Manieren. Sie achten Mitschüler, Mitarbeiter und Besucher. Sie kümmern sich um ihre Umgebung. Vandalismus ist so gut wie beseitigt. Sie haben mehr Selbstdisziplin, sind höflicher, gepflegter und stolzer als die meisten Gruppierungen junger Menschen in regulären Schulen."

Als Erziehungsziel werden prosoziales, leistungsorientiertes und gesetzestreues Verhalten im Sinne des ‚american way of life' angestrebt. Dabei orientiert sich die Institution an folgenden Rahmenprinzipien:

1. Sie bietet Luxus statt Kargheit, vergleichbar mit den ästhetischen Standards amerikanischer Spitzenuniversitäten, wie der nicht weit entfernten Princeton-University.
2. Sie bietet Programmvielfalt statt Langeweile.
3. Sie bietet sehr gute Schul-, Ausbildungs- und Studienbedingungen.
4. Sie bietet verbindliche Interaktionsrituale für Konflikte, statt Mobbing und Schlägereien.
5. Sie bietet ein abgestimmtes Mitarbeiterverhalten, statt individuell-professioneller Vielfalt.
6. Sie bietet Gegenwarts- und Zukunftsorientierung, statt biographie-analytischer Arbeit.
7. Sie bietet ein subkulturfreies Milieu, statt Unterdrückungs-Gefährdungen. Mit den Worten Ferrainolas (1999:323): "Glen Mills hat die systematische Modellierung der Gleichaltrigengruppenkultur als primäre Strategie der Kontrolle antisozialen Verhaltens gewählt."
8. Sie bietet einen Behandlungsprozess von institutioneller Anpassung, über die Identifikation zur (im Idealfall) Internalisierung gesetzeskonformer amerikanischer Gesellschaftsstrukturen.

Die Glen Mills Schools ist delikt- und defizitspezifisch ausgerichtet, d.h. das Trainingsprogramm ist besonders erfolgversprechend bei aggressiven, manipulativen, antisozialen, gruppenorientierten, delinquenten Jugendlichen, also einer Klientel, die auch dem Gros deutscher Mehrfachtäter nahe kommt. „Man dürfe nicht so arrogant sein zu meinen, dass mit einem einzigen Programm ausnahmslos jeder Jugendliche zu erreichen ist", so das realistische Statement Ferrainolas (1985:1).

Das Glen Mills Programm konnte der Verfasser 1984/85 für sechs Monate – im Rahmen seines Universitätspraktikums - studieren. 1998, 1999 (Förster 1999/ Schäfer 1999) haben jetzige Studenten des Verfassers ebenfalls für jeweils 6 Monate auf dem Campus gelebt und gearbeitet: 24 Stunden pro Tag, 7 Tage die Woche konnten sie umfassende Erfahrungen mit der GM-Alltagspraxis sammeln.

Dabei wurde eines deutlich: Die im folgenden thematisierte **Konfrontationspraxis** der 80er Jahre, konnte in den 90er Jahren bis zur Jahrtausendwende **deutlich reduziert** werden, da die Normkultur zwischenzeitlich solide implementiert

1984: J. Weidner im »Student Exchange Program«

werden konnte, denn GM-erfahrene Jugendliche vermitteln die prosozialen ‚school norms‘ relativ konfliktfrei und erfolgreich an die neuen Glen Millser. Aber: Ohne das Engagement der 80er Jahre wäre die heutige konfrontationsfreiere Praxis kaum möglich. Entsprechend gilt es, für das Verständnis der Gegenwart, die Behandlungs-Prozesse der 80er Jahre zu beleuchten. Der Verfasser konzentriert sich dabei auf die Punkte 7 und 8 der obigen Ausführungen (weitergehend: Colla 2000, Ottmüller 1988/ Grissom 1986/ Weidner 1986 und besonders Guder 1999/1997:131, die Glen Mills auch unter den Aspekten von „Corporate identity, betriebswirtschaftlicher Unternehmensführung, Zielbestimmung, Produktbeschreibung und Marketing als bestimmende Elemente der Unternehmenskultur“ thematisiert).

4.1. Das Glen Mills - Sozialisationsziel: Von den Warriors zu den Pfadfindern

Die ‚Warriors‘ lautet der Titel eines US-Kult-Films über eine berüchtigte Ostküsten-Gang, an deren delinquenten Interaktionsritualen sich auch Glen Mills Jugendliche orientieren. Die Glen Mills Schools greift - vereinfacht formuliert - bei ihrer gruppen- und gangerfahrenen Klientel die ihnen bekannten Interaktionsrituale auf, mit dem Versuch eines Wandels von der kriminellen zur prosozialen Gang, pointiert formuliert: Von den Warriors zu den Pfadfindern. "Für die große Mehrheit delinquenter Jugendlicher sind die bedeutsamsten sozialen Fakten die negativen Gruppenzwänge und die Subkultur, die einen jungen Menschen lehrt, daß der Weg zur Anerkennung eher über Straftaten und Tyrannei führt als über Bildung und Arbeit. Wie jeder normale Jugendliche möchte ein delinquenter Jugendlicher überleben, dazugehören und Status innerhalb seines Freundeskreises erlangen. Er verhält sich dementsprechend - nicht, weil er schlecht oder verrückt ist - sondern weil er dieselben Dinge anstrebt, die wir alle wollen und auf die sich all unser Streben richtet, Akzeptanz und Respekt innerhalb der Gruppenkonstellationen, in denen wir uns jeweils befinden" (Ferrainola 1999:323).

24

Der Resozialisierungserfolg (Rückfallquote um 30%, vgl. Grissom 1986) scheint hier seinen Ursprung zu haben: Die Jugendlichen mögen dem Behandlungs- und Trainingsprogramm folgen: Methodisch ist es ihnen vertraut! Als sekundäre Behandlungsmotivation lockt diese Privatschule mit einem, die Jugendlichen beeindruckenden, Ambiente. Aus Sicht des symbolischen Interaktionismus erhält jeder neue ‚Student' dort eine wohltuende und entstigmatisierende Botschaft: „Ich muss denen hier viel wert sein, wenn sie mir soviel bieten", so der 17-jährige Alonzo*. Der einhellige Tenor der Glen Mills Probanden nach Beendigung des ca. 15-monatigen Behandlungsprogramms lautet entsprechend: „Lieber zu Hause leben, als bei Glen Mills, aber lieber bei Glen Mills, als in jeder anderen Einrichtung der Jugendkriminalrechtspflege!"

Ottmüller (1988: 135ff.), der die erste deutschsprachige Publikation über Glen Mills verfasste, liefert ein Interview mit den Glen Mills Schülern ‚Tim', das ein betroffenenperspektivisches Licht auf die GM-Methode wirft. Tim:

„Meine Vergangenheit ist ‚truant' (‚Wegläufer'), wenn's mir nicht gefällt, hau ich ab. Als ich kam, haben Alex und Angelo (zwei Mitschüler) mich über das Programm aufgeklärt. Eddy Haynes war mein ‚Big Brother'. Er arbeitete fast immer im Cafe. Ich fing an zu versuchen, Mitarbeiter zu beeindrucken – ich wollte Bull werden wegen der Privilegien. Meine Großmutter starb als ich 9 Tage hier war. Ich durfte zum Begräbnis und hatte nicht einmal die Idee zu fliehen ... Ich glaub ich bin reifer geworden hier ... Woanders kriegst du Status für negatives Verhalten, hier für positives. Ich würde Drogen nehmen, aber sie sind mir nicht angeboten worden. Erst dachte ich Normen wären bullshit ... Es gibt aber immer gute Gründe für eine Norm, wenn du darüber nachdenkst...In meiner Gemeinde gelte ich als jugendlicher Krimineller, ich werde höllisch stolz darauf sein, eine Trophäe vom Basketball mit nach Hause zu nehmen. Ich werde sie meinem Bruder zeigen, mit dem Jackett auf dem ‚ungeschlagen 10:0' steht.

Wenn du hier was machst, belohnen sie dich, sie verhätscheln dich nicht ... In anderen Programmen machst du viel und kriegst nichts, hier bezahlen sie mich für meinen Job. Bevor ich herkam, sagte man mir, daß ich eine gute Erziehung, Job und Schulausbildung kriegen würde. Sie haben nicht gelogen (They don't bullshit). Du kriegst es, wenn du's dir verdienst. Was mich beeindruckt hat war, daß Mr. Ferrainola fast geweint hat, als er aufgestanden ist bei der Basketballzeremonie und den Pokal überreicht hat."

Ottmüller (1988:136) assoziiert: „Ein sich sorgender, entfernter Vater, der sich dennoch um seine Kinder kümmert, welch eine Projektion. Dies ist auch

---

* Zitate ohne Quellenangaben entstammen den Gesprächen, die Weidner mit betroffenen Glen Mills Schülern und Mitarbeiter führte.

eines der Erfolgsrezepte von Glen Mills – die materielle Güte von Essen, Einrichtung und Kleidung suggeriert : ‚Nur die Lehrer und Berater sind hart und fordernd, mein Übervater liebt mich verzeihend.'"

4.1.1. Die drei Phasen der Verhaltensmodifikation

Auf der Grundlage eines kriminalsoziologisch-subkulturellen (Sack/König 1979) sowie lerntheoretisch - kognitiv orientierten Paradigmas sollen sich die delinquenten Jugendlichen von der

1. **Kontrollphase über die**
2. **Kennenlernphase zur**
3. **Gemeinschaftsphase hin entwickeln** (vgl. Weidner 1986:106ff.)

Die **Kontrollphase** dient der Etablierung einer positiven Normkultur, die dem subkulturell geprägten Selbstverständnis der Jugendlichen entgegentritt. Dazu zählen folgende Campusnormen, die deviante Aktivitäten verhindern sollen:

- »Wir konfrontieren, um zu helfen, nicht um zu verletzen.
- Wir akzeptieren Konfrontation, ob sie gerechtfertigt ist oder nicht,
- Wir kämpfen nicht, wir haben keine Scheinkämpfe.
- Wir spielen Mitarbeiter nicht gegeneinander aus.
- Wir begegnen Mitarbeitern mit Achtung.
- Wir respektieren einander.
- Wir lügen nicht.
- Wir belästigen keine weiblichen Mitarbeiter.
- Wir verleihen und leihen keine Dinge.
- Wir stehlen hier nicht.
- Wir benutzen keine rassistischen Redewendungen.
- Wir kaufen und verkaufen nichts.
- Wir lassen keine homosexuellen Handlungen zu.
- Wir trinken hier keinen Alkohol.
- Wir machen keine Glücksspiele...
- Wir zerstören kein Mobiliar...« (Ottmüller 1988:86)

Normkultur heisst, dass die Jugendlichen in den Gesprächsrunden sitzenbleiben, sich gegenseitig ausreden lassen, zuhören, Feedback geben, nicht lesen oder walk-man hören, nicht an Schularbeiten arbeiten oder einfach schlafen. An der Fähigkeit, diese **unspektakulären Normen** aufrecht zu erhalten, werden die Mitarbeiter von den Jugendlichen als kompetent/ inkompetent (hot air) gemessen bzw. ausgetestet. Dieses Austesten erlebte der Verfasser in seiner ersten Gruppensitzung. Das Thema: kleine Alltagskonflikte:

Ein Jugendlicher begrüsste ihn mit den Worten: ‚Wie willst du kapieren was hier läuft, man, keine Chance!' Der Gruppenrest ignorierte ihn, hörte walkman, machte Hausaufgaben oder döste auf der Couch. Die Kontrollphase verlangt vom Gruppenleiter ein Entgegentreten gegen diese Störmanöver, um die Voraussetzung für das Gruppengespräch zu schaffen. Entsprechend rüttelte der Verfasser den Jugendlichen behutsam und laut schimpfend wach, steckte die Hausaufgaben und den walk-man ein, forderte die Gruppe auf, sich für den disrespektierlichen (GM-Terminologie) Empfang zu entschuldigen. Die Gruppe weigerte sich und schmunzelte. Sie fühlte sich wohl in diesem kleinen Machtspiel. Ein Jugendlicher versuchte den Gruppenraum zu verlassen. Der Verfasser stellte sich ihm in den Weg – und fühlte sich überfordert und hilflos. Die Glen Mills spezifische professionelle Hilfe fasst just in diesem Moment: Analog des Gelernten in der institutionsinternen Mitarbeiterschulung rief der Verfasser Kollegen um Unterstützung und diese liefen (!) herbei, mit anderen Kollegen und Jugendlichen im Schlepptau. Sie hatten in den Nachbarräumen alles stehen und liegen gelassen, fragten nicht was los sei, sondern unterstützten den Verfasser durch Präsenz und Lautstärke, z.B. mit den Fragen: „Warum macht es euch Spass einen neuen deutschen Praktikanten vorzuführen, anstatt eure Gruppenkonflikte zu klären? Warum

1995: Petra Guder vermittelt deutsche Probanden an die GMS

habt ihr das nötig?" Irritiert durch die schnelle Mitarbeiterreaktion lenkte die Gruppe ein, setzte sich in die Runde – ein Gespräch übers ‚Kleinmachen' konnte beginnen.

Nachtrag: Die Jugendlichen musste sich in der abendlichen Hausversammlung vor Mitbewohnern und Mitarbeitern für ihr morgendliches Gruppenverhalten entschuldigen und sich einer gossen Anzahl von Feedbacks über ihr kindliches Verhalten stellen. Die herbeigeeilten Mitarbeiter wurden in der späteren Teamkonferenz gelobt. Gleichzeitig wurde vom Abteilungsleiter darauf ernüchternd darauf hingewiesen, dass diese **,help-norm'** selbstverständlich sei und ein Nichtbefolgen schnell zur Abmahnung führen kann.

Diese Unterstützungs-Beanspruchung von Kollegen wird bei GM nicht als Leitungsschwäche interpretiert, sondern als Fähigkeit zur realistischen Situationseinschätzung, analog des Mottos: ‚Mache nicht die Probleme der Kids zu deinen Problemen.' Als schwach gilt, wer sich vor diesen Auseinandersetzungen drückt! Dieses kontinuierliche (!) Gegensteuern in der Kontrollphase kann zu Mitarbeiterfrustrationen führen, da deren berufliche Tätigkeit zunächst nicht über die Konfrontation von Störmanövern hinausgeht. Dennoch tut ein langer Atem Not, da diese Störmanöver in der Regel auch Bestandteil der jugendspezifischen Problemlagen sind (Hess 1983:4) und erst ihre Überwindung den Behandlungsweg freigibt.

In der **Kennenlernphase** soll jeder Jugendliche die Erwartungshaltung und Erziehungsziele der Professionellen im Sinne eines Behandlungsplans dezidiert erkennen, sowie die subkulturellen Jugendgang-Prozesse, auf der Grundlage von Polskys Diamanten, einer mikrosoziologischen Kleingruppen-Analyse (1977/ vgl. Weidner 1999a und Schäfer in diesem Band) erfassen: Jugendliche sollen erkennen, ob sie als Laufjungen oder Sündenböcke in ihren Gangs instrumentalisiert wurden oder ob sie als Anführer oder ‚Leutnants' andere missbraucht haben.

Die **Gemeinschaftsphase** wird primär von der ‚Hilfe-Norm' geprägt: Die Jugendlichen diskutieren Handlungsalternativen zur Manipulation und Aggression, zum „how to beat the street" (Allen 1970:8) und konfrontieren subkulturelle Tendenzen, wie Abziehereien. Sie geben sich gegenseitig Feedback und analysieren ihre Statuspositionen in der Gruppe (Anführer oder Sündenbock, Glen Mills Normen stützend oder subkulturell ?), mit dem Ziel ein Gleichgewicht herzustellen (Bales 1967). Die help-norm und ihre Konfrontationspflicht kann auch zu Aufschaukelungs-Prozessen der Jugendlichen im Bemühen um Privilegien führen. Dabei versucht ein Jugendlicher der Kritik des Gegenübers mit einer Gegenkonfrontation zu begegnen. Ein Beispiel der Jugendlichen Jardel (17) und Crawford (17), die mit ihren Normen-Kenntnissen ‚glänzen':

J.: *Crawford, dein Bett sieht chaotisch aus (Norm: Ordentliches Bett).*

C.: *Stimmt, ich akzeptiere (Norm: Akzeptiere Konfrontation, egal, ob berechtigt oder nicht). Während er sein Bett macht, ruft er Jardel hinterher: Deine Socken sind verdreckt, man (Norm: Saubere Socken).*

J.: *Gröhl hier nicht so rum und lass den Mist mit der Gegenkonfrontation. Mach erst mal dein Bett ! (Norm: Nicht schreien/ Keine Gegenkonfrontationen).*

C.: *Lenk nicht ab, Jardel, deine Socken sind verdreckt, akzeptiere es.*

J.: *Ich weis, du verarscht mich, lass das du Ober-Glen-Millser (Norm: Jeder ist ernst zu nehmen.)*

C.: *Quatsch nicht.*

J.: *Du bist ein ganz mieser Nigger !*

C.: *Keinen Rassismus hier, Jardel (Anti-Rassismus-Norm)...*

Die Möglichkeiten der Instrumentalisierung der Normenkenntnisse als Machtspiel verdeutlicht dieser Dialog. Gleichzeitig unterstreicht er aber auch die gewachsene Kompetenz der GM-Schüler zum verbalen Schlagabtausch, ohne sich zu Gewalttätigkeiten hinreissen zu lassen, analog der Maxime ‚sprechen, statt schlagen‘ ! Estabeen (16) unterstreicht diese Verhaltensmodifikation: „Vor Glen Mills hätt‘ ich einige für ihre Sprüche kaputtgemacht, heute konfrontiere ich sie verbal.“

In der Gemeinschafts-Phase werden auch Sanktionsentscheidungen an die Gruppe delegiert, wobei sich diese in der Gemeinschaftsphase von der Strafarbeit (Abschreiben eines Textes) über die ‚tailor-made‘ Sanktion (z.B. eine massgeschneiderte Wiedergutmachung) zum Verpflichtungsvertrag (vgl. Kohlberg/Turiel 1978) verschieben sollen. Die Abstimmung über die Sanktionsform erfolgt in der Gruppe, da diese legale Entscheidungsgewalt für die Vielzahl aggressiver Jugendlicher einen wohltuenden, fast kompensatorischen Ausgleich zum physischen Gewaltverzicht darstellt.

Im Alltag fördern die Mitarbeiter diese Sanktionsgewalt der Jugendlichen, bei Zeiten aber auch auf Kosten der massgeschneiderten Sanktion, denn diese ist aufwendiger, beansprucht immer wieder neue Ideen und ist zeitintensiver, als eine stereotype Strafarbeit, wie das hundertfache Schreiben des Satzes: „I will respect my peer.“ Diese Sanktionen symbolisieren nichts Wiedergutmachendes, sondern sollen schlicht die täglich zweistündige Freizeit beschneiden.

4.1.2. Die programmatischen Entwicklungsstufen des Erziehungsprozesses

Der Erziehungsprozess umfasst idealtypisch in der Glen Mills Schools vier aufeinanderfolgende Entwicklungsstufen:

1. Das Aufnahmeritual durch einen GM-erfahrenen Jugendlichen.
2. Die Orientierungsphase als subkulturelle Normkrise.
3. Von der Rollenspielphase (als erstem Lernschritt) zur Identifikation mit den Normen des ‚american way of life‘.
4. Die Internalisierung prosozialen Verhaltens.

Diese Entwicklungsstufen sollen im folgenden dargestellt und kritisch gewürdigt werden.

4.1.2.1. Das Aufnahmeritual durch einen GM-erfahrenen Jugendlichen

Was sind das überhaupt für Jugendliche, die aufgenommen werden ? Wie denken Sie und welcher Lebensstil hat sie geprägt ? Die Welt mit den Augen der Betroffenen begreifen ? Auch hier bietet Ottmüller (1988:138ff.) - im folgenden ,Beobachter' genannt – im Gespräch mit dem Jugendlichen Tom einen aufschlussreichen Einblick:

„**T:** *Es gab viel Gewalt dort, aber wenn du dort geboren bist, gewöhnst du dich daran...*

B: *Könnte ich da hingehen ?*

T: *Nee, da müßtest du vorbereitet sein auf die Dinger, die da laufen.*

B: *Was ?*

T: *Die berauben (mug) dich, versuchen dich auszunehmen...*

B: *Ist dir das passiert ?*

T: *Nee, ich hab's passieren sehen.*

B: *Was erinnerst du – welche Gefühle hast du ?*

T: *Gefühle ? Ich hab nicht soviel Gefühle. Ich hab Angel Dust geraucht, das zerstörte die Zellen, ich erinnere nicht soviel ... Ich hab Probleme mit meinem Vater gehabt, der war wieder raus aus dem Knast, als ich 14 war. Ich war ,war councellor' (Kriegsberater) in 'ner Gang, wir waren ca. 40 Leute...*

B: *Was lief denn da so ?*

T: *Naja, Rollerskating, Partys, Kämpfe, wir turnten uns an und machten dann Krawall. Wir waren nicht sehr beliebt bei uns im Block. Wir haben viele Kämpfe gehabt bei uns mit anderen Gangs, da hab ich die Verletzungen her. (Er zeigt seine Hände, die übersät sind mit Vernarbungen, weiß hervorstehend aus der fast olivfarbenden Haut)...*

B: *Und wie war es, als du nach Glen Mills kamst ?*

T: *Als ich zuerst kam, hat Rico (Mitarbeiter) mich abgeholt. Ich habe ihm erst nicht geglaubt, als er mir erzählt hat, was hier sportlich so läuft. Die unit (Wohneinheit) baute ein Float (Schauwagen) für das ,Home-coming-Fest' des Footballteams. Ich habe mich kaum beteiligt, ich suchte nur nach einer Möglichkeit abzuhauen. Ich fühlte mich irgendwie komisch auf einmal mit normalen Leuten um mich herum, statt Bullen mit Knüppeln und Gewehren. Ich mußte die erste Woche ständig in Begleitung eines Mitarbeiters sein, dann in Begleitung eines Bulls... Ich bin jetzt ein Jahr und sechs Monate hier...*

B: *Was hat Glen Mills dir gebracht ?*

T: *Na, wenn ich zu Hause bin und jemand hängt Geld aus der Tasche, sag ich's ihm, anstatt es zu stehlen, zum Beispiel. Ich habe mein GED gemacht und bin jetzt auf College-Level, aber was soll ich damit in New York ? Na und dann* *das Ding mit dem Kämpfen. Früher gab es Dinge, da kämpfte man einfach. Das mach ich jetzt nicht mehr, aber meine Cousins sind noch voll dabei... Ich sehe nach Glen Mills vieles anders, ich brauche mir keine Sorgen machen... Ich versuche aufzuhören, Angel Dust zu rauchen...*

B: *Wenn deine Cousins erwischt würden, würdest du sie hier haben wollen?*

T: *Würde ich jederzeit hierher empfehlen."*

Zurück zur Aufnahme in der Glen Mills Schools. Diese ist wohltuend und für eine Institution für delinquente Jugendliche geradezu verblüffend: Freundlich winkende und grüssende ‚students' vermitteln Warmherzigkeit, keine harte Ghettokultur, nichts Angstauslösendes. Die Aufnahmeprozedur hat Lehren aus Goffmans (1973) interaktionistischer Analyse zur ‚totalen Institution' gezogen und verzichtet etwa auf die Wegnahme der Identitätsausrüstung des Jugendlichen. GM vermeidet beim Neuling das Gefühl, dass nicht für seine physische Integrität gesorgt werden würde (Goffman 1973:30f.). Vielmehr wird ihm nach der Aufnahme ein Körperpflegeset ausgehändigt. Danach begrüsst ihn sein Gruppenleiter, führt ihn in sein zukünftiges Wohnhaus im viktorianischen Villenstil und informiert über die zwei Wege der Organisation:

Der formelle Weg betreffe die Schulziele und -normen, der informelle sage, was wirklich laufe und das sei bei den Mitschülern zu erfragen. Diese professionelle Gelassenheit basiert auf dem institutionellen Selbstverständnis, dass kaum eine Diskrepanz zwischen formaler und informeller Struktur besteht. Mikrosoziologisch kann von einem **subkulturfreien Milieu** bzw. einer positiven Peer-Gruppen Kultur gesprochen werden. Ein Beispiel dafür geben Vorrath/ Bendtro (1974:2):

Ein neuer Schüler versucht andere für seinen Fluchtplan zu gewinnen. Anstatt Partner und Bewunderer für seinen Plan zu gewinnen, erhält er ein überraschendes Feedback: „Hör zu, abhauen ist hier nicht im Trend, weglaufen bringt nichts. Du mußt deine Dinge angehen. Wir werden nicht zulassen, daß du so mit dir umgehst und wenn wir dafür nächtelang auf dich aufpassen, wie ein Baby. Du bist doch wohl Mann genug, um Sorge für dich zu tragen!"

Gleichzeitig wird dem Neuling ein institutionskonformer Zimmernachbar zugewiesen, der ihm erklärt, wie die Institution funktioniert, welche Normen gelten, was von ihm erwartet wird. Dieser ‚**grosse Bruder**' hat sich permanent in der Nähe des Neulings aufzuhalten. Er wird mitverantwortlich für die Fehler des Neulings gemacht: versucht dieser zu fliehen, sich zu prügeln oder kleine Diebstähle zu begehen, ist der normkonforme Einweiser seiner Vermittlungs- und Aufsichtspflicht nicht nachgekommen und wird selbst ins Zentrum kritischer Gruppenfeedbacks gerückt. Dennoch ist der big-brother-Status beliebt, denn er sichert eine Co-Trainer Rolle sowie den regelmässigen

Wochenendausgang. D.h. im Gegensatz zur delinquenten Jugendgruppe gilt die Kooperation mit Mitarbeitern nicht als ‚verpfeifen', sondern als Status- und Machtzuwachs.

Neulinge wie Jonny irritiert das: „Zweifelsfrei sind das Jungs von der Strasse. Sie agieren und fluchen wie Jonny, aber das Zeug, das sie reden, das ist total schräg" (Allen 1970:78). Glen Mills bringt den Neuling gezielt in einen **anomischen Zustand** (Merton 1979: 283ff.): Das alte deviant-delinquente Normgefüge gilt nicht mehr und das Neue ist noch nicht erworben. Ein Beispiel:

George, ein muskulöser grossgewachsener Jugendlicher, ist seit zwei Stunden in der Glen Mills Schools. George stammt aus Baltimore und war richtungsweisendes Mitglied einer dortigen Vorstadtgang. Körperlich der imposanteste pfeifft er seine neuen Zimmernachbarn an: ‚Glotzt nicht so blöd, ihr fucking assholes.' Mike, ein ruhiger Jugendlicher, fühlt sich beleidigt. Er fordert George auf sich zu entschuldigen. George fixiert den körperlich unterlegenen: ‚Leck mich am Arsch, Bastard, in Baltimore geht so was wie du in den inner harbour, das dortige Hafenbecken!' Darauf Mike: ‚Du drohst mir, man, das ist ein Fehler, ein ganz verdammter Fehler!'

Mittlerweile stehen vier Jugendliche um den muskulösen Neuling und kritisieren: ‚Was bildest du dir ein ? Du hast mir, uns allen, unsere Würde genommen? Oder: ‚Ich fühle mich echt disrespektiert!' George irritiert diese Situation: ‚Spinnt ihr hier alle ? Was wollt ihr ? Verpisst euch !' Er fühlt sich jetzt auch eingeengt, denn nun stehen schon ein dutzend Kids im Halbreis um ihn herum. Im Rücken hat er die Wand und die Jugendlichen beginnen leise zu schimpfen: ‚George, was bildest du dir ein, was spielst du dich so auf ? Wer bist du Frischling? Ich sags dir: ein Niemand, hast keinen Status, keine Freunde, bist elendig allein, lonely wolf, nun willst du beissen, aber das ist hier nicht angesagt, man, du liegst völlig daneben!' Oder: ‚Halt endlich die Klappe, Mr. Big Guy, du nervst, vor allem stell dich erst mal vernünftig gerade hin und nimm die Hände aus der Hosentasche, wenn du mit uns redest!'

Mittlerweile sind fast zwanzig Jungen um George versammelt. Sie reden auf ihn ein: laut, leise, freundlich, boshaft, ein 15-minütiges verbales Konfrontationsgewitter. George ist nun sichtlich verspannt und nervös. Er versteht diese Welt nicht. In seiner Gang wäre die Sache ganz anders abgelaufen. Da hätte es schon längst Schläge gehagelt. Ein Mitarbeiter beendet die Konfrontation: ‚George, du hast es in wenigen Minuten geschafft alle gegen dich aufzubringen. Mit Entschuldigungen ist hier nichts mehr zu machen. Wir wollen dich hier nicht haben. Du hast alle beleidigt. Hol deine Klamotten und geh!'

Mit Koffer und Plastiktüte verlässt George den Gruppenraum, vorsichtig und verwirrt. Er wird in ein anderes Gemeinschaftshaus gebracht. Dort begrüsst ihn der Wohngruppenbetreuer Tony, der telefonisch vorinformiert wurde: ‚Du hast ziemlichen Ärger gehabt, man. Nun bist du hier. Das andere vergessen wir erst einmal. Schau dir unseren Laden erst einmal in Ruhe an, bevor du hier zum Stressmacher werden willst. Vor allem, sei erst einmal herzlich willkommen !' Dabei haut ihn Tony kräftig, kumpelhaft auf den Rücken. George ist schon wieder irritiert, wenn auch etwas erleichtert. Die Soziologie würde sagen, er steckt in einer Normkrise. Vor allem hat er eines schnell gelernt: mit seiner Härte-Show ist hier wenig auszurichten. Für zwei Stunden Aufenthalt ein echter Erkenntnisgewinn !

4.1.2.2. Die Orientierungsphase als subkulturelle Normkrise

Die Orientierungsphase lässt sich an Georges Verhalten verdeutlichen: Vor seiner Einweisung in die GMS hat er von Freunden in Baltimore Informationen über die Sozialstruktur von Jugendeinrichtungen erhalten, die er auf den Nenner bringt: ‚Starke gegen Schwache und alle gegen die Mitarbeiter.' Seine Gewaltaffinität und seine Gruppenerfahrung in der Gang geben ihm Sicherheit sein Ziel zu erreichen: Die Übertragung deviant-delinquenter Verhaltensmuster auf den institutionellen Alltag. Entsprechend konsequent ist sein provokatives Auftreten. Glen Mills konterkariert diese Erwartungshaltung:

In der Orientierungsphase durchläuft der Jugendliche eine Normkrise, denn Fehlverhaltensweisen werden umfassend und fast lückenlos konfrontiert, so dass George schon stöhnte: ‚Vor lauter Normen und Zurechtweisungen komme ich gar nicht dazu mal zu kiffen oder was abzuziehen. Das würde auch wieder ein Theater geben. Den Stress muss ich mir im Moment nicht antun !' Gut so !

Todd (17) sah das anders. Mehrmals war er ermahnt worden, niemanden zum Kampf herauszufordern bzw. Kämpfe überhaupt zu thematisieren. Dennoch schnappt der Wohngruppenbetreuer Pedro Wortfetzen über ‚mögliche Kämpfe' auf. Er winkt Todd auf Zentimeter zu sich heran und übertritt damit bewusst die Schwelle von Nähe und Distanz: „Schau mir in die Augen und stehe gerade, du kleiner harter Kerl", fährt er ihn leise, aber bedrohlich an. „Hör mir genau zu: Wir brauchen hier keine harten Jungs, verstehst Du ? Wir mögen hier auch keine harten Jungs !" Diesen Satz wiederholt er seelenruhig, den Jungen konzentriert fixierend, ein dutzend (!) Mal. Eine Sechsergruppe unterstützt mittlerweile Pedros Ermahnung. Im Kreis stehend verunsichern sie Todd mit barschen Anweisungen: „Hey man, schau in Pedros Augen, wenn er spricht. Steh gerade für deine Drohungen und Angstmachereien!" Todd entschuldigt sich jetzt – vorsichtshalber. Und Pedro ergänzt: „Wenn du hier ein

Bein auf die Erde kriegen willst, ändere deine Themen." Die Menge löst sich jetzt auf, Pedro geht zum Telefon, um Todds Betreuer zu informieren und um sicherzustellen, dass Todd den Vorfall im Abendmeeting zur Sprache bringt. Todd, als aggressiv diagnostiziert, hatte in den folgenden Monaten keine weiteren Auseinandersetzungen mehr. Sein Kommentar zu dieser Veränderung: „Solche action macht hier wenig Sinn."

Übrigens: Wer bei solch einer Konfrontation nicht unterstützt, kommt in der nächsten Gruppen- oder Mitarbeitersitzung selbst ins Kreuzfeuer der Kritik, wie der Verfasser, der sich bei diesem Konflikt davonstehlen wollte, um noch pünktlich zu einem Kinofilm nach Philadelphia zu kommen. Das morgendliche Feedback des Teamchefs war wenig aufbauend: „Noch so eine Kinoleidenschaft und du packst deine Koffer, Jens." Und die Kollegen ergänzten GM-solidarisch: „Wir wünschen dann: gute Reise!" Diese Feedback, dieses Einklagen der Konflikt-Solidarität traf. In den folgenden Monaten unterstützte der Verfasser, anstatt sich davonzustehlen.

Ein gängiges Mitarbeiterargument, um bei den Jugendlichen Konformität zu fördern, ist der Hinweis, dass Glen Mills eine der letzten Chancen vor dem Jugendstrafvollzug sei. D.h., trotz der berechtigten Glen Millschen Kritik an den totalen, sogenannten training schools (US-Gegenstück zum bundesdeutschen geschlossenen Jugendvollzug) und der Forderung nach deren Reformierung bzw. Abschaffung, ist die repressive Praxis staatlicher Anstalten als Drohung funktional für die Institution. Vachss/Bakal (1979:219) kritisieren diese Doppelstrategie: „Sie klagen über das Elend in den Gefängnissen, aber wenn Konflikte anwachsen, nutzen sie den Gefängnishinweis als Programm Motivation." Und Allen/Dubin (1970:49) ergänzen hoffnungsvoll: „Die implizierte Drohung mit dem Gefängnis hält die Jugendlichen in der ersten Wochen in dem Programm ... Wenn sie aber in der neuen Gruppe Status erlangen, beginnt sich die Motivation der Jugendlichen zu entwickeln." Gerade die ersten schnellen, aber nicht besonders anspruchsvollen Aufforderungen in der Orientierungsphase („sei du selbst, erzähle die Wahrheit und kämpfe nicht"), können Neulinge überfordern und zum Wunsch führen, in ein Gefängnis überwiesen zu werden. Dazu der Neuling Ray:

„Da lässt man mich in Ruhe und wenn ich kämpfen will, kann ich es in einer geschlossenen Institution!" Rays Äußerungen waren eine Kampfvereitelung, sowie mehrmalige Einzel- und Gruppenfeedbacks vorausgegangen. Ray hatte die Nase voll. Er wollte sich keine Statements mehr zu seinem Fehlverhalten anhören. Das hatte er - nach eigenem Bekunden - immer schon so gehalten. Sein Gruppenleiter kommentierte dies mit den ironischen Worten: „Mit Ray wurde es schon ernst, aber nach einem lautstarken Vater-Sohn-Gespräch überlegt er sich ein Lamm zu werden." Und der Abteilungsleiter ergänzt: „Wir

sperren hier keinen ein, hier gibt's keine Zellen, nicht mal Schlüssel, aber wir reden auf ihn ein, bis ihm seine Schlägerei Sprüche (I'll jump in his face) aus dem Hals raushängen !" Und Ray ergänzte: „Ich will doch nicht wirklich in so ein scheussliches Jugendgefängnis. Ich will doch nur ein schickes Glen Mills, in dem man mich in Ruhe lässt und ich mich prügeln darf."

Ray nerven die Mitarbeiter- und Studenten-Konfrontationen, weil sie die Aufrechterhaltung subkultureller Standards (Spass an der Gewalt, Drogenkonsum, Diebstähle) radikal in Frage stellen. Dennoch ist die **Akzeptanz von Konfrontationen** durch die betroffenen Jugendlichen vorhanden, wie Grissom (1984) belegt:

2,5 Jahre nach ihrer Entlassung aus Glen Mills, ergab sich auf die Frage, ob die Mitarbeiter-Konfrontationen hilfreich gewesen seien, dass 26,5% sie als sehr hilfreich und 61,3% sie als hilfreich empfunden haben. Mitstudenten-Konfrontationen erreichten nicht dieses hohe Niveau: Hier wurden nur 8,4% als sehr hilfreich und immerhin noch 57,9% als hilfreich empfunden. Dies verwundert nicht, denn jeder GM-Student weiss, dass der konfrontierende Mitstudent auch kein besserer Mensch ist und die vorgebrachte Kritik in der Regel auch auf ihn selbst zurückfällt.

*Die **Konfrontationshärte** wird in der Rückschau von 77% der Mitarbeiter und 50% der Mitstudenten als angemessen empfunden. Zu hart wurden 12% der Mitarbeiter und 23% der Mitstudenten-Konfrontation empfunden, zu weich 11% (Mitarbeiter) und 27% (Mitstudenten).*

Ottmüller (1988, S. 79f.) kommentiert: „Die Zahlen von Grissom geben quantitativ ein Bild wieder, welches sich durch die teilnehmende Beobachtung bestätigen läßt: Konfrontation durch Mitarbeiter werden eher von den Jugendlichen akzeptiert, und die Sichtweise ist im wesentlichen, daß die Konfrontationen in fairem und angemessenem Stil erfolgen."

Aber was ist ‚fair und angemessen' ? Wie kann man reagieren, wenn einem ein durchsetzungsstarker Jugendlicher erregt mitteilt, man solle sich „verpissen" und mit dem Schmeissen von Mobiliar dieses unterstreicht ? Wie soll man reagieren, wenn man die delinquente Vergangenheit des Jungen kennt, aber keine Möglichkeit hat, ihn einzuschliessen ? Wie soll man reagieren, damit dieser Junge nicht sich und andere noch stärker in Gefahr bringt und weiteres Mobiliar zerstört, dessen Reparatur er sich später als Wiedergutmachung kaum leisten können wird ?

„Bob ist der beste Ringer der Schule, ca. 2½ Zentner schwer... Er ist durch einen gebrochenen Fuß, der eingegipst ist, z. Zt. auf Krücken zum Gehen ange-

wiesen. Er kann (angeblich) den Hügel zur Schule nicht besteigen, also sitzt er auf dem Zimmer und tut nichts. Nate, ein anderer Jugendlicher mit mittlerem Status, war bei ihm und sie hatten gelärmt. Zwei Jungen mit geringem Status haben sie konfrontiert und er hat ihnen „verpißt euch" angeraten. Als einer erneut hereinkam, hat er mit Arm und Bein einen Stuhl nach ihnen geschleudert. Der Stuhl ist kaputt und in der Tür ist ein Loch – der erste Fall von Vandalismus in der Wohneinheit seit acht Monaten.

Die Gruppe gibt Feedback, d.h. macht Aussagen, wie das Verhalten auf sie wirkt.

Shelton: *Meinst du, daß du jemanden beeindrucken kannst mit deinem Scheiß ?*

Nevin: *Wer glaubst du denn, daß du bist, um dir so etwas herauszunehmen ? Wir haben noch nie kaputte Möbel hier gehabt, es ist doch total unreif, was du da gemacht hast, du müßtest doch weiter sein.*

Bob: *Das war doch ein Versehen mit dem Stuhl.*

Kenneth: *(hat ihn konfrontiert) Lüg' doch nicht, es war doch total dein Ding, die Situation durch Gewalt lösen zu wollen.*

Vince: *Du glaubst doch, alle müßten Angst vor dir haben, weil du stark bist.*

Die Gruppe wird unruhig, da er weiter leugnet, es absichtlich getan zu haben, die Zeugen des Vorfalls stellen ihre Aussagen gegen seine, wegen des Leugnens wird der Stil härter:

Joey: *Wenn du in der Lage bist, einen Stuhl zu schleudern, dann kannst du deinen fetten Arsch auch den Hügel hoch bewegen. Wenn nicht, dann brauchst du auch keinen homepass (Wochenendausgang, Anm.d.Verf.).*

Markell: *...Bob, du bist für mich eines der dümmsten Arschlöcher hier. Du bist aus zwei Häusern rausgeflogen, weil du meinst, die Normen gelten nicht für dich. Ey, paß auf, Mann, wir mögen solchen Scheiß hier nicht, Idioten wie dich hab ich häufiger gesehen, die sind alle auf die Schnauze gefallen. Schau dich doch mal um, selbst die Neuen lachen über dich. Du machst dich selbst zum Narren mit deinem Stil... Was wäre denn, wenn du ihn getroffen hättest, hä ? Wenn Charles jetzt im Krankenhaus wär ? Tätlicher Angriff wäre das, dafür kämste in den Knast. Was gibt dir das Recht, dich so gehen zu lassen ? Glaubst du, daß irgend jemand hier nicht sieht, was für ein Idiot du bist ? ...*

Bernhard: *Los Dicker, steh erst mal auf, aber plötzlich, du weißt ja unsere Möbel nicht zu schätzen !"*

Die Gruppe entscheidet, welche Reaktion angemessen wäre für Bob: 1. Stuhl bezahlen (175 Dollar) 2. Urlaubssperre 3. Täglich zwei Seiten Strafarbeit.

Bob akzeptiert, erledigt seine Sanktionen und verzichtet auf weitere Beweise seiner 2½ Zentner-Stärke !

Dazu Ottmüller (1988: 115) „Durch die Gruppensituation wird es möglich, daß die Norm der ‚Härte' nachdrücklich erschüttert werden kann, in dem auch Gruppenmitglieder mit niedrigem Status den körperlich Überlegenen verbal auf seine Unzulänglichkeiten hinweisen können, werden diese Situationen zu ‚Lernstücken' oder, wie Polsky (1977:50f.) sagen würde, zu „diagnostischen Zwischenfällen"."

4.1.2.3. Von der Rollenspielphase (als erstem Lernschritt) zur Identifikation mit den Normen des american way of life

Die dritte Entwicklungsstufe gilt als Rollenspielphase. Sie soll nicht länger als zwei bis drei Monate beanspruchen, denn Jugendliche, die bis dahin nicht motiviert werden konnten, gelten als kaum erreichbar: Sie scheitern am Programm bzw. das Programm scheitert an ihnen. In der Rollenspielphase verhält sich der Schüler zunächst angepasst, primär motiviert durch die Hoffnung, möglichst schnell in Wochenendausgänge freigegeben bzw. entlassen zu werden. Der Versuch, den Bravheitserwartungen (Kohlberg/Turiel 1978) der älteren Jugendlichen und Mitarbeiter überzeugend zu entsprechen, stellt nicht nur eine schauspielerische Herausforderung dar, sondern - und das erscheint zentral – unterbricht die deviant-delinquente Rollenplanung des Betroffenen. Goffman (1973) spricht von der Konversion, der Rolle des konformen Glen Mills Schülers, mit dessen Unterstützung die Institution jederzeit rechnen kann, analog der Maxime, wonach Misserfolg in der Gesellschaft auch immer die Unfähigkeit impliziert sich einer Rolle anzupassen. Das konversive Verhalten führt zunächst weder zu einer Einstellungsveränderung noch bildet sich authentische Hilfsbereitschaft heraus. Das Täuschen gilt weiterhin als Haupt-Interaktionsmuster, der Mitläuferstatus als favorisierte Rolle. Das Verhalten der Jugendlichen wirkt in dieser Phase hölzern, gekünstelt und unauthentisch. Dazu Denice, stellvertretende Abteilungsleiterin:

„Wenn ein ‚Student' sich vor versammelter Mannschaft entschuldigt und erklärt, warum sein Verhalten negativ war, dann ist das eine Sache. Was er wirklich denkt ist eine andere. Uns reicht es aber zunächst, wenn er sich anpasst und wir hoffen, dass ein bisschen Positives hängenbleibt, z.B. das friedliche Miteinander auf dem Campus. Und diese Hoffnung ist nicht ganz unbegründet, denn niemand kann über einen Zeitraum von zehn und mehr Monaten nur eine Rolle spielen. Wer sich solange erfreulich benimmt, der ist reifer geworden und gelassener, der kann sich so verhalten - wenn er will. Bemerken wir allerdings eine zu starke Diskrepanz zwischen den Statements und dem Realverhalten, dann thematisieren wir es in gewohnter Weise. Auf jeden Fall bleibt eine verbale Kompetenz hängen und das ist sehr hilfreich bei etwaigen zukünftigen Konfliktlösungen."

Dieses Rollenverhalten der Jugendlichen wird durch ein **umfassendes Positiv-Labeling** verstärkt, da Mitarbeiter und Mitschüler freundliche Alltäglichkeiten zum Anlass nehmen, dem betreffenden Jugendlichen hilfsbereite Merkmale zuzuschreiben. Ein Beispiel:

Nach dem Fussballspiel verschmutzt Paul mit seinen Stollenschuhen den Gemeinschaftsraum. Kurze Zeit später staubsaugt er die Teppichstelle. Der Fussballtrainer beobachtet dies und lobt Pauls Verantwortungsgefühl. Paul wirkt überrascht. Telefonisch wird Pauls Engagement vom Trainer an die Betreuer im Erziehungs-, Schul- und Berufsbereich weitergegeben, die ihn dafür vor der jeweiligen Gruppe als einen Schüler loben, „auf den wir stolz sein können, auf den wir grosse Hoffnungen setzen, weil er sich vorbildlich für die Schule einsetzt." Paul, der bis dato nur wenig Lob in seinem Leben erfahren hatte, errötete vor Freude über diese wärmende Dusche an Zuwendung.

Guder (1997:133) unterstreicht dies. Sie hebt als eine organisatorische Bedingung für eine effektive Programmgestaltung die „Anerkennung positiven Verhaltens" hervor: „...ist es wichtig, positives Verhalten anzuerkennen, welches von der Gruppe zu akzeptieren erwünscht ist oder wenn durch Gruppenmitglieder negatives Verhalten konfrontiert wird, indem diese Gruppenmitglieder positiven Status erlangen. Andererseits soll diejenige Person, die sich fehlerhaft verhält, über seine Fehler aufgeklärt werden – genauso soll jemand eine Rückmeldung darüber erhalten, wenn er richtige Entscheidungen trifft."

Nach der bewussten Entscheidung für Glen Mills soll der Jugendliche beginnen, sich emotional dem Programm verbunden zu fühlen. Ray kommentiert diesen Prozess fast pathetisch während eines Gruppentreffens:

„Mit eurem Programm nehmt ihr mir meinen Überlebensinstinkt im Ghetto, aber ich lasse mich darauf ein." Überlebensinstinkt heisst: „Verletze dein Gegenüber, bevor es dich verletzt" (Vachss/Bakal 1979:XXIV).

Erweist sich dieser Entscheidungsprozess als konstant, ist sein Verhalten für Mitarbeiter und -schüler berechenbar, wird ihm Verantwortung für einen Neuling übertragen. Als ‚grosser Bruder' wird er nun selbst zum Rollenmodell (Bandura 1979), um seine Glen Mills spezifischen Erfahrungen weiterzugeben. Sein Tenor: Das Engagement lohnt sich ! Dies geschieht nicht leidenschaftslos, denn Informationsvorsprung und Artikulationsfähigkeit, Identifikation und vielleicht sogar Internalisierung, können den Jugendlichen zu einem der wichtigsten Werber der positiven Institutions-Kultur machen. Diese positive Einschätzung findet ihren Ausdruck in Grissoms (1986:Fig.8) Forschungsstudie. Er fragt: „Wenn dein bester Freund in ernsthafte Schwierigkeiten kommt und der Richter entscheidet eine Inhaftierung, würdest du ihm zuraten, dass er nach Glen Mills geschickt wird ?" Über 90% der befragten Jugendlichen bejaht die Frage.

4.1.2.4. Die Internalisierung prosozialen Verhaltens

Internalisierung soll im folgenden als normativ orientiertes Verhalten definiert werden, das von aktueller, situationsspezifischer, externer Kontrolle relativ unabhängig ist, im Gegensatz zur Anpassung, die externe Kontrolle impliziert (Seel 1976:114). Bereiche ohne externe Kontrolle bietet die Glen Mills Schools nur ausserhalb ihres Areals, während der Wochenendausgänge, beim Weihnachtsurlaub oder nach der Entlassung. Entsprechend sollen diese Bereiche exemplarisch beleuchtet werden:

Der GM-Lehrer Tyrone glaubt nicht an eine Internalisierung. Er leitet dies aus seinem eigenen Verhalten ab: Kaum sei er zu Hause, trage er Kleidung, die bei Glen Mills verboten sei, um damit gegen die rigiden Normen zu opponieren, die er, als vorbildlicher Mitarbeiter, zu befolgen habe. Dieses Verhalten zeige sich auch bei den Jugendlichen, die auf dem Rückweg vom Wochenendausgang ihr street-outfit ablegen und stattdessen GM-Jacken anziehen. Dieser Kleidungswechsel ist regelmässig auf Philadelphias U-Bahnhof zu beobachten und signalisiere den Wunsch, in beiden Lebenswelten anerkannt zu bleiben.

Der Gruppenleiter Jack spricht von gegenteiligen Erfahrungen: Nach dreimonatiger GM-Tätigkeit, schiebe er auch zu Hause den Stuhl unter den Tisch (= GM Norm) und fordere auch seine Kinder dazu auf. Sein Credo: Wer monatelang campuskonform agiere, der habe zentrale Normen internalisiert.

Ähnlich ambivalente Aussagen bezüglich der Internalisierungs-Chancen ergibt die Prüfung des Weihnachtsausgangs: Alle ca. 180 Jugendlichen kehrten pünktlich zurück. Gleichzeitig wurden die Mitarbeiter auf Teammeetings vor dieser Rückkehr auf zu erwartende Norm-Verstösse hingewiesen und ermutigt nicht zu verzagen, denn „Normbrüche im Januar sind jedes Jahr besonders ausgeprägt. Sie sind nicht eure Schuld, sondern die Nachwirkung der 14-tägigen Ausgangserlaubnis. Seid nicht frustriert, sondern konfrontiert, " so Abteilungsleiter Danity. Das negativere Verhalten nach der Rückkehr demonstriert anschaulich die Verhaltens-Verschlechterung nach dem Aussetzen externer Kontrolle, ergo ein Internalisierungs-Defizit. Aber: Verhaltensverschlechterung (Unhöflichkeit, Unpünktlichkeit) ist nicht mit delinquentem Verhalten gleichzusetzen, denn das findet (im Hellfeld) so gut wie nicht statt, ergo ein Behandlungserfolg !

Mit Kohlbergs/Turiels (1978) kognitions-psychologischen Phasenmodell des moralischen Bewusstseins, kann bei Glen Mills von einer Entwicklung von der präkonventionellen Moral (Feindbilder, eine Hand wäscht die andere) zur konventionellen Moral (**good-boy-orientation**) gesprochen werden. Den Schritt zur postkonventionellen Moral (z.B. Kants kategorischer Imperativ) wird nicht geleistet und vom Verfasser auch als überzogene Erwartungshaltung begriffen: Vom delinquenten Verständnis zu Kant scheint ein Schritt zu sein, der jede pädagogische Behandlungsbemühung überfordern dürfte.

Was aber kann geleistet werden ?

Die Richterin Vieten-Groß (1997:139) berichtet vom Austausch-‚Studenten‘ Mirzad, der – aus Norddeutschland stammend – Glen Mills als Alternative zum deutschen Jugendvollzug absolvieren konnte. Nach 8 Monaten Glen Mills berichtet er der Richterin von seinen Erlebnissen, von seinem GM-Statusverlust und seinen Konfrontations – Erfahrungen :

„‚Aber dann habe ich alles wieder verloren, mit einem Schlag und durch meine Schuld.‘ Er berichtet bereitwillig, was er denn gemacht habe: Morgens, in der für das Aufräumen des Zimmers vorgesehenen Zeit, habe er Wäsche gewaschen – obwohl es dafür seine eigene Zeit gebe. Schließlich lebten in einer Wohngruppe 60-80 Jungen, und die müßten die vorgegebene Zeitplanung genau einhalten, sonst breche das Chaos aus.

‚Aber das‘, erzählt er, ‚war nicht das Schlimmste. Das wirklich Schlimme war, daß ich anschließend gelogen habe – behauptet, ich hätte das nicht gewußt. Dadurch habe ich das Vertrauen der Gruppe verloren. Da war ich negativ.‘

‚Der heiße Stuhl‘, frage ich ihn, ‚das feed back, kritisiert von der ganzen Gruppe: war das nicht sehr schwer?‘ Er lächelt behutsam. ‚Sie wollen mich doch nicht niedermachen, sondern mir nur helfen. Sie sagen mir, wie ich es besser machen kann.‘ ‚Als Du so plötzlich Deinen ganzen Status, alle Privilegien verloren hast – hast Du da geweint?‘ Hierauf antwortet er - erstmals – nicht direkt, sagt nur: ‚Ich wußte ja, ich kann es wieder schaffen. Ich hatte ja meine Chance, es hing nur von mir ab.‘“

Mirzad beschäftigt sich in Glen Mills nicht mit schwerem Raub, Körperverletzungen oder Diebstahl, wie in Deutschland, sondern er macht sich Gedanken über minimalistische Normbrüche, die bewusst nicht übersehen werden. Ganz im Sinne der GM-Maxime: Auf Kleinigkeiten intensiv reagieren, damit Grosses erst gar nicht passiert ! Und „it works !" „Die Philosophie von Glen Mills ist vor allem gelebter Alltag und nicht etwa ein starres, theoretisches Konstrukt. So künstlich dem Betrachter die höflichen und rücksichtsvollen Umgangsformen ehemals straffälliger Jugendlicher untereinander und gegenüber Dritten auf dem Hintergrund der Geschichte dieser Jugendlichen vorkommen mögen, sie sind doch der echte Ausdruck des Eintauchens in eine andere, nämlich prosoziale Lebenskultur, einer sich nach einem vordergründigen Anpassungsprozeß langsam und schrittweise vollziehenden und schließlich konsolidierenden positiven Grundsozialisation"(Guder 1997:126).

Kriminologisch bestätigt dieses die **Rückfallquote** von 31% Wiederverurteilungen innerhalb von 2, 3 Jahren nach der Entlassung im Jahre 1982 (Grissom 1986). Dies deutet auf eine überproportionale Abkehr von delinquenten Verhaltensstandards hin. Grissom (1984:19) kommt nach der Auswertung von mehr als einhundert Rückfallstudien zu dem Schluss, dass „die Glen Mills Schools Rückfallquote am unteren Ende des Spektrums vergleichbarer Institutionen liegt. Die fundiertesten Daten weisen aus, dass vergleichbare Institutionen eine Rückfallquote von 35% - 75% haben".

Ein Resümee zur Glen Mills Schools aus deutscher Perspektive *

Die Glen Mills Schools: Für das juristisch rigide Amerika des ‚zero tolerance' ist diese Einrichtung zu liberal, zu luxuriös, zu resozialisierend, zu wenig strafend ! Für die lebensweltorientierte, begleitend-akzeptierende, Labeling und Episodencharakter geprägte deutsche Jugendhilfe und Jugendkriminalrechtspflege erscheint diese Einrichtung zu interventionistisch und im Bereich der Konfrontation zu streng ! Glen Mills sitzt zwischen diesen Stühlen, ab vom landestypischen main stream – und ist vielleicht deswegen so erfolgreich.

Entsprechend sollen sich die abschliessenden Anmerkungen an den Aspekten orientieren, die bei Europäern zwiespältige Gefühle hinterlassen können, für Amerikaner aber geradezu als kulturtypisch gelten dürfen:

1. Die harsche Konfrontationspraxis als Machtspiel zwischen Gangkultur (ähnlich den losen, aber gefährlichen Männerbünden der deutschen Rechtsradikalen) und positiver Mitarbeiter-Kultur.

2. Die Kunst der positiven und negativen Stigmatisierung.

3. Loyalität der Mitarbeiter (‚Love it or leave it'), statt europäisch-individueller Kritik- und Reflektionslust.

---

* Die folgenden Ausführungen beziehen sich auf Praxiserfahrungen in der Glen Mills Schools des Hamburgers Jens Förster in der Zeit vom 1.12.1998 bis 28.2.1999 (vgl. Förster 1999, S. 42-49) und decken sich mit den Erfahrungen von Jens Weidner in der Zeit vom 15.8.1984 bis 15.1.1985. Jens Förster, geb. 1973 in Arnstadt/Thür., prakt. Tätigkeiten im Pflegebereich, Workcamp-Erfahrungen in Belgien, Australien und Österreich. Studium der Sozialpädagogik/ Sozialarbeit an der FH Hamburg, Schwerpunkt: „Soziale Arbeit mit Straftätern und Opfern".

I. Die harsche Konfrontationspraxis als Machtspiel zwischen Gang- und positiver Mitarbeiter-Kultur

Die institutionsüblichen Konfrontationspraktiken (7 Level der Konfrontation, Guided Group Interaction (eine Art sozialen Trainings) und Townhouse-Hausversammlung von Jugendlichen und Mitarbeitern) können Bedenken auslösen: Dabei irritiert aus deutscher Perspektive weniger das Fremde, denn Konfrontation findet in dieser Weise in der deutschen Jugendhilfe und Justiz (als Ausnahme: Otto 1998) kaum statt. Problematisch erscheint die Wahrung der Verhältnismässigkeit, so dass die mit der Konfrontation beabsichtigten positiven Lerneffekte für den Jugendlichen vereinzelt nicht mehr erkennbar sind. Die ehemaligen Gangjugendlichen erleben von Seiten der Mitarbeiter Einschüchterung, die bis hin zur Anwendung physisch starker Berührungen gehen, am ehesten vergleichbar mit körperlichen Übergriffen im deutschen Jugendvollzug, etwa bei der unfreiwilligen Verlegung in eine Absonderungs-Zelle bzw. bei einer körperlichen Fixierung - nur mit dem Unterschied, dass es bei Glen Mills keinen Einschluss gibt:

Förster wurde Zeuge, wie ein ranghoher Glen Mills Jugendlicher „unter ohrenbetäubendem Gebrüll mit kräftigen Schlägen auf die Brust mehrmals geschubst wurde, über die Ecke eines Billiardtisches zu Fall gebracht, der Körper an einer Wand fixiert und der Kopf dabei einige Male gegen diese Wand ‚geklopft' wurde, weil der Junge, der gerade die morgendlichen **details** *(Reinigen der Wohneinheit „bis in's kleinste Detail") leitete, mit seiner Anwesenheit und einem Auf-Sich-Aufmerksam-Machen-Wollen, welches offensichtlich in einem Bedürfnis nach Klärung einer aus der Arbeit entstandenen Frage begründet war, die Konversation zweier Mitarbeiter störte. Der Mitarbeiter rechtfertigte sein unverhältnismässiges Verhalten später mit der Verletzung der Norm „Personal, das sich unterhält, darf nicht gestört werden" und einem* **non-verbal** *(Geste, Mimik, in diesem Fall ein Lecken der Lippen) während der Konfrontation, welches in Glen Mills als Mangel an Respekt gewertet wird. Die konfrontierende Interaktion ordnete der Mitarbeiter dem Level 6 zu, dem* **touch for attention** *(Berührung, um Aufmerksamkeit zu erzwingen), da er den Jungen nur angefasst und ihm nicht weh getan habe" (Förster 1999:43f.).*

Es wird deutlich, dass diese Interventionspraxis die **Macht-Missbrauchsgefahr** impliziert. Die sechste Stufe sieht laut Glen Mills-Mitarbeiter-Training lediglich das Berühren von Nacken oder Festhalten der Oberarme vor. Mögliche Verletzungsquellen (z.B. Stühle, Bänke oder ein Billiardtisch) müssen bereits in dieser Phase entfernt werden, damit auch ein physical restraint (siebte und höchste Stufe, in welcher der uneinsichtige Normbrecher bewegungs- bzw. wehrunfähig gemacht wird, z.B. durch das Festhalten am Boden) gefahrlos ausgeführt werden kann, sofern ein solcher Schritt für angezeigt gehalten wird. Zwar existiert auch die Norm, dass Mitarbeiterreaktionen auf die Verhaltensweisen der Jugendlichen abgestimmt werden müssen (d.h. kleinere Abweichungen sind zulässig bzw. Level können übersprungen werden). Im vorliegendem Fall war aber eine solche Verhältnismäßigkeit für Förster nicht ersichtlich.

In Bezug auf die Konfrontationspraxis im GGI und Townhouse (Gruppentreffen, bei denen sich betroffene Jugendliche für Normübertretungen verantworten müssen und dabei mit z.T. heftigem Feedback bedacht werden) äußert Förster Bedenken hinsichtlich eines scheinbaren Widerspruchs:

Laut konzeptionellem Anspruch sollen den gewaltaffinen Probanden durch diese Gruppentreffen Handlungsalternativen zu Manipulation und Aggression vermittelt werden. Gleichzeitig finden die GGI-Sitzungen und Townhouse-Treffen in z.T. verbal hochaggressiver Atmosphäre statt, wenn auch in einer bewusst kalkulierten und kontrollierten Form. Erster Erziehungsschritt ist hier eine Verhaltenswandlung der ‚Studenten' von körperlicher Gewalt zu verbalen Attacken. Im Jugendjargon: Nicht niederschlagen, sondern totlabern. Entsprechend werden die Glen-Mills-Jugendlichen dazu angehalten, ihr Feedback in ganggewohnter, aggressiv-bedrohlicher Weise zu vollziehen („Fuck him !" – eine nicht selten gebrauchte und im US-Milieu beliebte Formulierung).

Ergänzt werden können diese nicht-körperlichen Interaktionen mit non-verbalen Techniken, die den Effekt in Ernstsituationen noch steigern. Förster beschreibt sie folgendermaßen:

„Diese Technik ist eine Art „Flügelschlagen" der Arme, um maximale Lautstärke und Erregung aus Brustkorb bzw. Körper herauszuholen. Nach Möglichkeit hat der Konfrontierende das Feedback aus nächster Distanz und rund um die Gesichtsfläche des Normbrechers zu plazieren, so dass der Konfrontierte zu einer Zielscheibe von nicht unerheblichen Mengen an Speichelflüssigkeit (...) wird und hierbei einem Vorgang unterliegt, den er mit unbewegter Miene und unter Beibehaltung des Augenkontakts mit seinem Gegenüber geduldig ertragen muß. Je nach Schwere des Normbruchs und Art der Feedback-Rezeption durch den Jugendlichen nimmt die Stärke der aggressiven Reaktion zu oder ab. Ein Konfrontierender, dessen Feedback nur halbherzig bzw. nicht- oder nur gering aggressiv ausfällt, kann schnell selbst Objekt eines Konfrontationsgewitters werden" (a.a.O. 1999:44).

Angeleht an Prinzipien des systematischen Desensibilisierens formuliert die Glen Mills Logik pragmatisch: Jugendliche, die während dieser überzogenen Konfrontationsgewitter im Schonraum Glen Mills cool bleiben, werden auch ausserhalb der Institution Stress- und Konfliktsituationen ‚cool' bestehen können !

Die konfrontierenden Jugendlichen erhalten bei diesen Auseinandersetzungen die Möglichkeit, vorhandene Aggressionen verbal auszuleben, die - nun pro-sozial - der Bekämpfung subkultureller Normen dienen und damit legalisiert erscheinen. Wie problematisch sich dieser Gruppen-Prozess unter Umständen auswirken kann, vor allem wenn individuelle Entwicklungsverläufe nicht aus-reichend analysiert werden, verdeutlicht folgendes Beispiel:

Ein Jugendlicher, der noch nicht lange dem Glen-Mills-Programm beiwohnte, aber sich aufgrund seiner frühen Kooperationsbereitschaft schnell einlebte und mit guten Prognosen hinsichtlich des Erreichens einer positiven Führungsposition bedacht wurde, offenbarte Förster, wie schwer es ihm eigent-lich falle, in GGI-Sitzungen andere Gruppenteilnehmer laut konfrontieren zu müssen. Dies erinnere ihn sehr an seinen gewalttätigen, alkoholisierten Vater, der fast nur so mit ihm kommuniziert habe. Weil er dies verletzend und demütigend empfunden habe, wolle er sich von solchen Verhaltensweisen und damit von seinem Vater distanzieren. Diese Distanz sei ihm aber weder bei seinen gewalttätigen Straftaten gelungen, noch jetzt bei Glen Mills möglich. Deutlich wird: Konfrontation kann bei aktuellen Konflikten sehr hilfreich sein. Um biographieanalytischen Aspekten gerecht zu werden bedarf es eines Hin-tergrundwissens, das in Glen Mills als eher unbedeutend eingestuft wird, das aber in deutschen Erziehungskontexten zum Standard gehört.

Die Frage nach der Richtigkeit des Einsatzes verbaler Aggression zum Zwecke des Abbaus körperlicher Gewalttätigkeit ist in Deutschland ein umstrittenes Thema (Peters 2000), auf das es Ja- und Nein-Antworten gibt:

Mit Ja zu beantworten ist die Frage, weil eine solche Vorgehensweise an bereits vorhandene Sozialisationsstrukturen der Jugendlichen anknüpft und nicht auf eine Persönlichkeitsveränderung abzielt, Korrekturen also lediglich eine verhaltensmodifikatorische Funktion erfüllen. Damit würde sich ein sol-ches Konzept gegen überhöhte Erziehungsansprüche richten, Realitätsnähe und Handhabbarkeit zeigen. GM strebt explizit keinen Persönlichkeits-Wandel an, sondern eine Verschiebung von der destruktiven Aggression zur positi-ven, konstruktiven, verbalen Durchsetzungsstärke, also einer Kompetenz, der gerade in Wettbewerbsgesellschaften wie den USA oder Europa grosse Bedeu-tung beigemessen wird (Weidner/Koller-Tejeiro 1999).

Dagegen spricht, dass sich aus lerntheoretischer Sicht vermuten liesse, dass eine Befürwortung der verbal aggressiven Mittel kaum eine reale Handlungs-alternative zur Aggression herstellen kann und somit die Gefahr besteht, dass sie ihr Ziel ‚Gewaltreduzierung‘ verfehlt. Aufschlussreich für die Beantwor-tung dieses Abwägens sind die positiven GM-Forschungsergebnisse (Grissom 1984/1986), die sich im übrigen mit den Rückfallquoten des deutschen, eben-falls verbal konfrontativen Anti-Aggressivitäts-Trainings® decken (Ohlemacher 2000). Diese Erhebungen machen eines deutlich: Eine soziale Gruppen-Erziehung im Sinne einer Verlagerung von körperlicher Gewalt zum verbal aggressiven Agieren ist möglich und **erfolgversprechend bei 60-70% der so behandelten jungen Menschen.**

Bei aller Vorsicht und sorgfältiger Reflexion, die einer normativen Kultur entgegengebracht werden sollte - da es sich um ein äusserst machtvolles Instrument handelt - die Wirkung eines solchen Systems bei der Behandlung eines aggressiven Klientels ist nicht abzuleugnen so Förster. Ihm zufolge werden diese Vorzüge besonders deutlich an der in Glen Mills praktizierten Gestaltung von Interaktions- und Lernprozesse. Im Schul- und Berufsausbildungsbereich ermöglichen die Normen ein zielorientiertes und ressourcenfreundliches Arbeiten mit den Jugendlichen. Jeder Schüler weiss, was er zu tun, wie er es zu tun und was er zu unterlassen hat – nicht nur in Bezug auf lern- und arbeitstechnische Prozesse, sondern auch im Hinblick auf Sicherheits- und Kontrollaspekte. Sämtliche Unterrichts- und Arbeitsmedien befinden sich daher - wie nahezu alles Gegenständliche in Glen Mills - in einem einwandfreien Zustand. Entwendungen kommen extrem selten vor. Die Abläufe funktionieren reibungslos und die Lernerfolge sind messbar. Vergleicht man dies mit der Arbeit in stationären deutschen Einrichtungen, muten die Erlebnisse und die Ergebnisse in Glen Mills unwirklich positiv an.

2. Die Kunst der positiven und negativen Stigmatisierung

Die Glen Mills Schools, so Förster, hat als Instanz der sozialen Kontrolle eine besondere Verantwortung in Bezug auf Stigmatisierungs-Prozesse, die nach dem Labeling Approach delinquentes Verhalten erst definieren und produzieren können (Sack 1979: 431f., Lamnek 1996: 23f).

Die Schule ist sich dieses Problems bewusst und versucht solchen Prozessen entgegenzuwirken. So verwendet sie die Bezeichnung „Schools" im Namen, nennt ihre Insassen entsprechend „students", ist ohne Gitter, Stacheldraht, Sicherheitspersonal ausgestattet und vermeidet überhaupt „knasttypische" Accessoires, zwingt die Schüler nicht in anstaltseigene Kleidung, sondern bietet - ganz im Gegenteil – statushohe, edle, bei Jugendlichen beliebte Sportkleidung an.

Zusätzlich unterbindet die Schule Bestrebungen der Jugendlichen, sich gängigen Rollenschemata anzupassen (Durchsetzung von Normen, die sich gegen subkulturelle Verhaltensmuster oder das Zeigen von Gangsymbolen richten), auch deshalb, weil das Etikett „Knacki" den Status eines Jugendlichen in seiner jeweiligen delinquenten Bezugsgruppe erhöhen könnte. Am deutlichsten wird dieses Verständnis am **Menschenbild** der Einrichtung, die den delinquenten Jugendlichen als grundsätzlich gut und achtenswert ansieht: „**They do bad things, but they are not bad boys**" (Ramb 1997: 3).

Förster macht auf das Paradoxon aufmerksam, dass die Glen Mills Schools Devianzen abbaut, indem sie – zunächst einmal – abweichendes Verhalten ‚produziert'. Dies tut sie dadurch, dass sie als Trägerin von Macht Normen definiert und appliziert (‚Selektionseffekt', Lamnek 1996:236). Würden in der Schule diese Definitionen nicht verhaltens-, sondern personenspezifisch erfolgen, hätte dies die Konsequenz, dass der Jugendliche durch die Etikettierung seiner Person als abweichend eine Einschränkung der konformen Handlungsmöglichkeiten erfahren und seine „abweichende Karriere" unterstützt werden würde (Lamnek 1996:228). Dies, so Förster, ist in Glen Mills nicht der Fall, da die institutionellen Reaktionen auf Devianz sich ausschliesslich auf das Verhalten, aber nie auf die Person des Schülers beziehen:

„Die Jungs können Fehler machen, immer wieder, sie werden immer wieder dafür zur Rede gestellt und konfrontiert und sie bekommen immer wieder eine neue Chance, hundert Mal, wenn's sein muss", so ein GM-Mitarbeiter.

Die Vielzahl an Normen und ihre Durchsetzung haben den Zweck, das Ausleben und Verfestigen subkultureller Verhaltensmuster zu verhindern, eine klare Linie der Orientierung aufzuzeigen und eine Sensibilisierung der Jugendlichen für Normen und Normen-Übertritte zu erreichen, die dem Glen-Mills-Grundsatz folgen: Kleine Dinge konfrontieren, damit Grosses erst gar nicht passiert !

Trotzdem ist die Institution nicht frei von Stigmatisierungs-Prozessen, wie Förster (1999) auch selbst zu spüren bekam. Er fand sich kurz nach seinem Praktikumsbeginn in einer Rolle wieder, aus der er sich bis zum Ende seines Praxisaufenthalts nicht befreien konnte. Pauschale Zuschreibungen von Seiten der Mitarbeiter nahm Förster häufiger wahr. So wurde ihm gegenüber nicht nur einmal - auch im Beisein der Jugendlichen - die Einstellung geäussert, dass die „Kids" durchweg negativ denken und handeln würden und dass man ihnen kein Vertrauen schenken dürfe. Damit war die Kritik an Förster verbunden, dass sein Verhalten zu permissiv und vertrauenswürdig sei - obwohl er bemüht war, eine pädagogisch angemessene und normorientierte Strenge walten zu lassen. Sie musste jedoch, so Förster, angesichts des restriktiven und von militärischem Kommando-Ton geprägten Klimas, zuweilen recht lächerlich wirken.

Äusserungen, die einer Gruppe pauschal das Etikett ‚negativ' bzw. ‚nicht vertrauenswürdig' aufdrücken, können aufgrund von Stigmatisierungseffekten und der Ausblendung individueller und situativer Faktoren als problematisch empfunden werden - folgen aber der Logik des peer-group-pressure bei negativ definiertem Verhalten. Diese Negativ-Zuschreibungen sind aus der Perspektive verstehbar, dass die Jugendlichen kaum eine Wahl haben, nicht negativ aufzufallen, da die ungeheure Normdichte ein konformes Verhalten nahezu verunmöglicht.

Die misstrauische Haltung vieler Mitarbeiter hat einen weiteren Grund: Sie wirkt funktional und verhindert ein kumpelhaftes Verhältnis zwischen Personal und students (sowie auch unter den students). Diese Kumpelhaftigkeit - die in Deutschland durchaus beliebt ist und z.T. mit dem Begriff der Betroffenen-perspektive verwechselt wird - gilt in Glen Mills nicht erziehungsförderlich, weil der konfrontative Interaktionsstil damit verwässert werden kann (vgl. Förster 1999:47).

3. Loyalität der Mitarbeiter (love it or leave it), statt europäisch-individueller Kritik- und Reflektionslust

Der Aspekt, der – nach europäischem Massstab – mangelnden Selbstkritik-fähigkeit der Glen Mills Mitarbeiter ist auf dem Hintergrund eines anderen, eben amerikanischen, Kulturverständnisses zu verstehen. ‚Love it or leave it‘ ist ein Leitsatz amerikanischer Unternehmenskultur, der Kritik an der corporate identity bzw. an der institutionellen Alltagspraxis per se verbietet. Exemplarisch darf dafür der Führungskräfte-Nachwuchs des Sportgiganten NIKE gelten, dessen Identifikation mit dem Unternehmen so weit ging, dass dieser sich das Nike Emblem in die Haut eintätowieren ließ (vgl. Weidner/Koller-Tejeiro 1999). Kritik ist nach diesem Verständnis ‚bullshit‘, weil Ausdruck für einen Mangel an Unterstützung. Kritische Distanz gilt als illoyal und hinder-lich bei der Motivationsarbeit, die die GM-Mitarbeiter bei den Jugendlichen zu leisten haben. Kein Wunder also, dass Amerikaner und Europäer an diesem Punkt mit sehr unterschiedlichen Alltagstheorien aufeinandertreffen. Bezogen auf die Glen Mills Schools heisst dieses amerikanische Selbstverständnis mit den Worten des Direktors:

„Warum sollte ich Leute beschäftigen, die alles kritisieren? Ich brauche Unterstützung, Leute, die unser Konzept mit tragen, die ja zu mir sagen und zum Programm. Übertragen auf meine leitenden Mitarbeiter heißt das, daß ich Souveränität in der Arbeit erwarte, Engagement im Freizeitprogramm, Loya-lität und Schutz vor externen Angriffen" (Weidner 1986:78).

Das Programm ‚funktioniert‘, weist überdurchschnittlich positive Rückfall-quoten und Zufriedenheits-Einschätzungen (Grissom 1984) durch Ex-Students auf, arbeitet kostengünstiger als vergleichbare private und staatliche Einrich-tungen, bietet zugleich eine komfortable bis luxuriöse bauliche und materi-elle Ausstattung - und reagiert wegen dieser Bilanz auf kritische Fragen sehr sensibel. Professionalität heisst in Glen Mills vor allem Loyalität gegenüber dem Erfolgskonzept und impliziert die 100%ige Anpassung des Mitarbeiters an die Rollenerwartungen der Institution. Dieser Selbstkritik-Mangel führt, einhergehend mit der ‚corporate identity' des Stolz-Seins auf die Leistungen der Schule, bei einigen Mitarbeitern zu einem nicht unerheblichen Mass an Selbstüberschätzung. Ein Beispiel mag ein ranghöherer Mitarbeiter abgeben:

Auf Försters Angewohnheit hin, verbale Ausführungen des Mitarbeiters gelegentlich mit einem „you're right" zu quittieren, bemerkte dieser einmal lächelnd, aber ernstgemeint: „John (eine von drei Titulierungen für Förster in Glen Mills), you don't need always to say that I'm right – I am always right !" *Er gab weiterhin zu verstehen, dass er in Bezug auf Glen Mills wie ein wandelndes Lexikon sei und er stets über alles Bescheid wüsste. Zudem kenne er die Kids, schliesslich verfüge er über eine hinreichende Berufserfahrung. Förster könne ihn alles fragen, er würde immer eine korrekte Antwort erhalten. Mit der Entgegnung, dass, bei allem Respekt vor den Fähigkeiten seines Gegenübers, kein Mensch - und hätte er sich noch soviel Wissen angeeignet – immer recht haben könne und dass ein solches Selbstverständnis sogar gefährlich sei, konnte der Mitarbeiter gar nichts anfangen. Als Tage später eine ähnliche Situation eintrat, in welcher Förster von diesem Mitarbeiter trotz begründeten Widerspruchs in die falsche Werkstätte geschickt wurde, begleitet von den Worten: „Trust me, John. I'm always right", rächte sich bereits der Übermut des Mitarbeiters. Prompt riefen Kollegen der Werkstätte den Mitarbeiter an und konfrontierten ihn damit, dass es die Planung eines Vorgesetzten gäbe, an die er sich zu halten habe. Förster konnte sich daraufhin ein gewisses Gefühl der Genugtuung nicht ,verkneifen'. Es hielt sich aber in Grenzen, da ihm gleichzeitig auch Unwohl war – eine Unannehmlichkeit, die sich aus seiner Erfahrung nährte, dass kleine Vorfälle in Glen Mills schnell Kreise ziehen und wie ein Boomerang mit seltsamen Flugeigenschaften auf einen selbst zurückfallen können.*

Der Erfolg der Abteilung schien die Richtigkeit der täglichen Handlungsroutine immer wieder zu bestätigen. Wenn kritische Überlegungen angestellt wurden, so Förster, zielten sie in Richtung Verschärfung der bestehenden Informations- und Kontrollsysteme und damit auf eine Vermehrung der Normen, obwohl dieser Wohneinheit bereits der Ruf an hing, die „härteste", weil an Normen reichste Abteilung auf dem Campus zu sein. Und Härte ist in der Gangjugend ein extrem positiv besetzter Begriff, den die Glen Mills Schools, im anti-delinquenten Sinn, aufgreift, mit dem sie die aggressiven Jungs dort abholt, wo sie stehen. Die deutsche Richterin Vieten-Gross (1997:141) betont diesen Aspekt: „ Körperliche Berührungen sind verpönt. Es ist eine Männerwelt, fast Männlichkeitskult: Stärke, Leistung, Erfolg, Ehrungen. Ein bißchen Erotik scheint aufzublitzen, als ein Lehrer anerkennend einem Schüler auf die Schultern klopft – einen Augenblick lang eine Art von Intimität. ‚Wir sind eine Schule für Jungen, kräftige junge Burschen aus harten Verhältnissen‘, sagt Sam Ferrainolas Schwiegertochter, eine der wenigen weiblichen Mitarbeiter von Glen Mills. ‚Wir müssen ihnen diese männliche Welt bieten, nur so erreichen wir sie.‘" (vgl. Kersten 1997:103ff.)

Und sie fährt fort: „Das ist Realismus, wie alles hier. Und die Alternative für diese Jungen wäre: Knast, Rückfall, Knast, vielleicht lebenslang. Was ist da besser ? Ich glaube, daß vieles aus dem Konzept der Glen Mills Schools auch auf deutsche Verhältnisse übertragen werden kann ... Die Grundideen, auf denen dieses Modell beruht, sind gerade in ihrer Einfachheit überzeugend, und sie sind in der Praxis erprobt."

Diese Einfachheit focussiert sich – und damit soll dieser Beitrag abgeschlossen werden - im ‚GM-Grundgesetz‘ (Vieten-Groß 1997:138), in Leitsätzen, die auch in der deutschen Jugendhilfe und –kriminalrechtspflege Konsens sein könnten:

» 1. Niemand hat das Recht, einen anderen zu verletzen.

2. Ausbildung und Klassenräume sind heilig.

3. Wir werden uns niemals in einer Weise verhalten, die geeignet ist, uns selbst, unsere Gruppe oder unserer Schule Unehre zu machen.

4. Wir sind stolz auf unsere Schule.

5. Ein Schüler von Glen Mills ist immer ein Gentleman.«

Gemessen am deutschen Jugendvollzug, aber vor allem auch am unverhältnismässig rigiden Amerika der ‚Null-Toleranz‘, bietet Glen Mills faszinierende, praktikable pädagogische Perspektiven im Umgang mit jugendlichen Mehrfachtätern. Von diesem Konzept lässt sich lernen und so erscheint das Credo (Myers 1978:1) des US-Kongresses in Washington auch heute noch aktuell, dass die Glen Mills Schools „die beste Institution für jugendliche Delinquente ist, die Pennsylvania zu bieten hat."

Vom Delinquenten zum Gentleman, verehrte LeserInnen, das ist doch eine Perspektive, für die es sich zu engagieren lohnt, auch in Deutschland !

Literatur:

Allen, R. F./Dubin, H. N.: Collegefields.Seattle:Special Child Publications 1970

Allen, R. F./Pilnick, S.: Confronting the Shadow Organization. In: Organizational Dynamics. Spring 1973, p. 3-18

Bales, R. F.: Das Problem des Gleichgewichts in kleinen Gruppem. In: Hartmann, H.: Moderne amerikanische Soziologie. Stuttgart 1967, S. 311-329

Bandura, A.: Lernen am Modell. Stuttgart 1976

Bandura, A.: Sozial-kognitive Lerntheorie. Stuttgart 1979

Baumrind, D.: Child care practices anteceding three patterns of preschool behavior, in: Genetic Psychology Monographs, 1967, 75, p. 43-88

Beck, U.: Risikogesellschaft. Frankfurt/M. 1986

Bettelheim, B.: Liebe allein genügt nicht. Stuttgart 1990

Biermann, B. u.a.: Soziologie. Neuwied 1992

Bloeß, I./Baumann, U/Laube, M.: „Das Gute daran ist das Gute darin". Erfahrungen mit dem AAT in der mobilen Jugendarbeit Street Life, in: Weidner, J./Kilb, R./Kreft, D. (Hg.): Gewalt im Griff. Weinheim 1997

Braunmühl, E. v.: Antipädagogik. Basel 1979

Colla, H. E: Glen Mills Schools, in: Forum Erziehungshilfen, 2/2000, S. 68-75

Corsini, R. J.: Konfrontative Therapie, in: ders. (Hg.): Handbuch der Psychotherapie, Weinheim 1994, Bd.1, S. 555-570

Farrelly, F./Matthews, S.: Provokative Therapie, in: Corsini, R. J. (Hg.): Handbuch der Psychotherapie, Bd. 2, Weinheim 1994, S. 956-977

Farrelly, F./Brandsma, J. M.: Provokative Therapie. Berlin 1994

Ferrainola, C. D.: Interview zur Glen Mills Schools. Glen Mills 1985 (Typoskript)

Ferrainola, C. D.: Regarding levels of confrontation dealing with students behavior. Glen Mills 1984 (Typoskript)

Ferrainola, C. D.: Zur Notwendigkeit einer effektiven Veränderung stationärer Behandlungsmodelle delinquenter Jugendlicher, in: DVJJ 3/1999, S. 321-324

Flitner, A.: Konrad, sprach die Frau Mama. München 1995

Förster, J.: Praktikumserfahrungen in den USA: Glen Mills Schools, in: standpunkt sozial 2/1999, S. 42-49

Gall, R.: Verstehen, aber nicht einverstanden sein, in: Weidner, J. u. a. (Hg.): Gewalt im Griff. Weinheim 1997, S. 150-171

Giesecke, H. (Hg.): Offensive Sozialpädagogik. Göttingen 1973

Glen Mills Schools: Glen Mills Norms Training. Typoskript 1983, in: Ottmüller, C. O.: Glen Mills Schools. Pfaffenweiler 1988, S. 57

Goffman, E.: Asyle. Frankfurt am Main 1973

Goffman, E.: Wir alle spielen Theater. München 1972

Grissom, G. R.: Glen Mills Schools Research Project. Philadelphia, University City Science Center 1984

Grissom, G. R.: Glen Mills Research Project. Summary Report. Philadelphia, University City Science Center 1986

Guder, P.: Glen Mills- Amerikanischer Mythos oder reale Chance ? In: DVJJ-Journal 2/1999, S. 324-334

Guder, P.: Ohne Schloß und Riegel, in: DVJJ 2/1997, S.123-136

Habermas, J.: Moralbewußtsein und kommunikatives Handeln. Frankfurt/M. 1973

Hess, R.: A Group Leader's Handbook. Glen Mills 1983

Hoffman, M. L./ Saltzstein, H. D.: Parent discipline and the child's moral development. Journal of Personality and Social Psychology, 5/1967, p. 45-57

Hurrelmann, K.: Einführung in die Sozialisationstheorie. Weinheim 1995

Hurrelmann, K./Ulich, D. (Hg.): Neues Handbuch der Sozialisationsforschung. Weinheim 1991

Kaiser, G.: Kriminologie. Heidelberg 1993

Kersten, J.: Risiken und Nebenwirkungen: Gewaltorientierungen und die Bewerkstelligung von ‚Männlichkeit' und ‚Weiblichkeit' bei Jugendlichen der underclass, in: Kriminologisches Journal, 6. Beiheft 1997, S. 103-114

Kohlberg, L./Turiel, E.: Moralische Entwicklung und Moralerziehung. In: Portele, G. (Hg.): Sozialisation und Moral. Weinheim 1978, S. 13ff.

Korczak, J.: Wie man ein Kind lieben soll. Göttingen 1967

Krafeld, F. J.: Die Praxis akzeptierender Jugendarbeit. Opladen 1996

Krappmann, L.: Soziologische Dimensionen der Identität. Stuttgart 1969

Lamnek, S.: Theorien abweichenden Verhaltens. München 1996

Lamnek, S.: Neue Theorien abweichenden Verhaltens. München 1979

Lamott, F.: Die erzwungene Beichte. München 1984

Lerner, R. M/Busch-Rossnagel, N. A. (Eds): Individuals as producers of their development. New York 1981, Academic Press

Lüdemann, R.: Therapie als Gewaltverhältnis, in: Albrecht, P.-A. u. a. (Hg.): Verdeckte Gewalt. Frankfurt am Main 1990, S. 229-242

Makarenko, A. S.: Ausgewählte pädagogische Schriften. Paderborn 1969

Merton, R. K.: Sozialstruktur und Anomie. In: Sack, F./König, R. (Hg.): Kriminalsoziologie. Wiesbaden 1979, S. 283-313

Myers, M. O.: Rehabilitation of the Juvenile Delinquent, in: Congressional Report Washington, Vol. 124, No 74, 1978

Mollenhauer, K.: Erziehung und Emanzipation. München 1968

Mollenhauer, K.: Einführung in die Sozialpädagogik. Weinheim 1964

Moreno, J. L.: Psychodrama.New York: Beacon House 1946

Neill, A. S.: Theorie und Praxis der antiautoritären Erziehung. Reinbek 1969

Nohl, H.: Jugendwohlfahrt. Leibzig 1927

Ohlemacher, T. u. a.: Anti-Aggressivitäts-Training und Legalbewährung, in: Bereswill, M.: Interdisziplinäre Beiträge zur kriminologischen Forschung. Nomos Verlag 2001

Ottmüller, C. O.: Glen Mills Schools. Pfaffenweiler 1988

Otto, M.: Nichtmitarbeitsbereite Gefangene und subkulturelle Haltekräfte, in: KrimPäd, 1998, Heft 38, S. 34-42

Perls, F.: Ego, hunger and aggression. New York: Random House, 1969

Peters, F.: Glen Mills – Schulen in Deutschland ? In: Forum Erziehungshilfen 2/2000, S. 76-80

Polsky, H.: Cottage Six. Robert E. Krieger Publishing, New York 1977

Puhl, R. (Hg.).: Sozialarbeitswissenschaft. Weinheim, München 1996

Ramb, W.: Laudatio for Mr. Cosimo Ferrainola, Ph. Dr. h. c., Lüneburg 1997 (Typoskript)

Redl, F./ Wineman D.: Kinder die hassen. München 1979

Redl, F.: Erziehung schwieriger Kinder. München 1987

Rogers, C. R.: Klientenzentrierte Psychotherapie, in: Corsini a.a.O., 1994, S. 471-512

Rousseau, J. J.: Emile oder Über die Erziehung (1792), Stuttgart 1963

Rutschky, K. (Hg.): Schwarze Pädagogik. Frankfurt/M. 1977

Sack, F./Köing, R. (Hg.): Kriminalsoziologie. Wiesbaden 1979

Sack, F.: Neue Perspektiven in der Kriminologie, in: Sack, F./König, R. (Hg.): Kriminalsoziologie. Wiesbaden 1979, S. 431-476

Schäfer, D.: Let's sail into the ocean of opportunity! Oder: Glen Mills Schools, ein ganz besonderes Modell der Jugendkriminalrechtspflege, in: standpunkt sozial 2/1999, S. 33-41

Seel, H. D.: Abriß eines lerntheoretischen Paradigmas, in: Erhardt, K. J. u. a.: Interdisziplinäre Sozialfoschung. Stuttgart 1976, S. 114-130

Silbereisen, R. K./Schuhler, P.: Prosoziales Verhalten, in: Markefka, M./Nauck, B.: Handbuch der Kinheitsforschung, Neuwied 1993, S. 275-288

Steinberg, L./Darling, N.: The broader context of social influence in adolescence, in: Silbereisen, R. K./Todt, E. (Eds.): Adolescence in context. New York: Springer 1994

Sykes, G. M./Matza, D.: Techniken der Neutralisierung, in: Sack, F./König, R. (Hg.): Kriminalsoziologie. Wiesbaden 1979, S. 360-371

Tillmann, H. J.: Sozialisationstheorien. Reinbek 1996

Thiersch, H.: Lebensweltorientierte Soziale Arbeit. Weinheim 1995

Thiersch, H./Rauschenbach, T.: Sozialpädagogik/Sozialarbeit, in: Eyferth, H. u. a. (Hg.): Handbuch der Sozialarbeit/Sozialpädagogik Neuwied 1987, S. 984-1015

UCSC (Ed.): Approach to the Treatment of Serious Offenders: The Glen Mills Experience. Philadelphia 1984

Vorrath, H. W/Brendtro, L. K.: Positive Peer Culture, Chicago, Illinois: Aldine Publishing Co. 1974

Vachss, A. H./Bakal, Y.: The Life-Style violent Juvenile. Lexington, Toronto: D.C. Health 1979

Weidner, J.: Analyse des Behandlungskonzepts der Einrichtung: Glen Mills Schools, Concordeville, USA, und die Diskussion von Möglichkeiten der Übertragung einzelner Programmpunkte in die Praxis der Jugendhilfe/ Jugendkriminalrechtspflege in der BRD. Diplomarbeit, Universität Lüneburg 1986

Weidner, J.: Anti-Aggressivitäts-Training für Gewalttäter. Bad Godesberg 1990

Weidner, J.: Der heiße Stuhl in der Psychotherapie, in: tendenz 1/1993, S. 8ff.

Weidner, J.: Anti-Aggressivitäts-Training, in: Stimmer, F. (Hg.): Lexikon der Sozialpädagogik und Sozialarbeit. München, Wien 1994, S. 31-34

Weidner, J./Kilb, R./Kreft, D. (Hg.): Gewalt im Griff. Weinheim 1997

Weidner, J./Koller-Tejeiro, Y. (Hg.): Mit Biss zum Erfolg. Mönchengladbach, Zürich 1999

Weidner J.: Vom Bauern zum König. Streetgang-Wissen für Karrieristen, in: gdi impuls 3/1999, S. 36-41

Weidner, J.: Kriminalpolitik mit Augenmass aus der Perspektive konfrontativer Sozialer Arbeit, in: Rundbrief Straffälligenhilfe, Schleswig-Holstein 22/1999, S. 4-11

》Prof. Dr. Jens Weidner, (Jahrgang 1958), von 1987-1995 Mitarbeiter der Jugendanstalt Hameln, u.a. als Abteilungs- und Projektleiter. Seit 1995 Professor für Erziehungswissenschaften und Kriminologie an der Fachhochschule Hamburg. Seit 1993 auch Dozent am Institut für Sozialarbeit und Sozialpädagogik, Frankfurt am Main und seit 1994 am Gottlieb Duttweiler Institut für Wirtschaft und Gesellschaft, Zürich. Publikationen u.a.: »Anti-Aggressivitäts-Training für Gewalttäter« (1991), »Gewalt im Griff« (1997), »Mit Biss zum Erfolg« (1999). 《

www.prof-jens-weidner.de

Herbert E. Colla

GLEN MILLS SCHOOLS

A private out-of-state residential facility

Sucht man eine Institution auf, die sich im staatlichen Auftrag um die Rehabilitation gewaltbereiter jugendlicher Straftäter bemüht, erwartet man, besonders nach der Lektüre von Goffmans Asyle (1973, Orig. 1961) oder in Kenntnis der (Bau-)Geschichte von Strafvollzugsanstalten (vgl. Cornel 1984, Dörner 1991, Ireson 1998) eine geschlossene Einrichtung, umgeben von Mauern, eventuell Stacheldrahtverhauen, bestückt mit Überwachungskameras, Einlass durch eine Pforte mit Ausweiskontrollen und ähnlichen Zugangsritualen. Ausgelöst durch subjektiv bedrohliche Wahrnehmungen, Ängste, Unsicherheitsgefühlen und diffuser Kriminalitätsfurcht, die ihrerseits von Teilen der Medien und von Politikern, aber auch von Behörden, Institutionen und Berufsverbänden aufgegriffen, dramatisiert und popularisiert und für ihre Interessen genutzt werden, entspräche dies sowohl den Ausgrenzungsstrategien als auch dem Sicherheitsbedürfnis des überwiegenden Teils der Bevölkerung und ihren Alltagstheorien von der „Straße". Hierfür wurde der Begriff der „Moralpanic" geprägt (Pfeiffer 1997, S. 81). Die von den Printmedien, Fernsehen und Rundfunk mitproduzierte öffentliche Meinung setzen Politiker wie Praktiker unter einen ständigen Erklärungs-, Legitimations- und Handlungsdruck (siehe hierzu u.a.: Bericht der Enquête Kommission „Jugendkriminalität und ihre gesellschaftlichen Ursachen", 2000, S. 65 f.). Gleichzeitig, und darauf verweist Winkler (1999), geht das öffentliche Interesse an der Jugendhilfe insgesamt unübersehbar zurück. „Trotz wachsender Aufgabe, trotz gestiegener Nachfrage nach Jugendhilfeleistungen wird ihr materieller Spielraum geringer. Es gibt viele Anzeichen dafür, dass sie in ihren Möglichkeiten zunehmend begrenzt, wider alle gesetzlichen Vorgaben darauf beschränkt wird, Nothilfe und Verwahrung zu betreiben" (vgl. auch hierzu Thiersch 1999, S. 425 ff.; Böhnisch 1999, S. 417 ff.).

In den USA sitzen derzeit zwei Millionen Strafgefangene ein. Kaum ein Land der Welt sperrt so viele seiner Bürger ein: 725 von 100.000 Amerikanern sitzen im Gefängnis, in Deutschland kommen hingegen auf 100.000 Einwohner 90 Gefangene. Der fundamentale Unterschied zu Westeuropa besteht darin, dass die USA nur wenig Geld ins soziale Netz und in Präventionsprogramme investieren und die Strafjustiz als einfachste Lösung sozialer Probleme benutzt wird. 41 Milliarden Dollar werden jährlich dafür ausgeben, zwei Millionen Häftlinge zu verwahren. Das sind fünfzig Prozent mehr, als für die achteinhalb Millionen Sozialhilfeempfänger aufgebracht wird. Seit 1995 investieren die amerikanischen Bundesstaaten mehr Geld in den Bau von Gefängnissen als in den von Colleges und Universitäten. Dazu kommen Unsummen, die das System für Strafverfolgung und Justiz aufbringen muss. Ein Drittel aller männlichen African-Americans im Alter von 20 bis 29 Jahren steht in irgendeiner Form unter der Aufsicht der Justiz (Kreye 2000).

„Sperrt sie ein und schmeißt den Schlüssel weg", so formuliert Polsky (2000) resignierend eine Tendenz in den USA, mit der nach einer fast 100jährigen Trennung von jugendlichen und erwachsenen Straftätern heute in vielen Bundesstaaten ein vollständiger Verzicht auf die Jugendstrafrechtspflege als Sondersystem gefordert wird, und das aus unterschiedlichen Gründen. Einmal wird die Ineffektivität der Praxen von Rehabilitationsprogrammen (Schubert 1997) zusammen mit dem Kostenargument ins Feld geführt, die andere Argumentationsreihe behauptet, dass das Jugendgericht und die dazugehörige Vollzugspraxis hauptsächlich von interessierten Gruppen zur Bevormundung der Jugendlichen eingerichtet worden seien, heute sei dies obsolet und entspräche nicht dem Zeitgeist.

Gegen diesen main-stream versucht sich u.a. eine Einrichtung wie Glen Mills Schools zu behaupten. Ihre Stärken und Schwächen sind nur im Kontext der Praxen und Mentalitäts- und Sozialgeschichte der amerikanischen Kultur und ihrer Jugendstrafrechtspflege zu begreifen. Institutionen haben immer eine Geschichte, deren Geschöpfe sie sind. Folgt man Schütz (1960) und der jüngeren interpretativen Organisationsforschung (Giddens 1984), sind Sinnwelten ein Produkt der Aktivität von Menschen und folglich Veränderungen unterworfen. Will man den Zustand einer gesellschaftlich konstruierten Sinnwelt – z.B. die eines Heimes – zu einem bestimmten Zeitpunkt verstehen, so muss man die gesellschaftliche Organisation analysieren, um zu erkennen, wer und was den dort Beschäftigten mit Definitionsgewalt ausstattete, dass sie in ihrem Sinne die Wirklichkeit prägten und zu legitimieren wussten.

Glen Mills als »juvenile correctional facility«
Jugendvollzug der besonderen Art

Glen Mills ist die älteste, heute noch bestehende „juvenile correctional facility" der Vereinigten Staaten. Gegründet 1826, operiert sie als eine private, unabhängige und gemeinnützige Stiftung. Sie versteht sich als Dienstleistungsanbieter („Service to the Youth since 1826") für derzeit über 980 gerichtsüberwiesene, gewaltbereite, gruppenorientierte, männliche jugendliche Mehrfachtäter. Sie verwahrt sich gegenüber Entstrukturalisierungstendenzen, insistiert auf den Synergieeffekt in großen Einrichtungen im Hinblick auf ein ausdifferenziertes Bildungs- und Ausbildungsangebot und vielfältige Freizeitangebote und eindeutige Kommunikationsstrukturen in der Mitarbeiterschaft. In Form einer offenen Einrichtung (nonsecure facility) konkurriert die Institution mit ihren evaluierten rehabilitativen Programmelementen mit den Angeboten anderer gemeinnütziger und gewerblicher Träger (etwa 40 % der zu stationären Maßnahmen verurteilten jungen Menschen sind in den USA in „private Institutions" untergebracht), den „Boot Camps for juvenile offenders" (vgl. US Department of Justice, 1997), vor allem mit dem US-amerikanischen Jugendvollzug.

Vor dem Hintergrund rechtlicher Vorgaben des gesellschaftlichen Normalisierungsauftrages und der Verurteilung sozialethisch verwerflichen Verhaltens entscheidet der Richter über den Prozess der Leistungserbringung und weist ein: er geht ein Vertragsverhältnis ein, in dessen Mittelpunkt definierte Qualitätsstandards stehen sollen. Glen Mills Schools seinerseits bekennt sich zur marktwirtschaftlichen „Verwertungsbeziehung". Sie kann darauf verweisen, dass die Einrichtung trotz einer differenzierten Programmpalette knapp unterhalb des Tagessatzes des Jugendvollzugs liegt, aber deutlich unter den Preisvorstellungen von Programmen anderer Mitbewerber. Die Institution insistiert darauf, dass sie autonom, im Rahmen rechtlicher Vorgaben, ihre Leistungserstellung plant und realisiert. In Glen Mills hat sich ein Traditionalismus, bezogen auf institutionalisierte Handlungsvollzüge entwickelt, der durch eine (junge) Tradition legitimiert ist. Die Einrichtung hat seit ihrer Übernahme durch den jetzigen Leiter Ferrainola im Jahr 1975 einen Traditionalismus in Bezug auf das interventionsphilosophische Konzept mit einem ausgeprägten Beharrungsvermögen entfaltet, der sich als Wissen stilisiert hat. Strukturen, Methoden und Sprache werden eingesetzt, um die ungekonnten Problembewältigungsstrategien der Jugendlichen einmal als solche kenntlich zu machen und zum anderen bei der Veränderung dysfunktionaler Verhaltens- und Denkstrukturen hilfreich zu sein. Orientiert an lerntheoretischen Modellen sollen zunächst situationsspezifische Handlungsmuster und -rollen an den Jugendlichen herangetragen werden. Der junge Mensch hat diese Rollen zu übernehmen, soll das Training gelingen und zu einer stabilen Verhaltensveränderung führen. Die Priorität der institutionellen Definition über individuelle Versuche, diese neu zu bestimmen, wird nach außen wie nach innen verteidigt, sie haben für die angestrebte Kultur der Einrichtung Gewissheitscharakter. Die Verhaltensmuster beanspruchen für eine ausgewählte Klientel Gültigkeit, ohne Rücksicht auf Alternativen, die theoretisch möglich wären. Dieser Kontrollcharakter ist nach Berger/Luckmann (1980, S. 58) der Institutionalisierung als solcher eigen.

Glen Mills Schools versteht sich als ein „Non-Profit"-Dienstleistungsunternehmen mit einem zeitlich begrenzten Trainingsprogramm im Bereich der sozialen Dienste der Justiz.

Das Setting

Das äußere Erscheinungsbild sieht einem Eliteinternat, Konvikt oder College zum Verwechseln ähnlich. „Auf den schmalen, sauberen Wegen gehen Jugendliche in kleinen, lockeren Gruppierungen; gepflegt, jugendlich-leger gekleidet, vor allem höflich! „Hi, how are you doing?" – jeder Lehrer, Erzieher und Besucher wird sofort und von jedem freundlich gegrüßt. Ebenso grüßt jeder Erwachsene zurück. Es herrscht eine ruhige, entspannte, von fühlbar gegenseitiger Wertschätzung getragene Atmosphäre. Nirgendwo Hektik; alles hat seine genau vorgegebene Zeit. Nirgends Schmutz, kein Papierschnipselchen auf den Rasenflächen, nichts angeschlagen oder abgewetzt, keine Graffitis. Vor allem: keinerlei Aggressivität! Niemand rennt herum, niemand brüllt, kein Zergeln, Rangeln, Schubsen, Anmachen. Entspannte, höfliche, freundliche Gelassenheit. Keine Verbotsschilder, keine Absperrungen, keine Gitter. Keine Aufseher oder Aufpasser" (Viethen-Groß 1997, S. 137). Spontaner, lauter, weniger ritualisiert verhalten sich die Jugendlichen während der sportlichen Großveranstaltungen, der erwartete und gezeigte Corpsgeist wird gesteuert vom Prinzip der Fairness gegenüber dem (sportlichen) Gegner. Grissom und Dubnow (1989) gaben in ihrer empirischen Studie dieser Einrichtung den treffenden Titel: „Without Locks and Bars". Die Abwahl mechanischer Kontrolle bedeutet nicht, dass auf Anwesenheitskontrolle verzichtet wird, vielmehr erfolgt diese durch die Jugendlichen und Mitarbeiter in festgelegten Zeitintervallen vierundzwanzig Stunden täglich hindurch.

Die aus einer charity school (religiöse Institution) zur Erziehung der Kinder der Armen in Philadelphia hervorgegangene, später als reform school (mit starker Betonung des formalen Unterrichts) geführte Einrichtung orientierte sich gegen Ende des 19. Jahrhunderts dem Zeitgeist folgend an der „natürlichen Erziehung", als Abwehr der Gefährdung junger Menschen durch die Großstadt und siedelte auf dem Lande; es entstand die pädagogische Provinz Glen Mills Schools (ausführlich hierzu: Ireson 1998).

Das Areal der Einrichtung ist landschaftsgärtnerisch gepflegt und großzügig gestaltet, verwinkelt und unübersichtlich mit seinen 800 Morgen Land, einem kleinen See in die sanft hügelige Landschaft des Delaware County, Pennsylvania, 35 km südwestlich von Philadelphia, eingebettet. Die unmittelbare

Nachbarschaft lässt sich als eine dünn besiedelte Garten- und Farmlandschaft beschreiben, die durch kleine Waldstücke unterbrochen wird. Eine wenig frequentierte öffentliche Straße teilt den Campus und einen Teil seiner Sportanlagen und die Mitarbeitersiedlung. Diese sind durch einen Fußgängertunnel vom Hauptcampus zu erreichen. Die Einrichtung wird als „good neighbor" von der Lokalgemeinde eingestuft.

Die Mehrzahl der in einem Oval angeordneten Baukörper wurde um 1889 im historisierenden Stil („french gothic") entworfen und ausgeführt. Es kann angenommen werden, dass neben dem modischen Baustil der Zeit vor allem strukturierende Elemente der Quäker- bzw. Shaker-Architektur für gemeinschaftlich genutzte Bauwerke verwendet wurden. Die Baukörper betonen in den Baufluchten eher die Waagerechte, mit Ausnahme des Administrationsgebäudes und der Kapelle (jetzt genutzt als Bibliothek und zusätzliche Schulräume), die sich auf einer weitläufigen Achse gegenüber liegen. Alle Gebäude präsentieren sich in einem gepflegten Zustand. Baustil und harmonische Farbigkeit der einzelnen Gebäude heben sich ab von der Nicht-Farbigkeit vieler sozialer Einrichtungen und Strafvollzugsanstalten, die oft als leblose Orte wahrgenommen werden (siehe hierzu: Bettelheim 1975, S. 104). Eine gute Proportion, das harmonische Verhältnis von Öffnungen zu Wandflächen und der baulichen Details zum Ganzen heben sich signifikant ab von der ästhetischen Verarmung der Vielzahl pädagogisch genutzter Funktionsbauten, die in struktur- und konturlosen Containerbauten auflaufen. Die nach 1975 errichteten Neu- und Erweiterungsbauten sind in ihrer äußeren Erscheinungsform schlichter gehalten, passen sich aber in das Gesamtensemble ein, lockern durch ihre dezentrale Platzierung im Gelände die ursprüngliche Zentralisierung der Baukörper auf, ohne dass die Gesamtanlage zersiedelt wirkt. Der in die Schule integrierte Landwirtschaftsbetrieb wurde nach 1975 aufgegeben, die Gebäude werden jetzt für Programmaktivitäten oder als Mitarbeiterwohnungen genutzt. Das Setting der Einrichtung kann als Ausdruck der Philosophie der Institution gedeutet werden; es symbolisiert sowohl durch die architektonische Qualität insgesamt als auch durch die Ausgestaltung der Funktionsräume (Schule, Ausbildungsstätten, Freizeitbereiche) dem Jugendlichen, welcher Wert ihm beigemessen wird. Der Wohnbereich ist hingegen schlichter ausgestattet, ohne dass dies von den *students* bemängelt wird. Insgesamt gilt: „You can be proud of this school and you can be proud of yourself that you are a valued, contributing member of this community". Die gleiche Botschaft soll auch die Mitarbeiter als Teilhaber der angestrebten Gemeinschaftskultur erreichen.

Wohnen und Alltag

Untergebracht sind die Jugendlichen in 15 verschiedenen Cottages (Units), Gebäude mit jeweils bis zu 4 Etagen. Jede Etage bildete eine Wohneinheit. Die Belegung der Units schwankt zwischen 15 und 90 Jugendlichen. Die Innen-einrichtung der Wohngruppen orientierten sich im Gemeinschaftsbereich (z.B. Tagesraum) an der Ästhetik der amerikanischen Mittelschicht, der Schlafbe-reich (Zwei- oder Mehrbettzimmer, ohne Türen) ist dagegen spartanisch aus-gestaltet. Das Zugeständnis an Individualität oder Symbole aus der Gangver-gangenheit der Jungen in diesem Privatbereich des Jugendlichen reduziert sich auf ein Arrangement von Familienfotos auf dem Schreibtisch oder Sport-trophäen im Schlafraum, andere Formen von Individualität sind in diesem Raumprogramm nicht vorgesehen bzw. verboten. Mit dem „Gewohntem" als Gewohnheiten, d.h. über die Zeit sich erstreckenden, bekannten, typischen Verhältnissen, Verhaltensroutinen und Handlungkontinuitäten wird gebro-chen. Forciert wird hingegen Gemeinschaft artikuliert: kein eigener Raum für die Befriedigung emotionaler Bedürfnisse, die „Aneignung" des Raumes als Möglichkeit, sich die Umgebung zu eigen zu machen, mit dem Raum ver-traut zu werden, sich verantwortlich für ihn zu fühlen und ihn verändern zu können, ist nicht intendiert, ebenso wenig wie das Verfügen können über eigene Zeit. Die strenge funktionale Ordnung in den Schlafräumen erinnert folglich stark an militärische Unterkünfte. Die Schlafräume sind sowohl mit statuslosen Jugendlichen (Nicht-Bulls) als auch mit normenkonformen Bulls belegt, bedingt durch das Tutorensystem (Big-Brother). Im Verlauf des Prozes-ses der Statusveränderung erfolgt eine ständige Umbelegung der Räume. Die fehlenden Türen im Schlafbereich finden ihre Begründung in der Abwahl des geläufigen Konzepts von Privatheit und die Notwendigkeit der Kontrolle der Anwesenheit der Jugendlichen während der Nachtzeit durch die Mitar-beiter der Nachtschicht. Die „Privatheit" gilt dadurch als sichergestellt, dass diese Räume nur von den Jugendlichen betreten werden dürfen, die darin „wohnen"; wohnen hat die Qualität des Vorübergehenden, bedeutet nicht „bleiben". Der junge Mensch soll sich weniger über die Einheit „Unit" denn über die Ortsidentität „Glen Mills", eben der Gemeinschaftskultur, identifi-zieren. Glen Mills folgt in seinem Programm eben nicht der Setzung eines abstrakt-autonomen Ichs, sieht darin eher eine unzulässige Sozialabstraktion. Folglich gibt es kaum eine Grenzziehung zwischen einem zugänglichen und einem unzugänglichen Bereich innerhalb des Wohnmilieus.

Ein Gebäude dient ausschließlich dem Freizeitprogramm. Im Keller hat der „Battling Bulls Club" (Schülermitverwaltung) einen Pooltisch, eine Musik- und Videoanlage sowie einen Clubraum. Die zwei darüber liegenden Stockwerke stehen allen Jugendlichen offen, hier befinden sich Billard- und Tischten-nistische, Flippermaschinen, Videospiele und andere Spielautomaten. Kreativere Freizeitgestaltungen werden in Arbeitsgruppen in den Werkstätten angeboten und ergänzt durch ein umfangreiches Sportprogramm. Diese „Student-Union" (Freizeitzentrum) wird von den Jugendlichen sehr geschätzt. In der angeschlossenen Cafeteria, von Jugendlichen betrieben, werden Eis oder Süßigkeiten angeboten, dies zusätzlich zu den Snacks, den Nachtmahlzeiten. Die Qualität und Quantität der Speisen insgesamt wird von den Adoleszenten durchweg als sehr gut bewertet, eine Einstufung, die in dieser Altersgruppe bei stationären Aufenthalten nicht sehr häufig vorgenommen wird. In der mehrgeschossigen, jetzt umgestalteten Kapelle, befindet sich die Freihandbibliothek mit Zeitschriften, allgemeiner Literatur, Sachbüchern und Videos (multimedia library). Die großzügige Ausstattung mit Lesetischen und Computerequipment erinnert an Lesesäle von Colleges. Im Kellergeschoss befindet sich ein Großbildleinwand-Kino, das an Wochenenden aktuelle Programme bietet.

Die Einrichtung verfügt über ein gut ausgestattetes Health Center (Allgemeinmedizische Abteilung, Sportmedizin und Zahnarztpraxis), die personell mit Krankenschwestern, Arzt, Physiotherapeuten und Zahnarzt besetzt sind. An der Zahnarztpraxis wird in ihrer Begründung exemplarisch die Einstellung des Direktors zum Programm von Glen Mills deutlich. In einem

Gespräch äußerte er, dass es ihm nicht allein um eine notwendige Gesundheitsförderung gehe, sondern: „Ich will, dass meine Jungens lachen. Sie können aber nicht lachen, da ihre Zähne kaputt sind. Also muss ich die Voraussetzung dafür schaffen, dass sie wieder lachen können." Gesundheitsförderung realisiert sich auch unter der Maßgabe des

GMS Bibliothek mit »Princeton«-Ästhetik

psychophysischen Wohlbefindens. Auch durch die Vielzahl sportlicher Aktivitäten versucht das Programm von Glen Mills das oft fehlende Wissen über den eigenen Körper oder das Nicht-Wahrnehmen und die Vernachlässigung des Körpers in hygienischer und medizinischer Sicht aufzuheben. Sexualpädagogische Thematiken hingegen werden peripher behandelt. In dieser weitgehenden Negierung spezieller Sozialisationsproblematiken ist die Einrichtung ein Spiegelbild der US-amerikanischen Dominanzkultur und verfügt über kein theoretisches Konzept für die Praxis. Weiter ist auffällig, dass HIV/Aids-Tests nicht durchgeführt werden und dass die Thematik nicht im Erziehungsprogramm eingebunden ist. Glen Mills ist eine drogenfreie Schule.

Größere Feste (Turniersiege, Halloween, Weihnachten für Jugendliche, die nicht nach Hause fahren können) werden in einem Mittelklasse-Hotel in der Nachbarstadt gefeiert – wiederum ein Konzept, das nicht nur den Anspruch auf soziale Teilhabe dokumentiert – auch die (pädagogische) Zumutung, sich in nicht eigenen kulturellen Milieus bewegen zu können. Außer von den Eltern der Schüler wird Glen Mills regelmäßig an Wochenenden von externen Sportmannschaften besucht. Der Kontakt zum Herkunftsmilieu – auch zu den Freunden und Freundinnen – wird durch den „Homepass" (Wochenendurlaub) aufrechterhalten, der durch prosoziales Verhalten verdient werden muss und, abhängig von der geographischen Distanz (z.B. Philadelphia oder Chicago), zeitlich gebündelt organisiert wird. Die Schüler *(students)* können im Freizeitzentrum nach auswärts telefonieren. Ausgewählte „Bulls" überwachen die Dauer der Gespräche (10-20 Minuten) und den Inhalt der Kommunikation. Einige *students* können auch von ihrer Wohneinheit telefonieren, wenn ein Mitarbeiter die telefonische Verbindung zu ihren Angehörigen herstellt. Die Anzahl der genehmigten Telefonate variiert von Mitarbeiter zu Mitarbeiter, sie differiert ebenfalls von Wohneinheit zu Wohneinheit. Manche Schüler können einmal in der Woche mit ihren Eltern oder Sozialarbeitern telefonieren, andere bekommen die Genehmigung nur einmal im Monat. Schreibmaterial und Porto wird den Jugendlichen in gewünschter Menge zur Verfügung gestellt. Über die Kontrolle der eingehenden Post gibt es keine campusweit geltende Regelung. Einige Units begnügen sich mit Stichproben, in anderen überwachen die Bulls eingehende Post, andere verzichten gänzlich auf Kontrollmaßnahmen.

Am Rande der Gesamtanlage liegt die Mitarbeitersiedlung für Direktoren oder Teamleader der Units (Wohnbonus), die permanent erweitert wird. Die Häuser, die ihnen zur Verfügung gestellt werden, haben einen Wert von 100.000 bis 350.000 US-Dollar und sind durch die gehobene Qualität (Ausführung, Raumaufteilung und Innengestaltung) ausgezeichnet und, als Gesamtanlage, durch den Charme, vielleicht auch durch die (soziale) Enge normierter amerikanischer, suburbaner Siedlungen. Die dadurch entstehende soziale Strukturierung ist gewollt, nicht auszuschließen ist auch eine Verhaltensregulation, die aus diesen räumlich-materiellen und sozialen Milieubedingungen entstehen kann, die dann zu invarianten, d.h. von den einzelnen Mitarbeitern unabhängigen, routinisierten alltäglichen Lebenspraxen aufläuft.

Zu der Siedlung gehört auch ein Community Center, das alle Mitarbeiter von Glen Mills Schools kostenfrei nutzen können: Schwimmbecken, Bowlingbahn, eine Snackbar, ein Bar- und Fernsehraum und ein Festsaal. Ebenfalls zum „community center" gehört ein Kindergarten für die 3-5-jährigen Kinder der Mitarbeiter. Da es in den USA kaum gesetzlichen Anspruch auf einen Kindergartenplatz gibt, ist dieses Angebot (mit der Kostenersparnis von etwa 800 US-Dollar monatlich) besonders attraktiv.

Glen Mills hat einen großen Teil der erwirtschafteten Gewinne (die Umsatzrendite liegt derzeit bei 15%) neben dem Ausbau der Programme und Sanierung der Immobilien in den Erwerb von Land reinvestiert. Dadurch wurde auch der Aufbau der Mitarbeitersiedlung ermöglicht. Ziel des derzeitigen Direktors ist es, durch den Nachweis ausreichender Flächen und Bewohner langfristig den Status eines Gemeinwesens mit eigener Planungs- und vor allem kommunaler Steuerhoheit zu erlangen, um durch die Erlangung von Unabhängigkeit die Gemeinschaftsidee von Glen Mills weiter zu festigen. Zum jüngsten Investitionsprogramm gehört auch die Anlage eines wettkampfgeeigneten Golfplatzes, der auch einer externen Teilnutzung dienen soll, gleichzeitig aber auch zur Ausbildung von „caddy-boys". Zu dieser Anlage wird ein Golfhotel gehören, das außerhalb der Saison für externe Fort- und Weiterbildungsveranstaltungen genutzt werden soll, um die Angebotskette von Dienst- und Serviceleistungen der Einrichtung zu erweitern und die finanzielle Abhängigkeit von den einweisenden Behörden weiter abzubauen. Die Schule kann dieses Projekt mit eigenen Mitteln finanzieren.

Am Rand der Gesamtanlage liegt das repräsentative Landhaus des Direktors mit einem separaten Gästehaus.

Der pädagogische Ort Glen Mills will durch seine Kultur Sicherheit und Schutz, eventuelle Geborgenheit in der Gruppe, auf jeden Fall eine umfassende Versorgung einschließlich Bildung und Ausbildung jungen Menschen auf Zeit bieten. Insoweit wird eine Differenzerfahrung gegenüber dem Herkunftsmilieu herbeigeführt, wird gezielt mit einem Bruch zum Bisherigen gearbeitet, insistiert wird auf den Beginn einer Neuorientierung, geboten wird ein individueller Kompetenzerwerb, erforderlichenfalls durch einen durchorganisierten Gruppendruck der Gleichaltrigen erzwungen und ebenso konsequent gefördert durch die Anerkennung des allmählichen Eintretens, dass den sich auf diesen Prozess Einlassenden ersichtlich Spass macht (vgl. Ramb 1999, S. 856 f.).

Die Philosophie von Glen Mills

An der Schnittstelle von Jugendhilfe und Vollzug organisiert diese Institution ihr Erfahrungs-, Lern- und Bildungsprogramm als Internat („residential school setting"), spricht folglich nicht von „Zöglingen", „Klienten", „Insassen" oder „Gefangenen", sondern von Schülern, den *„students"*. Glen Mills versteht sich nicht als eine behandlungsorientierte Einrichtung (training-school, treatment facility for high risk delinquent youth), sondern will als „Schule" gewertet werden. Die Jugendlichen befinden sich nicht in einer Form von defizitorientierter genereller Programmatik von „Behandlung", um eine „Persönlichkeitsstörung" zu beheben. Sie sind – obwohl sie faktisch delinquente Taten verübt haben – keine „bad boys", deren Charakterfehler mittels Strafe ausgeglichen werden sollen. In der bildungsoptimistischen „Philosophie" von Glen Mills geht es nicht darum, moralisch oder psychisch gestörte Persönlichkeiten zu rehabilitieren, vielmehr sollen die jungen Menschen habilitiert werden, d.h. sie sollen zu dem befähigt werden, was in ihnen angelegt ist, was aber durch das Vorenthalten der „equality of opportunity" und als „ghetto poor" mit gesellschaftlich zugemuteter und individuell erfahrener Ohnmacht nicht entfaltet werden konnte. Das Vorenthalten einer konkreten Zukunftsperspektive bedingte u.a. auch ein „Versanden" der Bildungsbewegung. Die Jugendlichen werden nicht als Träger von Defiziten und Opfer von Verhältnissen wahrgenommen, sondern als Subjekte, die über weitaus komplexere Verhaltens- und Persönlichkeitsqualifikationen verfügen als dies gängige (amerikanische) devianzpädagogische Deutungen nahe legen. Die dissozialen jungen Männer sollen durch das Programm von entwürdigenden Rollenerwartungen und ihrer darauf bezogenen Reaktionsmechanismen befreit werden. Es sollen Voraussetzungen dafür geschaffen werden, dass der junge Mensch sich zukünftig gesetzeskonform verhalten kann. Es wird unterstellt, dass der junge Mensch mit der „Welt", nicht nur mit dem eigenen Milieu auskommen will. Über den Aspekt der Legalbewährung hinaus ist der Aufbau eines (neuen) Konzepts der „Selbstsorge", die Befriedigung des „Bedürfnisses nach Anerkennung" und die Vermittlung von (pro-sozialem) Status angesagt. In ihrem Alltag waren diese Jugendlichen häufig mit ethnischer Ausgrenzung konfrontiert und erfuhren sich durch die Medien selbst stereotypisiert als „walking nihilism". Bestehendes kulturelles Kapital wird entwertet und seine Transformierbarkeit in ökonomisches und soziales Kapital deutlich blockiert. Von der (weißen) Dominanz-Kultur wurden sie und ihre Verhaltensweisen moralisierend abgelehnt, allein von ihrer Subkultur akzeptiert (vgl. Cohen 1979, S. 240 ff.). Lag der Ausgangspunkt von Gangstrukturen in überlieferten Problemlösungstraditionen ethnisch differenter Unterschichten, verkamen sie zu Vandalismus und Gewaltritualen, da die Systeme der kulturellen Unterweisung weitgehend zusammengebrochen sind. In ihr, der Gang-Kultur, sammelten sie Erfolgserfahrungen und fanden Anerkennungsgarantien, vielleicht auch Sicherheit auf Zeit, allerdings zum Preis einer sozialen Ausgrenzung. Die aus dem Milieu mitgebrachten Todes-, Versehrungs- und Unterwerfungsängste werden in Glen Mills durch nüchtern-großzügige Lebensbedingungen und Ausschluss jeglicher Bedrohung durch die Willkür Stärkerer, denen man sich („subkulturell" i.S. von Polsky 1962) anzupassen hätte, aufgehoben. Der junge Mensch ist für seine Taten verantwortlich, durch das Programm sollen Ressourcen entwickelt werden, auf deren Grundlagen neue, prosoziale Stärken entstehen.

Erfahrene soziale Ohnmacht und mangelndes Selbstwertgefühl, die einen Gewalttäter zum Zwecke der Selbstbalance häufig auszeichnen, sollen durch den Aufbau von identitätsstiftendem Selbstbewusstsein und Steigerung sozialer Handlungskompetenzen ersetzt werden. Soziale Friedfertigkeit, kommunikative Argumentationen, im Herkunftsmilieu als vermeintliche Feigheit, Schwäche oder Angst eingestuft, werden in Glen Mills umdefiniert zu Souveränität und Stärke.

Die Einrichtung „Glen Mills Schools" hat sich im Laufe ihrer Geschichte unterschiedlichen Programmen verschrieben, in den Jahren 1960-1975 folgte man z.B. der Grundkonzeption „Haft plus klinischer Betreuung", ein Konzept, das allerdings in der Praxis nicht aufging, im Alltag eskalierte es zu einer finanziellen, programmatischen und organisatorischen Krise. Als sich dann noch zwei tödlich verlaufene Unfälle ereigneten, gab es keine Anknüpfungspunkte zu einer Konfliktlösung, anderweitig etwa vorhandene Stärken der Einrichtung konnten nicht aktiviert werden. Die Einrichtung stand in jeder Hinsicht vor dem Bankrott: „Bei 100 Mitarbeitern verfügte die Institution über 30 Insassen, die Häuser befanden sich in äußerst schlechtem Zustand, die Insassen schliefen immer noch in offenen Schlafsälen, das Trinkwasser für die Schule war durch Taubenmist und Motorenöl ungenießbar und die Institution hatte 800.000 $ Schulden" (Ottmüller 1988, S. 54). In dieser Lage entschied das „Board of Managers", Ferrainola die Leitung der Glen Mills Schools anzubieten. Er verlangte die Personal- und Finanzhoheit sowie das Recht, die bis dato geschlossene Einrichtung (die Jugendlichen wurden in einem Tunnelsystem unterirdisch „bewegt") im Anschluss an die schon stattgefundene De-Institutionalisierung zu öffnen (vgl. Grissom/Dubnow 1989). Ferrainola nutzte die ihm zugestandene „carte blanche" und entwickelte, mit einem auf 10 Mitarbeiter (bei 30 Jugendlichen) reduzierten Stab, sein „Sociological model" (siehe hierzu: Ferrainola 1999, S. 945 f.).

„Delinquenz ist kein psychiatrisches Syndrom, sondern ein soziales Faktum, genauso wie Armut und Scheidung soziale Faktoren sind" (Ferrainola). Diese theoretisch eher schlichte Aussage des derzeitigen Leiters der Einrichtung grenzt sich ab von einer psycho-dynamischen Betrachtungsweise von Delinquenz, die mehrheitlich von den US-amerikanischen Sozialarbeitern favorisiert wird. Weder werden bestimmte Charaktereigenschaften noch spezifische Familiendynamiken als Erklärung von Jugendkriminalität herangezogen. Die Handlungsphilosophie von Glen Mills folgt stattdessen einer Zusammenschau sozialwissenschaftlicher Theorien zur Entstehung von dissozialem Verhalten (Kontrolltheorie; Belastungstheorie; Theorie des sozialen Lernens; Labeling Approach), die ihrerseits dem normativ orientierten Charakter des Programms von Glen Mills mit seinem starken Rückbezug auf die Theorie von Sutherland und Cressey (1960) entsprechen (vgl. hierzu: Grissom und Dubnow 1989; Ireson 1998).

Der feste Glaube, dass Schüler in Glen Mills nicht weniger Achtung und Würde verdienen und nicht mehr psychische Probleme haben als ihre Altersgenossen, aber ein enormes nicht entfaltetes Entwicklungspotential besitzen, hat weitreichenden Einfluss auf die Konzeption der Einrichtung sowie auf die Normen, die die Interaktion im Alltag von Schülern und Mitarbeitern von Glen Mills gleichermaßen bestimmen (vgl. hierzu: Weidner 1986; Ottmüller 1988; Grissom/Dubnow 1989; Guder 1997).

Für Ferrainola ist die „Glen Mills Schools" eine Sozialisationsorganisation im Sinne von Wheeler (1974, S. 54), in der „bestimmte Leute mit der Aufgabe betraut werden, andere in der Weise zu beeinflussen, dass sie hinterher andere Fertigkeiten, Werte oder ähnliche Qualitäten besitzen als vor ihrer Aufnahme." Er modifiziert das Konzept aber dahingehend, dass nicht die Pädagogen/ Ausbilder allein für den Alltag der Einrichtung verantwortlich sind, sondern er arbeitet mit der positiven peer-group-culture, d.h. ein wesentlicher Anteil am Prozess der Verhaltensveränderung und dem Aufbau der normativen Kultur wird durch die Gleichaltrigen herbeigeführt und vermittelt (vgl. Allen 1970; Vorrath/Bendtro 1985).

Positive Peer Culture (PPC) ist ein von Vorrath entwickeltes Gruppenverfahren, das in Schulen und in ambulanten, teilstationären und stationären Maßnahmen der amerikanischen Jugendhilfe gegenwärtig seine Anwendung findet. In kleinen Gruppen sollen Jugendliche unter Leitung eines Mitarbeiters lernen, die Kraft und Eigendynamik ihrer Peer-Group in eine positive Richtung zu lenken. Die Jugendlichen sollen dabei die Fähigkeit erwerben, ihre Probleme selbständig zu identifizieren und angemessene Strategien zu entwickeln. Da die Jugendlichen in ihrer Biographie oft ähnliche Erfahrungen gesammelt haben, sind sie in der Lage, sich gegenseitig zu unterstützen. Das Erleben der eigenen Kompetenz im Hilfeprozess steigert das Selbstwertgefühl, das Verantwortungsgefühl und die Würde der Peers. Für die Entwicklung eines positiven Selbstkonzeptes hält PPC zwei Grundbedingungen für erforderlich: zum einen ‚akzeptiert zu werden' (being accepted), zum anderen ‚Akzeptanz zu verdienen' (deserving acceptance). Indem der Jugendliche anderen Peers hilft, kann er seinen Akzeptanzprozess aktiv fördern. Im Gegensatz zu konfrontativ orientierten Gruppenkonzepten, etwa die der Drogenhilfe Synanon („being on the hot seat"), basiert PPC eher auf einem Klima des Vertrauens und der Offenheit („help seat"). Es geht nicht darum, die Fassade des Jugendlichen zusammenbrechen zu lassen, sondern darum, dass er die Erfahrung macht, in der Gruppe aufgehoben zu sein und von der gegenseitigen Unterstützung zu profitieren. Das bedeutet allerdings nicht, dass Konflikte ausgeklammert werden, sie sollen lediglich im Konsens gelöst werden.

Glen Mills strebt an, eine gemeinsame Mitarbeiter-Schüler-Kultur zu schaffen. Damit soll eine Dichotomie traditioneller Einrichtungen aufgehoben werden: in der Konzeption von Glen Mills stehen sich nicht zwei Blöcke, die der Mitarbeiter und die der Schüler gegenüber, vielmehr bilden Studenten, Erzieher, Lehrer, Ausbilder, Mitarbeiter und Administration eine Gemeinschaft (vgl. auch Polsky 2000, Vergleichbares hatte auch Redl (1971, S. 72 ff.) für das therapeutische Milieu gefordert). Das dokumentiert sich auch z.B. in Kleinigkeiten wie gemeinsamer Verköstigung, oder dass die Schüler als solche tituliert und als Person wahrgenommen und respektiert werden. Intendiert ist die Einlösung von Reziprozitätserwartungen dergestalt, dass ihnen mit ebenso viel Respekt begegnet wird, wie es umgekehrt alle Mitarbeiter in der Einrichtung von ihnen erwarten (vgl. auch: Hansbauer, Kriener 2000, S. 264; Wolf 1999).

Der Glaube an die Veränderbarkeit des delinquenten Verhaltens der jugendlichen Straftäter soll sich im Personal- und Sozialcharakter (Ethos) der Mitarbeiter und in ihrem alltäglichen Verhalten offenbaren und nicht in den bloßen Exponaten des Denkens aufgehoben sein (Street, Vinter und Perrow 1966). Von allen Mitarbeitern wird erwartet, dass sie von der „Sinnhaftigkeit" ihres Handelns innerhalb der Kultur von Glen Mills überzeugt sind. Ihr professionelles Handeln soll sich orientieren an Würde und Wert einer Person, Integrität und Kompetenz. Die Beziehung zwischen dem Jugendlichen und seiner Unit kann zur Vermittlung eines gemeinsamen Bedeutungshorizontes oder einer „Sinngemeinschaft" auf Zeit beitragen.

Mitarbeiter

Die Einrichtung beschäftigt in den Bereichen der Versorgung, Verwaltung und den pädagogischen Programmen insgesamt etwa 460 Mitarbeiter. Etwa 80 % aller Beschäftigten haben (mindestens) einen Collegeabschluss (Psychology, Business Administration, Special Education, Criminal Justice, Education, Computerwissenschaft, Ressource-Management o.ä.). Daneben werden auch „indigenous workers", Absolventen der Glen Mills Schools oder charismatische Handwerker ohne pädagogische Vorerfahrungen eingestellt. Die Einrichtung hat es durch Gesetzesinitiative auf Landesebene erreicht, dass sie von formalen Vorgaben, z.B. die der professionellen Qualifikation und Berücksichtigung von Minderheiten, befreit wurde und die Mitarbeiter nach den Bedürfnissen ihrer Programmelemente einzustellen vermag. Das Grundgehalt, besonders das Anfangsgehalt, ist niedrig, es beträgt 25.000 US-Dollar p.a. Ab dem 2. Jahrestag der Einstellung gibt es einen Bonus von 2.400 US-Dollar, die jährliche Gehaltserhöhungen liegen derzeit zwischen 500 – 1.500

US-Dollar. Mit einem Aufstieg in der Position erhöht sich auch das Gehalt. In Glen Mills – wie in vielen amerikanischen Unternehmen – gibt es den so genannten 401k Sparfonds. Es ist ein freiwilliges Programm, das Glen Mills seinen Mitarbeitern anbietet. Jeder Mitarbeiter kann bis zu 12 % seines Gehaltes in diesen Fonds einzahlen. Für jeden vom Mitarbeiter gezahlten Dollar zahlt Glen Mills ebenfalls einen Dollar in den Fonds ein. Die Mitarbeiter können dieses Geld für ihre Rente ansparen oder sich zwischendurch für Investitionen ausleihen. Das Gehalt wird durch ein Bonussystem ergänzt: Wohnen in der Mitarbeitersiedlung oder „housing cheque", kostenfreie Nutzung des Community Center, einschließlich Kindergarten, medizinische Grundversorgung (einschließlich die der Familie), bei größeren Eingriffen trägt die Einrichtung 70 % der Kosten. Daneben gibt es Bekleidungsbeihilfe. Ist ein Mitarbeiter länger als 15 Jahre in Glen Mills beschäftigt, zahlt die Einrichtung 80 % der High School-/Collegekosten für alle Kinder der Mitarbeiter (vgl. hierzu Seßar 1999).

Bei der Auswahl der Mitarbeiter, die vorrangig in den Sportabteilungen von derzeit 77 verschiedenen Colleges und Universitäten gesucht werden, wird besonders auf die Teamfähigkeit geachtet. Weiter sollen sie sich nicht durch das körperliche Erscheinungsbild der Jugendlichen eingeschüchtert fühlen, gleichzeitig es aber auch nicht nötig haben, ihre Überlegenheit auszustellen. Der Mitarbeiter soll über Humor verfügen, auch im Sinne von Rollendistanz. Schließlich sollen die Mitarbeiter sich nicht von den Jugendlichen vereinnahmen lassen. Ihre Haltung soll „firm but fair" und von „positiv thinking" geprägt sein. Nur etwa 1,8 Prozent der Bewerber finden bei Glen Mills Schools eine Anstellung. Der Mitarbeiter soll sich mit dem Programm identifizieren und es im täglichen Umgang mit den Jugendlichen umsetzen. Im ersten Jahr nehmen die neuen Mitarbeiter an drei verschiedenen Fortbildungen teil: im Group Dynamics Training lernen sie die Methoden der Guided Group Interaction (GGI) kennen. Vor dem Hintergrund des so genannten „Diamanten Modells" von Polsky werden die Rollen von Gruppenmitgliedern analysiert (Gruppenprozesse lesen lernen) und in einem Modell zusammengefasst. Ausgehend vom gruppenanalytischen soziometrischen Test von Moreno, der die Diskrepanz zwischen formeller Oberflächenstruktur und informeller Tiefenstruktur herausarbeitet und die daraus resultierenden Konflikte diskutiert, präzisierte Polsky dieses Verfahren für stationär untergebrachte delinquente Jugendgruppen. Polsky (1962) entwickelte daraus das Rollengefüge des „Diamanten". Er analysierte damit, dass der Einfluss der „youth peer culture" sich sowohl auf das Verhalten einzelner Jugendlichen in der Gruppe auswirkt als auch auf das von Mitarbeitern und deren Wertorientierung von Bedeutung ist.

Der Anführer ist der „tough guy" der Gruppe. Die Funktion der Führung ist die Ausgestaltung des Status quo. Um das Gleichgewicht zu erhalten, weiht er neue Mitglieder in die Gruppenanforderungen ein, verteilt Aufgaben und eleminiert oder isoliert die aus seiner Sicht ungeeigneten Mitglieder. Der Leutnant hat an der Aura des Machtzentrums teil, er unterstützt den Anführer und macht für ihn die „Dreckarbeit". Die Mitläufer unterwerfen sich der Führungscrew. „Die Clique der Mitläufer ist die manipulativste und ausbeuterischste von allen. Sie nehmen, was sie bekommen können, betrügen jeden, der ihnen im Wege ist" (Polsky 1962, S. 80). Die stillen Typen sind die Jugendlichen, die sich sehr in Acht nehmen und sich weder mit den harten Typen verbinden noch einen Laufburschen akzeptieren. Oft haben sie längere Heimaufenthalte hinter sich, dort haben sie gelernt, sich mit den Gegebenheiten zu arrangieren, nicht aufzufallen, emotional Distanz zu halten und mit den Anführern zu kooperieren. Der Isolierte zeigt ein defensives Verhalten, erfährt keinerlei Unterstützung. Er hat ein distanziertes Verhaltens gegenüber den Jugendlichen und den Mitarbeitern. In den Dyaden kommen schwache Gruppenmitglieder zusammen, die sich gegenseitig zu stützen versuchen. Die Untergruppe der Laufburschen besitzt einen niedrigen Status, ihr Verhalten kann als kindlich-regressiv beschrieben werden. Sie sind eine bloße Imitation der harten Jungen weiter oben in der Hierarchie. Voreingenommen durch ihren niedrigen Status zeigen sie Überreaktionen auf jede Art von „Anmache". Sie sind unaufhörlich mit gegenseitigem „ranking" beschäftigt. Der Sündenbock gilt als das schwächste Glied in der Gruppe und hat die Rolle des „ewig Schuldigen". Er ist die „Flasche", die „Ratte" oder der „Schwule".

Polsky weist die Bedeutung der informellen sozialen Matrix für den Erfolg von Sozialisation in Institutionen nach. Die formellen Ziele der Institution und der Mitarbeiterkultur müssen insofern eine Kongruenz zur Kultur der jungen Menschen aufweisen.

Durch das „Normative Systems Training" lernt der Mitarbeiter, die Normen und ihren Einfluss auf die Organisation zu verstehen, das Lernziel dieser Fortbildung ist die Übernahme der Glen Mills Philosophie in das jeweils eigene Handlungskonzept. Schließlich wird mit dem Performance Evaluation System (PES) jährlich die Stellenbeschreibung im Hinblick auf die Position im Organisationsganzen, der Bereich von zugewiesener und ausgestalteter Verantwortung und schließlich die Qualität der Handlungsvollzüge des Mitarbeiters zusammen mit seinem direkt Vorgesetzten überprüft, von dem Ergebnis ist dann auch die Anhebung des Verdienstes abhängig.

Die meisten Mitarbeiter werden von den Jugendlichen in mehreren Rollen wahrgenommen: der Unit-Mitarbeiter kann z.B. auch Fachlehrer oder Sporttrainer sein. Eine ausschließliche Verengung auf ein Erziehen im Gruppenalltag wird vermieden, natürlich bleibt aber der Unit-Erzieher in seiner Berater-funktion präsent, in der Ausgestaltung als konsequenter „Lernhelfer" oder Moderator. Glen Mills besteht auf der Eindeutigkeit kameradschaftlicher, aber nicht privater Beziehungsqualitäten, Geborgenheit z.B. wird über die Kultur, nicht aber durch das Rollenverhalten der Mitarbeiter vermittelt. Eine dialo-gische oder dialektische Gesprächskultur im Umgang mit den Jugendlichen sucht man in Glen Mills vergeblich. Die Sprache in Glen Mills ist, was die Wortwahl und Grammatik anbelangt, einfach und klar, auf allen Organisati-onsebenen. Damit soll versucht werden, die Differenz in Sprach-, Ausdrucks-und Darstellungsmöglichkeiten der Jugendlichen (mit unterschiedichen Bil-dungsniveaus) und Professionellen einzuebnen, dennoch erfährt die Ausge-staltung der Kommunikation ihre Prägung auch durch die Persönlichkeit des Kommunizierenden. Verzichtet wird auf ein spezifisches sozialpädagogisches, psychologisches oder kriminologisches Vokabular, gangspezifische Redensar-ten werden gleichfalls unterbunden. Die große Bedeutung der Einfachheit der Sprache liegt darin, dass auf diesem Wege Nachrichten einfach überall hin vermittelt werden können. Neue Jugendliche wie auch neue Mitarbeiter lernen leichter, worum es geht und was von ihnen erwartet wird. Sie können es nicht nur leichter verstehen, sondern auch später anderen leichter vermitteln. „Je einfacher die Sprache ist, umso tiefer können ihre kulturellen Bedeutungen und Botschaften übermittelt werden. Nur wenn die Schüler diese kulturellen Bedeutungen und Botschaften verstehen, können sie sie aufnehmen und an ihre Peers weitergeben" (Rachko, in: Ireson 1998, S. 160).

Die Wahrnehmung der Mitarbeiter auf der Ebene der sprachlichen Kommu-nikation ist weitgehend geprägt durch die spezifischen Kategorien des Nor-men- und Wertesystems der Glen Mills Kultur. Dies wird vor allem in den Gruppensitzungen deutlich, wenn die Darstellungsfiguren eines *students* dem widersprechen. Der Mitarbeiter versucht dann vermittels Reformulierungen und Umänderungen die Inhalte der Darstellungsfiguren zu steuern. In diesem Prozess wird dann das Selbstverständnis des Mitarbeiters deutlich, das in diesem Punkt tendenziell keine Rollendistanz kennt. Die Aushandlungs-relevanz ist gering, der betroffene Jugendliche wird i.d.R. nur als Informati-onslieferant gewürdigt. In den Gruppensitzungen erfolgt eine Einengung der Sachverhaltskomplexität auf die für den Normbruch typischen Aspekte. Die Jugendlichen hingegen werten ihr Verhalten hauptsächlich unter den Bedin-gungen ihres Alltags, einschließlich internalisierter Formen von Entfremdung. Diese inkongruenten Modi der Aufarbeitung von deviantem Verhalten bestim-men den Verlauf der Auseinandersetzung zwischen den Jugendlichen, der Gruppe und dem Mitarbeiter. In diesem Zusammenhang gewinnt die frühe Studie von Sykes/Matza (1957) erneut an Bedeutung. Ihre Theorie geht davon aus, dass sich das abweichende Verhalten Jugendlicher auf einen grundlegend paradoxen Umgang mit normativen Sollvorschriften stützt: die Verletzung

einer Norm setzt die Anerkennung ihrer Allgemeingültigkeit generell nicht
außer Kraft. Die Qualitäten einer normativen Vorschrift hinsichtlich Zeit, Ort
und Umstände sind begrenzt und gelten nicht unter allen Bedingungen gleich.
Die Abweichler driften zwischen Anerkennung und Ablehnung normativer
Sollvorschriften, die Abweichung gilt ihnen oft nur teilweise als bewusste
Grenzüberschreitung und wird von ihnen als Ausnahme von der Regel ver-
standen. Auf Glen Mills bezogen könnte dies bedeuten, dass stärker die
Gründe der Normengeltung denn ihre Setzung angesagt ist.

Mitarbeiter und Jugendliche in der Glen Mills Kultur

Erzieher bzw. Lehrer, die mit einer höheren Erwartungshaltung und einem
pädagogischen Optimismus („Crazy for the Kids") ihren pädagogischen Alltag
gestalten, haben i.d.R. eine differenziertere Wahrnehmung bezüglich der Ressourcen der Schüler und sind kreativer in der Entwicklung von Lernprogram-
men. Auf Glen Mills bezogen heißt das: Wenn Mitarbeiter und Studenten
in den zentralen Normen der Einrichtung übereinstimmen, dann gelingt es
ihnen, vereint und leistungsstark den Neuankömmling auf folgende Normen
hin zu sozialisieren: hoher Stellenwert von Erziehung, Respekt vor der Würde
des Anderen, Schutz der körperlichen Unversehrtheit und des Eigentums
der Einrichtung, persönliche Hygiene, keine unflätigen (gang-spezifischen)
Redensarten, keine körperlichen Aggressionen, keine Drogen und Waffen.
Auf der Schülerseite findet diese „corporate identity" ihre Entsprechung: Die
Schüler, die positive Peergroupnormen internalisiert haben und sie praktizieren, werden Mitglieder des „Bulls Club" und sind der Mittelpunkt bzw.
die Referenzgruppe der verantwortungstragenden Gemeinschaft, beleben die
Gemeinschaftskultur. Die Voraussetzung ist, dass die negative Subkultur (vgl.
Polsky 1962) nicht besteht bzw. aufgelöst wird: negativ zu bewertendes Verhalten erfährt im Setting von Glen Mills keine Belohnung und führt nicht zum
Statusgewinn – wie er bislang strukturell in den Gangs bzw. anderen Institutionen subkulturell erlebt und erworben wurde. Der Aufbau von Status
aber misst sich an der Wiederherstellung von „Normalität". Statt eines stig-
matisierenden Umgangs wird eine normale (analog etwa zu einem amerikanischen mittelschichtorientierten Internat) Lebens-, Lern- und Ausbildungs-
situation realisiert, deren motivierende Atmosphäre die individuellen schulischen, beruflichen oder sportlichen Potentiale, Fähigkeiten und Verhal-
tensbereitschaften erlebbar machen und festigen soll. Vor dem Hintergrund
höchst differenter biographischer Erfahrungen versteht sich Glen Mills
zunächst als ein Ort der Entlastung von bisher ungekonntem Verhalten,
offeriert wird durch regelhaftes und routiniertes Verhalten zunächst Sicherheit und eine Neuorientierung, schließlich steuern standardisierte Werte und

Normen der als offen gedachten amerikanischen Gesellschaft die Aktivitäten des Alltags der Einrichtung.

Strukturierte Zeit im Alltag

Der Tagesablauf eines Schülers ist durchstrukturiert mit abwechselnden Schul-, Berufsbildungs- oder berufspraktischen Ausbildungseinheiten in Verbindung mit unterschiedlichen Freizeitaktivitäten. „Wasting of time" wird in Glen Mills negativ eingestuft, das Habilitationsprogramm ist in eine straffe Zeitplanung gefasst. Ein normaler Tagesablauf eines Wochentages stellt sich wie folgt für den Studenten dar:

6.30 Uhr Wecken; 7.00-8.00 Uhr Frühstück in der Cafeteria; bis 8.30 Uhr Körperhygiene und „Betten-machen"; (8.30 Uhr Eintreffen der Mitarbeiter des Frühdienstes); 8.30-9.00 Uhr „Details", d.h. Reinigung der Wohngruppe; 9.00-10.00 Uhr Guided-Group-Interaction, Feedback über gelungene Aktivitäten, Diskussion von Normverstößen, Einteilung in spezielle Gruppenaktivitäten. In der Gruppensitzung werden die individuellen Probleme der Jugendlichen auf die gültigen Gruppennormen bezogen. Individuelle Lösungskonzepte, quasi private Leistungen oder in Freundschaftsbindungen gewachsene Strategien, sind nicht erwünscht, vielmehr werden sie im Forum erörtert. Wenn Gruppenmitglieder den Eindruck haben, dass ein Mitglied ein unausgesprochenes Problem mit sich herumträgt oder es unausgesprochene, den Alltag beeinträchtigende Probleme zwischen einzelnen Gruppenmitgliedern untereinander gibt, ist es Bestandteil der geforderten Hilfsnorm, dass diese im Plenum angesprochen werden, wenn von den Betroffenen selbst keine Initiative ausgeht. Es sollen Kompetenzen vor dem Hintergrund von Sollvorschriften erlernt und vermittelt werden, die die Veränderung von bedingenden und aufrechterhaltenden Faktoren negativen Verhaltens zum Ziel haben, Fähigkeiten also, die bis dahin nicht gefördert wurden oder den Jugendlichen verwehrt blieben. Der Neuaufgenommene hat die Möglichkeit, seine „Geschichte" zu erzählen und sein Hauptthema (z.B. Gewaltbereitschaft) herauszuarbeiten. Dies wird dann von der Peergroup bearbeitet, die gefundene Lösung im Sinne der Glen Mills Kultur abschließend bestärkt. Über die jeweils individuelle Vergangenheit soll nur im Gruppenkontext geredet werden, sie ist kein Gegenstand von Zweiergesprächen.

Anschließend von 10.00-12.00 Uhr ist Schulunterricht oder findet die Berufsausbildung statt; 12.00-12.45 Uhr Mittagessen und Freizeit; 12.45-13.00 Uhr „Townhouse": Treffen für Absprachen und Anwesenheitskontrolle in der Wohngruppe; 13.00-14.45 Uhr wieder Schulunterricht oder Berufsausbildung; 14.45-15.00 Uhr „Townhouse"; 15.00-16.30 Uhr Freizeit, Physical Fitness (14.30-16.30 Uhr Training der jeweiligen Sportmannschaften); 16.00 Uhr

Eintreffen des Spätdienstes und Dienstübergabe; 16.30-17.45 Uhr Dinner; 17.45-18.00 Uhr „Townhouse"; 18.00-20.00 Uhr Abendprogramm, d.h. sportliche Aktivitäten, Gesellschaftsspiele und allgemeine Freizeitaktivitäten. Auf freiwilliger Basis werden angeboten: Computerkurse, Vertiefungsprojekte aus dem Schul- und Ausbildungsbereich; 20.00-21.00 Uhr gibt es Snacks in der Cafeteria; 21.00-21.10 Uhr wieder „Townhouse"; 21.10-21.30 Uhr „Details"; 21.30-22.30 Uhr gibt es Freizeitaktivitäten auf der Wohngruppe; 22.30 Uhr beginnt die Nachtruhe für die „Non-Bulls", 23.15 Uhr Nachtruhe für die „Bulls"; 23.45 Uhr Nachtruhe für die „Bulls-Executives"; 24.00 Uhr Nachtruhe für die „Concerns"; 23.30 Uhr Eintreffen der Nachtwachen, etwa 15 Personen pro Schicht. Der Wochenendplan variiert hinsichtlich der Frühstückszeiten (10.30-12.00 Uhr Brunch) und beinhaltet mehr Zeiten für Freizeitaktivitäten. Die Gruppenkontrolle über die Institution „Townhouse" bleibt aber aufrechterhalten (Oldekop 2000).

Positive Peer Culture – die Bulls

Es gehört zum Selbstverständnis der Einrichtung, dass die *students* in allem, was auf dem Campus geschieht, eingebunden sind, und dass ihnen Verantwortung für die normative Kultur der Schule und der „corporate identity" übertragen wird. Die organisatorische Einheit hierfür ist der Bulls Club (Ottmüller 1988; Grissom/Dubnov 1989, Ireson 1998). Die Schüler, die die geforderten positiven Peergroupnormen internalisiert haben und sie praktizieren, sich loyal gegenüber der Schule verhalten, werden Mitglieder des „Bulls Club" und sind somit Mittelpunkt bzw. die Referenzgruppe der verantwortungstragenden Gemeinschaft, beleben die Gemeinschaftskultur und sind Gegenwelt zu einer Anstaltssubkultur. Sie verfügen über einen privilegierten nichtprofessionellen Status, weil sie pädagogische Aufgaben wahrnehmen. Der Status eines Jugendlichen als „Bull" in Glen Mills ist rigide definiert, er wird erworben, kann aber bei Normverstößen wieder aberkannt werden. Ein wiederholter Aufstieg ist möglich. Der niedrigste Status des „Non-Bull on major concern" (mit besonders großen Bedenken), ist der des Neuankömmlings und dauert etwa 3-5 Tage. Ihn bekommen auch Jugendliche zugewiesen, die gravierend gegen die Norm verstoßen haben. Diese Eingangsphase ist mit den Aufnahmeritualen der Synanon Drogentherapie in ihrer Radikalität vergleichbar. Der Träger dieses Status geht morgens schon um 5 Uhr in Begleitung des Dienst habenden „Morning Bulls" zum Frühstück in die noch leere Cafeteria, er sitzt bei den „Townhouse"-Treffen in der ersten Reihe auf dem Fußboden, er darf weder an Schul-, Berufsausbildungs-, Sportprogrammen noch an Freizeitangeboten teilnehmen, er ist 24 Stunden unter Kontrolle der Mitarbeiter. Er darf nicht mit anderen Jugendlichen seiner Wohngruppe reden, es sei denn mit den „Bulls" über das Programm. Seine Nachtruhe beginnt erst um 22.30 Uhr, so lange bleibt er im Büro des Gruppenleiters oder im Aufenthaltsraum der Wohneinheit, dann aber mit dem Rücken zum Fernseher. Durch den radikalen Entzug erfährt er die Vorteile des zukünftig durch Normen gesteuerten Alltags. Ein Schritt in die Integration vermittelt die nächste Statusgruppe (wiederum 3-5 Tage), „Non-Bull on regular concern", mit vergleichbaren Einschränkungen, jedoch mit der Möglichkeit, unter Anleitung von „Bulls" Gruppenarbeiten zu übernehmen. Der nächste Schritt zum „Non-Bull"-Status: die Jugendlichen gehen mit der Gruppe gemeinsam zu den Mahlzeiten, nehmen an den regulären Schul-, Ausbildungsprogrammen und Sport- und Freizeitangeboten teil, gehen aber früher zu Bett. Werden die Normen der Einrichtung befolgt, die Konfrontationen akzeptiert, Hilfsbereitschaft praktiziert und sind Erfolge im Schul-, Berufsausbildungs- und Sportbereich aufzeigbar, wird der Jugendliche zum Bewerber des Bull-Statusses. Das weitere Aufstiegsverfahren setzt voraus, dass er einstimmig von den Unit-Bulls als „Pledgee" akzeptiert wurde und er deutlich machen konnte, warum er sich als würdig für den Bulls-Status einschätzt. Der Jugendliche hat dann die Aufgabe, insgesamt 150 Konfrontationen (etwa 10 pro Tag) im „Bull-Log" zu dokumentieren. Nach einem Kurzreferat über seine Vorstellungen, wie er als Bull die Kultur der Einrichtung weiter zu verbessern sucht, wird ihm dann der Bull-Status verliehen. Zu den nun erworbenen Privilegien gehören u.a.: Mitfahrt zu den Play-off Auswärtsspielen, Bewerbung um einen Campus-Job, Homepass und sie können die Rolle eines „big brothers" – eines Tutors – oder die des „Morning-Bulls" übernehmen. Über einen solchen Status verfügen durchschnittlich etwa 40-60 % der Jugendlichen auf dem Campus. Die Spitzenpositionen in der Hierarchie nehmen die von den *students* gewählten „Unit Executive Bulls" (etwa 7 Jugendliche pro Wohngruppe) und die „Campus Executive Bulls" (oft nur sechs Jugendliche auf dem Campus) ein. Sie bewegen sich allein auf dem Campus, können in der Nachbarschaft den Supermarkt, die Shopping Mall, das Kino oder ein Restaurant aufsuchen, haben eigene Meetings, keine Gruppendienste und sind gehobener ausgestattet untergebracht.

Verhaltensveränderung – Konfrontation

Jeder neue *student* bekommt einen „big brother" zur Seite, der ihn mit den Normen und den korrespondierenden Verhaltenssettings bekannt macht und die Verantwortung für den anstehenden Lernprozess übernimmt. Private Freunde, intimere soziale Beziehungen unter Ausschluss der Wohngruppe sind nicht erwünscht. Es sollen sich keine subkulturellen, unkontrollierbaren Unterströmungen zur Glen-Mills-Kultur etablieren. Ein Schüler ist niemals alleine, er bewegt sich immer in kleinen Gruppen und ist so ständig der sozialen Kontrolle durch den Gleichaltrigen (und der Mitarbeiter) ausgesetzt. Das

Grundgesetz für das Verhalten hat Ferrainola in fünf Leitsätzen zusammengefasst:

» 1. Niemand hat das Recht, einen anderen zu verletzen.

2. Ausbildung und die Klassenräume sind heilig.

3. Wir werden uns niemals in einer Weise verhalten, die geeignet ist,
uns selbst, unserer Gruppe oder unserer Schule Unehre zu machen.

4. Wir sind stolz auf unsere Schule.

5. Ein Schüler von Glen Mills ist immer ein Gentleman"

(Viethen-Groß 1997, S. 138).

Das Konfrontationssystem ist ein Kernstück im Alltagskonzept von Glen
Mills. Durch die Konfrontationrituale soll eine dauerhafte Veränderung der
in den Gangs gelernten manipulativ-aggressiven Handlungstendenzen beim
Jugendlichen herbeigeführt werden. Die häufigsten Konfrontationen kommen
nicht durch die Mitarbeiter, sondern durch die Jugendlichen zustande, ohne
Rücksicht auf den Status. Um die Konfrontationen zu steuern und sie nicht
beliebig ausufern zu lassen, gibt es einen gestuften Prozess, der in seinem
Ablauf eingehalten werden muss (vgl. Weidner 1986, Ottmüller 1988, S. 76;
Grissom/Dubnov 1989, S. 53; Ireson 1998, S. 1998 ff.):

1. »Friendly Non-Verbal«

Wenn ein Jugendlicher oder ein Mitarbeiter einen anderen Jugendlichen
bei einer Normverletzung beobachtet, gibt er diesem Jugendlichen mit
einer freundlichen Geste zu verstehen, dass sein normwidriges Verhalten
entdeckt wurde und er es umgehend ändern soll. Üblicherweise geschieht
dies durch ein Nicken mit dem Kopf, einem freundlichen Blick oder mit
einem kurzen Wink mit der Hand. Reagiert der Jugendliche nicht, erfolgt

2. »Concerned Non-Verbal«

Bei der zweiten Stufe werden die Gesten ernst und deutlich. Der Blick wird
streng, aus dem Wink mit der Hand wird ein direktes Zeigen mit dem
Finger. Dieser non-verbalen Forderung nach Verhaltensveränderung steigert sich bei Nichtbefolgen zu

3. »The Helpful Verbal«

Der konfrontierende Jugendliche teilt dem anderen in freundlicher Weise
wörtlich mit, dass er sein Verhalten jetzt verändern soll. (Etwa: „Mach doch
bitte", resp. „würdest du bitte ..."). Bewirkt diese Stufe der Konfrontation
nichts, folgt

4. »Concerned Verbal«

Der Jugendliche teilt dem anderen in sehr deutlicher Weise mit, dass dies zu einer ‚großen' Sache würde, wenn er sein Verhalten nicht ändere. Dabei werden die Gesten sehr eindeutig und die Stimme des Konfrontierenden laut. Aber es kommt zu keinem Körperkontakt mit dem Jugendlichen. Zeigt diese Stufe der Konfrontation keinen Erfolg, wandelt sich die Zweierinteraktion in eine Gruppenauseinandersetzung. Durch die körperliche Präsenz und verbalen Unterstützung des Konfrontierenden durch andere Jugendliche wird Solidarität demonstriert und massiver Gruppendruck auf den „negativen Jugendlichen" ausgeübt. Die nächste Stufe wäre

5. »Request for Staff and/or Student Support«

Wenn der betreffende Jugendliche die Konfrontation nicht akzeptiert, bittet der konfrontierende Jugendliche andere Jugendliche oder Mitarbeiter, ihm zu helfen. Dies soll noch einmal dazu dienen, dem betreffenden Jugendlichen deutlich zu machen, dass sein Verhalten nicht kontrollierbar ist und durch die Hinzuziehung der anderen Jugendlichen und den von ihnen ausgehenden (Gruppen-)Druck versucht wird, die Situation zu lösen. Alle Schüler und Mitarbeiter sind verpflichtet, eine Konfrontation zu unterstützen, da sie sonst wegen Nicht-Unterstützung ihrerseits konfrontiert werden. Lässt sich der Schüler durch Level 5 nicht beruhigen, kommt es zur „Aufmerksamkeitsberührung". Dies wiegt umso schwerer, weil er – neben Level 7 – die einzig legitime Berührungsform in der „non-touch"-Konzeption von Glen Mills ist. Der Zugriff auf den Körper ist von dem Jugendlichen mit einer hohen persönlichen Bedeutung und Kontrollgrad belegt. Dieses „island of privacy" wird in der Einrichtung respektiert.

6. »Touch for Attention (Staff only)«

Ein Mitarbeiter (nicht Mitschüler) fasst den konfrontierten Jugendlichen an den Schultern und um die Taille, um ihn ein weiteres Mal auf die Brisanz der Situation aufmerksam zu machen. Durch physischen Zwang wird der Blickkontakt hergestellt. Der Jugendliche hat bis zu diesem Punkt alle anderen Konfrontationen ignoriert oder abgelehnt. Durch die körperliche Auseinandersetzung und damit dem Bruch des Verhaltensmusters versucht der Mitarbeiter dem zu Konfrontierenden das Ausmaß seines außergewöhnlichen Verhaltens zu verdeutlichen und gibt ihm die letzte Chance, sein negatives Verhalten zu ändern, ohne den Gruppenstatus zu verlieren. Lenkt der Jugendliche immer noch nicht ein, eskaliert die Konfrontation auf die Stufe 7.

7. »Physical Restraint (Staff only)«

Nachdem alle anderen Konfrontationsstufen nicht angeschlagen haben und der Jugendliche in seiner Bedrängnis zur Gewalt greift, wird er auf der Stufe 7 physisch ruhig gestellt. Mitarbeiter unterbinden durch Festhalten das Ausagieren und bringen den Schüler dazu, sich zu beruhigen. Das geschieht so lange, bis der Konfrontierte weder für sich noch für andere oder das Sacheigentum eine Bedrohung darstellt. Es setzt dann wieder die Stufe 5 ein, bis die Konfrontation akzeptiert wird. Ist dies geschehen, löst sich die Gruppe auf (Grissom/Dubnov 1989, S. 53 f.). Das Verhalten des Konfrontierten wird noch einmal Gegenstand der Gruppendiskussion in seiner Wohneinheit. Glen Mills behält sich vor, die auf Stufe 7 konfrontierten Jugendlichen dem Jugendrichter zur erneuten Disposition vorzustellen.

Weidner (1986, S. 131 f.) dokumentiert in seiner Studie die Konfrontationsprozesse. Hieraus ein Beispiel: „Todd (17) war mehrmals ermahnt worden, niemanden zum Kampf herauszufordern bzw. das Kämpfen zu thematisieren. Dennoch schnappt Pedro, ein langjähriger Mitarbeiter, Wortfetzen über ‚mögliche Kämpfe‘ auf. Er winkt Todd auf Zentimeter zu sich heran und übertritt damit bewusst die Schwelle der Nähe und Distanz. Mit seinem sofortigen Ruf nach „support" überspringt er die ersten vier Konfrontationslevel, weil Todd zum wiederholten Male ermahnt worden war. „Schau mir in die Augen und steh gerade, du kleiner ‚tough guy‘", fährt er ihn leise, aber bedrohlich an. „Hör mir genau zu: Wir brauchen hier keine rauhen Kerle, verstehst du mich? Wir mögen keine rauhen Typen." Diesen Satz wiederholt er seelenruhig, den Jungen konzentriert fixierend, ein dutzend Mal. Eine Sechsergruppe unterstützt mittlerweile Pedros Konfrontation. Im Kreis stehend verunsichern sie Todd mit barschen, aggressiven Verhaltensanweisungen: „Hey man, schau in Pedros Augen, wenn er spricht. Steh gerade für deinen ‚fucking bullshit‘". Todd entschuldigt sich und entgeht damit einer Konfrontationssteigerung. Pedro akzeptiert die Entschuldigung: „Ok, aber wenn du hier ein Bein auf die Erde kriegen willst, ändere deine Themen. Und jetzt geh in deine Wohngruppe und thematisiere unsere Konfrontation beim Gruppentreffen." Die jetzt dreizehnköpfige Menschentraube löst sich auf. Pedro geht zum nächsten Telefon, um Todds Betreuer zu informieren und um sicherzustellen, dass der Junge den Vorfall zur Sprache bringen wird ..." Todd wurde in seinen Gerichtsakten als „aggressiv" beschrieben und wurde wegen schwerer Körperverletzung durch Gerichtsbeschluss nach Glen Mills eingewiesen."

Die meisten Konfrontationen enden mit dem vierten Level. Ändert der Konfrontierte sein Verhalten, ist die Angelegenheit erledigt. Wird die Stufe 6 erreicht, muss darüber schriftlich berichtet werden. Die Angaben der Einrichtung über die Häufigkeit der Anwendung der letzten Konfrontationsstufe sind wenig präzise, wahrscheinlich sind es vier pro Quartal, bezogen auf die Gesamtzahl der Schüler der Glen Mills Schools. Von einweisenden Stellen wird die Ausgestaltung der letzten beiden Stufen gelegentlich im Grenzbereich zur Misshandlung (Körperverletzung) angesehen.

Der Aufenthalt in Glen Mills beinhaltet für die Jugendlichen aber keinen ständigen, Stress auslösenden Gruppenreflexionsprozess, vielmehr werden auch positive Ereignisse auf dem Campus besprochen, unter dem Motto: „Wir sind gut, morgen werden wir noch besser sein!". Die Hilfe-Norm ist nicht auf den Umgang mit den Jugendlichen beschränkt. Wenn eine Unit z.B. Schwierigkeiten hat, kann sie erwarten, dass die benachbarte Unit ihr hilft, diese zu überwinden. Wird dies versagt, verliert der Leiter Status und wird seinerseits „konfrontiert". Die Glen Mills Kultur versteht sich als eine Interpretationsgemeinschaft im praktischen Alltag und verbindet kooperative Entscheidungsträger.

Ein Ausdruck der zugemuteten Normalität und vorbehaltloser Akzeptanz dieser jungen Menschen bei gleichzeitiger Ablehnung der Ausgrenzung dokumentiert z.B. eine große Tafel an der Auffahrt zum Campusgelände, auf der die aktuellen sportlichen Leistungen der Schüler beschrieben werden: Inhaber von Regional-, Landes- oder Staatsmeistertitel in unterschiedlichen Disziplinen des Leistungssports. Sie erreichen diese Auszeichnungen, obwohl die Schüler selten Sportteamvorerfahrungen haben, die meisten bleiben nur die Saison in Glen Mills, sie konkurrieren in der Regel mit Mannschaften, die bereits drei oder mehr Jahre zusammenspielen (Ferrainola 1999). Ausgehend davon, dass dem Sport in der amerikanischen Mittelschicht ein hoher sozialintegrativer Stellenwert zukommt, ist die Einrichtung stolz auf ihre *„students"* und auf ihre „Kultur", die diese Erfolge bewirkt und macht dies öffentlich. Die *„students"* erhalten in den unterschiedlichen Bereichen ein individuelles feed-back, das durch Symbole (Wimpel, Fahnen, Trophäen, T-Shirts etc.) dokumentiert wird. Diese Symbole dienen zur Herstellung und Unterstützung von Gemeinschaftlichkeit und sollen das Bewusstsein sichern, dass in dieser Schule der Einzelne sich vor allem durch das Gruppenerlebnis etwas erhöhen kann, Status gewinnt. Öffentliche Ehrungen – verstanden als im Zusammenleben gegenüber einem anderen durch Wort und Tat bekundetes Ansehen oder Achtung – werden in den USA unverkrampft gestaltet, Leistungen (im sportlichen wie im schulischen Bereich) werden in die Öffentlichkeit gestellt, gleichzeitig die so Geehrten in die Pflicht genommen. Die Anerkennung des Individuums „als etwas" schließt nicht nur jene Kategorisierungen ein, aufgrund derer es einen Status erhält, sondern die Anerkennung als „Jemand", als „Person", d.h. als Träger einer Identität.

One size fits all ... ? Für welche Jugendlichen ist das Programm geeignet ?

Im Gegensatz zu den staatlichen Vollzugsanstalten mit ihren oft unspezifischen Angeboten zielt das Programm mit einer Dauer von 12-18 Monaten auf einen begrenzten Adressatenkreis. „Man darf nicht so arrogant sein und annehmen, dass mit einem einzigen Programm ausnahmslos jeder Jugendliche erreichbar sei" (Ferrainola). Die Einrichtung richtet sich an gruppenorientierte, aggressive, männliche jugendliche (Mehrfach-)Täter im Alter von 14 bis 18 Jahren. Etwa 75 % der *„students"* gehören zu den African-Americans, 15 % sind Weiße, 8 % gehören zu der Hispanic- und 2 % zu der Asiatischen Ethnie. Die *„students"* kommen aus 24 Bundesstaaten der USA, einige aus Bermuda, den Cayman Inseln, aber auch aus Holland und Deutschland. Dainty (1997) beschreibt diese jungen Männer wie folgt: Das Durchschnittsalter liegt bei der Aufnahme bei 16,5 Jahren, das erste registrierte Delikt wurde etwa im Alter von 13 Jahren verübt. Die Deliktgruppen streuen, etwa 75 % liegen bei Einbruchsdiebstählen und schwerem Raub, der Rest verteilt sich auf Autodiebstahl, aber auch Überfall, Totschlag und Mord. Die beiden letzten Deliktgruppen verwundern, führt doch die Schwere der Tat direkt zur Verhandlung vor einem Erwachsenengericht. Die Deliktgruppen haben gemäß der Philosophie der Einrichtung auf die Programmgestaltung kaum Einfluss, in ihrer breiten Streuung spiegelt sie dann auch eher die unterschiedliche Spruchpraxis einzelner Gerichtsbezirke wider. Mehr als 30 % der *„students"* waren mindestens einmal zu einer stationären Maßnahme verurteilt worden. Der IQ eines Jugendlichen muss über 70 liegen, d.h. im Grenzbereich zur Behinderung, aber noch ausreichend sein für eine Bildungsfähigkeit auf dem Sonderschul-2-Niveau. Der tatsächliche Durchschnitts-IQ lag bei den jüngeren Untersuchungen im Bereich der Normalbegabung.

Glen Mills schließt von seinem Programm die jungen Männer aus, die wegen emotionaler Störungen, depressiver Verstimmungen, Angststörungen, deutlichen suizidalen Verhaltensmustern oder Dysfunktionalitäten (z.B. autistische Störungen, Hyperkinese) einer besonderen psychologischen oder psychiatrischen Behandlung, Pflege oder eines dauerhaften therapeutischen Umfelds bedürfen. Nicht aufgenommen werden Drogenabhängige vor dem Entzug, „bekennende" Homosexuelle und Pyromanen. Nicht in das Programm passt der „typische Einzelgänger".

Die Einrichtung legt Wert darauf, dass sich die Jugendlichen für das Glen-Mills-Programm entscheiden. In einem im Vorfeld der Einweisung durch den Richter vorhergehenden Interviewverfahren, in dem auch die wesentlichen Eckpfeiler des Programmes als umfassende Rahmengebung vorgestellt werden, hat er die „Wahl" zwischen Glen Mills und dem traditionellen Vollzug. Letzteres ist dem Jugendlichen i.d.R. durch Schilderungen aus seinem sozialen Umfeld bekannt. Hat er sich für das Programm entschieden, liegt es in seiner Verantwortung und Eigeninitiative, wie er es nutzt. Die Entscheidung für das Glen Mills Programm ist natürlich situationsabhängig, sie findet häufig unter Stress statt, seltener in einem Zustand von „Freiheit". Es kann davon ausgegangen werden, dass der Jugendliche für sich die Überzeugung gewonnen hat, dass die zu treffende Wahl zu einer guten oder wenigstens ertragbaren Zukunft führt. Glen Mills arbeitet mit der jedem Jugendlichen bewusst gehaltenen Alternative der demütigenden Einschließung anderenorts. Ein „playing cool" oder „überwintern" im Sinne von Goffman (1961) bei einer vordergründigen Akzeptanz des Normensystems der Einrichtung ist durchaus möglich.

Für die ausgewählten jungen Menschen ist das Programm der Glen Mills Schools seit Einführung des neuen interventionspolitischen Konzeptes von 1975 gemessen an der Legalbewährung erfolgreich: Die Wiederverurteilungsrate (Reincarceration) nach 27 Monaten erbringt folgendes Bild:

1980 = 50 %   1982 = 40 %   1984 = 37 %

1981 = 44 %   1983 = 38 %   (Grissom/Dubnov 1989, S. 156).

Die Rückfallquote ist noch weiter gesunken und liegt gegenwärtig leicht über 30 % (Dainty 1997; Ireson 1998). Der Erfolg des Programmes sollte nicht allein an der Effektivität, also an der technischen Rückfallziffer gemessen werden, sondern an der humanen Qualität. Zu Recht verweist deshalb Glen Mills auf seine Bildungserfolge.

Die Entweicherquote ist gering, sie lag in den letzten Jahren bei 4-6 Jugendlichen. Die Gründe hierfür dürften vielfältiger Natur sein. Einmal lagen sie in der Akzeptanz des Programmes, dann in der personellen Kontrolle und schließlich in dem Fehlen von Alternativen. Letztlich hat das „Trampen" in der amerikanischen Jugendkultur insgesamt nicht den Stellenwert wie in Europa.

Glen Mills scheint mit seinem Angebot in eine Qualitätsfalle geraten zu sein, regelmäßige Nachfragen nach Aufnahme ohne eine delinquente Biographie aufweisen zu können, belegen dies. Sie werden genauso regelmäßig abgelehnt, da hierfür kein Kostenträger zur Verfügung steht. Beeindruckend ist die hohe Übereinstimmung der Eltern mit dem Programm der Schule, die bei Feiern und Schulfesten artikuliert wird. Sie stufen das Erreichte als eine Chance vermehrter sozialer Teilhabe ein. „Glen Mills hat uns den Stolz auf unseren Sohn wiedergegeben. Er wird es künftig besser haben" (Aussage eines Vaters anlässlich der feierlichen Verleihung des High-School Diploms).

Schule und Ausbildung

Gemäß der Philosophie der Einrichtung wird Erziehung und Ausbildung verstanden als eine notwendige Investition in „human capital" mit direkten positiven Auswirkungen für die Schüler und für die Gesellschaft und wird als bildungspolitischer Beitrag der Schule für die US-Gemeinschaft gesehen. Dieser Anspruch reflektiert den liberalen, den Mittelklasse-Werten und einem Aspirationsniveau verpflichteten Standard, differenziert wenig nach dem Ausgangsmilieu der Jugendlichen und berücksichtigt nur ansatzweise das kulturelle Kapital der Ethnien, die die Mehrzahl der Schüler stellen.

„Die Leistungen des Schülers sind die Leistungen des Lehrers", nach dieser Vorgabe organisiert die Einrichtung an 240 Schultagen im Jahr (Year Round Education) in durchlässigen Leistungs-, nicht in Jahrgangsgruppen, sondern durch Individual-, Gruppen- oder Frontalunterricht im breiten Spektrum von Sonderbeschulung (Special Education), Hauptschule (Intermediate Class), zum High-School-Diplom und College Vorbereitungskurse (ACT-Exam) ihr Schulprogramm. Das Schulsystem kann verstanden werden als Kompetenzschule auf unterschiedlichen Niveaus und als Entwicklungsförderung notwendiger Bildungen wie soziales Lernen, Gewaltverzicht, Selbstvertrauen, Abbau ethnischer Vorurteile, Verantwortlichkeit, aber auch Interessenbildung. Die jährlich erfolgenden Leistungstests weisen in den

GMS Gründer Ferrainola gratuliert seinen »students«

individuellen Bildungsprofilen signifikante Fortschritte der Schüler im Leistungsniveau nach. In der Zeit von 1983-1998 konnte Glen Mills 238 eigene Jahres-Stipendien zum Collegebesuch ihrer Ehemaligen vergeben. Der Wirkungskomplex des lebensweltlichen Wissens hingegen wird in Glen Mills nicht erhoben, vielmehr gilt hier die Anzahl der „Bulls-Club"-Mitglieder als positiver Ausweis einer erfolgreichen Glen Mills Kultur. Im Bereich der Sachmittel steht dem schulischen Programm eine Ausstattung zur Verfügung, die den Vergleich mit privaten Highschools oder Colleges nicht zu scheuen braucht. So steht z.B. jedem Schüler mindestens einmal pro Woche unter Anleitung ein Computer zur Verfügung, insgesamt sind 1.000 Computer in den Klassenräumen, der Bibliothek und den Werkstätten im Einsatz.

Ein hoher technologischer Standard ist in den Lehrwerkstätten/Workshops, von Autoshop mit angeschlossener Lackiererei und Brennkammern, Schweißerei über die Optikerwerkstatt (mit Publikumsverkehr aus der Nachbarschaft) hin zur Zeitungsredaktion, eigener Rundfunkanstalt, Tonstudio, Fotolabor und Videoproduktion, Friseurladen, Keramikstudio und Kunst- und Designshop etc. anzutreffen. Der beruflichen Ausbildung wird der Jugendliche nach seinen Wünschen und nach entsprechenden Eignungstests zugeordnet. In den Ausbildungsgängen können verschiedene überregional anerkannte Leistungszertifikate erworben werden. Das Lernprogramm ist in überschaubare Programmteile untergliedert, deren Erreichung durch Feierlichkeiten und Verleihung von Preisen bis hin zur Nominierung als Auszubildender oder Schüler des Monats gewürdigt werden. Diese Ausstellung des Erfolges soll nicht nur für die betroffenen *students* eine Atmosphäre der Ermutigung und Motivation schaffen. Die Absolventen der Glen Mills Schools werden mit oder ohne ein besonderes Certificate i.d.R. bevorzugt eingestellt, weil sie bestimmte Arbeitstugenden und -fähigkeiten erlernt haben und mehrheitlich im Gebrauch und der Anwendung moderner Technologien ausgebildet wurden. Aber auch Formen der Selbstpräsentation und Loyalitätsmuster beeindrucken bei Bewerbungsgesprächen. Der Entlassung geht deshalb ein Bewerbungstraining voraus, in der Regel werden den jungen Menschen drei Arbeitsplatzalternativen offeriert, in die Arbeitslosigkeit und Obdachlosigkeit wird keiner entlassen.

Im Programm des Internats kommt dem Sport ein besonderer Stellenwert zu. Konstitutiv für das Handlungssystem Sport in Glen Mills ist einmal das Streben der jungen Menschen nach expressiver Selbstdarstellung durch bestimmte körpergebundene Leistungen, Vergleiche und Wettbewerbe. Das Programm ermöglicht Grenzerfahrungen und das Überschreiten von angenommenen Grenzen (Kampf- und Leistungsmotiv). Gleichzeitig soll durch eine hoch differenzierte Palette sportlicher Angebote (die in der US-Gesellschaft und vor allem in den Medien mit einem hohen Status versehen sind) ein Bedürfnis nach gruppenbezogener Geselligkeit (Spass, Freude, Kameradschaft), solidarischer Erfahrungen und lokalbezogenem Handeln durch sportliche Aktivitäten in der Öffentlichkeit Rechnung getragen werden (siehe hierzu: Wolters 1992; Jüttling 1976). Mit diesem Konzept korrespondiert der hohe Standard der Anlagen für 15 Sportarten: Flutlichtanlagen und Zuschauertribüne beim Footballfield, Kraftsporthalle, Schwimmhalle mit Olympiamaßen, Golfplatz, Sporthalle (Säulenfrei für 4 Basketballspielfelder, Leichtathletik), Streethockeyring etc., ganz nach dem Motto: „You name it, we have it." In einer weiteren Sporthalle, die über 1.200 Personen fasst, geschmückt mit Fahnen, die auf errungene Meistertitel/Siege hinweisen, finden auch Vollversammlungen, Feste und Abschlussfeiern statt.

Zum Problem der Übertragbarkeit

Das Institut für Sozialpädagogik der Universität Lüneburg kooperiert seit 1985 mit den Glen Mills Schools. Praktikanten und Mitarbeiter erfahren dort eine zu der deutschen Praxis unterschiedliche Interventionsphilosophie, die z.T. einmündet in Qualifikationsarbeiten zu ausgewählten Themenbereichen (z.B. Weidner 1986; Ottmüller 1988; Wolters 1992) und im Bereich von Jugendvollzugsanstalten ausprobiert wurden. Glen Mills fasziniert durch seine eindeutigen Handlungskonzepte, Gemeinschaftsleben und Peer-Group-Culture, den „aufrechten Gang" der Jugendlichen bei der Begegnung mit Besuchern, verbunden mit ihrem Stolz, zu der Glen Mills Kultur (auf Zeit) dazuzugehören, der hohen Qualität und Differenziertheit der Bildungsangebote, den angenehmen raumsprachlichen Aspekten der Gesamtanlage, der Vielzahl der Angebote und Leistungen im sportlichen Bereich und schließlich das Charisma und das Engagement des Leiters, der als Garant dafür steht, dass diese Großeinrichtung nicht zu einer technokratischen Einrichtung für Verhaltensmodifikation verkommt. Daneben bleiben Vorbehalte wie etwa die für deutsche Verhältnisse ungewöhnliche Größe der Einrichtung, das oft unreflektierte Übernehmen von Sozialnormen, Gemeinschaftskonformität versus der Entwicklung eines kritischen und unabhängigen Denkens (vgl. hierzu auch Polsky 2000). In den Auseinandersetzungen hierzu wurde immer wieder vorgehalten, dass die deutschen Kritiker keine Ahnung von der Alltagswirklichkeit junger Menschen in den ausgegrenzten Unterwelten der Benachteiligten in den USA hätten, dass die Hilfesysteme kaum vergleichbar wären, schließlich, dass unser eurozentristisches Denken ein Einfühlen in die amerikanische Mentalität, hier der Bereich der Unrechtsaufarbeitung, verstellen würde. Glen Mills als Schnittstelle von Jugendhilfe und Vollzug war und ist mit der bundesdeutschen Strukturmaxime einer lebensweltorientierten Jugendhilfe nur ansatzweise in Beziehung zu setzen.

In Glen Mills wird hingegen soziales Lernen im Anschluss an die sozialkognitiven Lerntheorien von Bandura (1977, 1986) angestrebt, in der ungekonntes Verhalten durch die permanente Korrektur/Konfrontation mit geringer Stressdosierung zur Stärkung der persönlichen Widerstandsfähigkeit führen soll und dadurch zu einer Immunisierung gegenüber sozial nicht erwünschten sozialen Einflüssen führt. Dies geschieht in Glen Mills vorrangig durch Peer Counceling. Fehlerkritik gilt als eine Bedingung der Möglichkeit, Verantwortung für das eigene Verhalten zu übernehmen. Das Glen Mills Programm schafft in seinem Selbstverständnis einen Ort für soziale Anerkennung sowie sozialer Selbstdarstellung, bewirkt soziale Aufmerksamkeit und Statusbewusstsein. Das Verlangen nach Sicherheit, aber auch Anerkennung wird als ein menschliches Grundbedürfnis eingestuft und hat zentrale Bedeutung für das Handlungskonzept.

Historische Rückbezüge erlauben eine Vergleichbarkeit von Praxis(aspekten), z.B. frühe Formen der sozialistischen-zionistischen Erziehung und Commonwealth of Youth, oder Twin Oaks, Just Community und Sandhill, Heimkonzepte also, die mehrheitlich lerntheoretisch konzipiert sind. Glen Mills zeigt in vielen Aspekten Ähnlichkeiten, doch es bleiben Differenzen. Im Kontext der Diskussion um die geschlossene Unterbringung in Deutschland wurde das Glen Mills Konzept einer breiten Öffentlichkeit vorgestellt. In den Printmedien wie im Fernsehen (RTL, Arte, WDR), in der Fachpresse und sozialpädagogischen oder juristischen Foren (IGfH, DVJJ, EREV, AFET), an Universitäten und Fachhochschulen, aber auch in der konkreten Praxis von Jugendämtern, Jugendgerichtshilfen, Richtern und Staatsanwälten wurde die Möglichkeit einer Übertragung des Konzeptes und seiner institutionellen Voraussetzungen thematisiert. Von besonderer Bedeutung im Hinblick auf die öffentliche Meinung war vor allem aber der Spiegel-Artikel: „Angriff auf die bösen Jungs" (12/1999). Nach Meinung vieler Praktiker hat er tendenziös die Leistungen der Jugendhilfe in der Bundesrepublik herabgesetzt, parteilich hingegen für das Modell Glen Mills Schools argumentiert.

Von der Möglichkeit einer 1 : 1 Übertragung des Modells nach Deutschland kann seriös nicht gesprochen werden, allerdings eignet sich das Modell, die Dominanz des momentanen Wissensstandes und den scheinbar abgeschlossenen Methodenkanon in der Heimerziehung, aber auch des Jugendstrafvollzuges zu befragen. Hochdifferenzierte Handlungsentwürfe für alternative Sozialisationsarrangements, z.B. die Kibbuzserziehung (vgl. Liegle 1971) oder die spanische Kinderrepublik Bemposta (Möbius 1973; Kemp 1995), wurden zwar als historische Kollektive nach ihrem sozialen Wissen befragt und der Wandel von Kognitionsweisen und Vorstellungswelten, die jeweils historisches Sein auf intersubjektiver Ebene prägten, untersucht, ihre Übertragbarkeit als Institutionen in das deutschsprachige Jugendhilfesystem stand dagegen nie ernsthaft zur Debatte, sie blieben Orientierungsangebote. Die Herauslösung des Ansatzes von Makarenko aus der Mentalitäts- und Sozialgeschichte des revolutionären Rußland und die orthodoxe Übertragung des Ansatzes z.B. auf die Jugendwerkhöfe in der ehemaligen DDR wurden in toto dem Erziehungsziel und dem gesellschaftlichen Umfeld nicht gerecht (vgl. hierzu: Sengbusch 1995). Gleichwohl weist die Grundstruktur z.B. der Gorki-Kolonie („Ich fordere von dir, weil ich dich achte") in Teilen eine große Nähe zur Erziehungsphilosophie von Glen Mills auf (Kollektiv versus Gemeinschaft). Auch die katholisch geprägte Variante, Father Flanagan's Boys Town, bedient sich eines vergleichbaren Systems als Erziehungsmittel. Mentalitätsgeschichtlich auf die USA bezogen ist zweifellos die Konstruktion von Gemeinschaft (vgl. Polsky 2000) einschließlich die darin aufgehobene Mitarbeiterkultur von Bedeutung. Im Spiegel der deutschen Forschung zur Heimerziehung erscheint evident, dass die Praxis der Heimerziehung an ihren oft überindividualisierten Betreuungskonzepten und der Destrukturierung der Organisation insofern laboriert, dass sie institutionelle Ressourcen und Leistungsfelder nicht optimal auf die Bedarfe der jungen Menschen bezieht (Gabriel 2000; Planungsgruppe Petra 1988; Dalferth 1994). Zu berücksichtigen ist auch die Nähe dieser Internatsstruktur zu amerikanischen Militärakademien und den Navy-Schools. Dabei soll nicht bestritten werden, dass die in Glen Mills praktizierte Ordnung und Disziplin kein bloßer Selbstzweck ist, sondern im Sinne der Handlungsphilosophie eine eindeutige und begründete Summe von Handlungsregulativen, die ein Lernen in einem für die *students* sicheren und kalkulierbaren Alltag dieser Einrichtung ermöglichen.

Die Qualifikationsprofile der Mitarbeiter von Glen Mills sind nicht vergleichbar mit den geforderten Standards deutscher Einrichtungen. Die Etablierung von einem Grundkonsens in der unterschiedlichen personalen Repräsentanz der Aufgabengebiete auf Normen und Werte sind ein wesentlicher Bestandteil der Optimierungsstrategie dieser amerikanischen Einrichtung und machen einen Teil ihres Erfolges aus. Vergleichbares hatte auch Redl für das therapeutische Milieu eingefordert. Über eine vergleichbare Fundierung müsste für eine deutsche Einrichtung befunden werden, damit ein angedachtes Modell nicht zu einer von Kälte versuchsanstaltsartigen oder kleinbürgerlichen Atmosphäre geprägten Einrichtung mutiert, sondern zu einer gelebten Freundlichkeit, respektvollen Aufgeschlossenheit füreinander, eine Geborgenheit in wechselseitiger Achtung und Anerkennung (Ramb 1999). Ein deutscher Jugendlicher aus dem Programm von „German Mills 1998" skizziert das für ihn beeindruckend. „Vieles war gewöhnungsbedürftig, die Strenge (...), was mich beeindruckte, war, dass mir nicht immer wieder meine Vergangenheit vorgehalten wurde. Hier glaubte man an mich. Und diese Zumutung hat mir geholfen." Die aus der Mitarbeiterkultur sich ergebenden tarifrechtlichen Probleme und unterschiedliche Einsatzformen in der Praxis (Wohneinheit/Schule/ Ausbildung/Freizeitgestaltung einschließlich Sport) ließen sich in einem „Zweckbetrieb" regeln.

Glen Mills konfrontiert die deutsche Praxis mit den Effekten der Peergroupculture, ein Ansatz, der die Erziehung in Gruppen im Kontext einer Selbstorganisationstheorie neu thematisieren sollte. Eine Auswertung von Peer-Group-Projekten im Präventionsbereich und der Gesundheitsförderung ist angesagt, ebenso bedarf die GGJ, die schon im Bereich der Arbeit mit delinquenten Jugendlichen zu einer „Bewegung" aufgelaufen ist, einer Evaluierung (vgl. Ottmüller 1988). Offensichtlich fehlen anwendungsorientierte Studien über die Langzeiteffekte der Arbeiten mit Peer-Group-/Peer-Culture-Ansätzen. Ausgewählte Programmpunkte wurden im Umgang mit Gewalttätern von Weidner (1989, 1990) und Wolters (1990, 1992) erfolgreich ausprobiert. Es ist zudem zu überprüfen, ob die Handlungsphilosophien der Peer-Group-Culture auch in Deutschland tatsächlich die Jugendlichen „at risk" im geplanten Setting eines Internates erreichen. Der Verweis darauf, dass dies in den USA gelänge, ist noch kein Garant für die Übertragbarkeit. Hierzu sollten die Erfahrungen aus den Niederlanden (de Hoenderloo Groep 1999) nach ihrer für 2001 geplanten Veröffentlichung überprüft werden. Es handelt sich dabei um einen Versuch der Implementation der „Positive Peer Group Culture" und die einer Mitarbeiterkultur nach einem vorher stattgefundenen mehrmonatigen Training von Jugendlichen und Mitarbeitern in Glen Mills. Die überwiegend positiven Abläufe des Student-Exchange-Programmes von „German Mills" mit Jugendlichen aus Deutschland bedürfen noch einer systematischen Auswertung. Es kann aber vermutet werden, dass ein stärkerer Rückbezug auf sozialwissenschaftliche Gruppenkonzepte für die Arbeit mit delinquenten Jugendlichen innovatives Potential birgt. Das Instrument der Konfrontation selbst müsste für hiesige Verhältnisse kritisch durchdacht werden, nicht nur in Bezug auf seine Struktur, sondern auch in der (sprachlichen) Ausgestaltung und in der Anwendung von körperlicher Gewalt.

Die Größe von Glen Mills kann für die BRD nicht zur Diskussion stehen, auch wenn dies mit eine Voraussetzung für das differenzierte schulische und berufspädagogische Programm ist und sich wirtschaftlich profitabel gestaltet. Eine Einrichtung, die an der Schnittstelle von Jugendhilfe und Jugendvollzug steht, ist selbst mit der von Ferrainola vorgeschlagenen Ausbaustufe von 250 jungen Menschen kaum vorstellbar, es sei denn, die Justiz würde sie überwiegend belegen und nicht nur als U-Haft-Vermeidung nutzen. Aus dem Jugendhilfebereich könnte unter der Voraussetzung eines stabilen Bedarfs selbst eine „Mehrländereinrichtung" in dieser Größenordnung nicht ausgelastet werden. Einer durchaus wünschenswerten Herausarbeitung gemeinsamer Handlungsstrategien von Jugendhilfe und Justiz (auch vor der angesagten Novellierung des JGG) sollte eine langfristig angelegte Bedarfsrechnung vorausgehen, die auch ambulante Maßnahmen berücksichtigt (Problem: Sog der freien Betten). Von Ferrainola stammte der Satz, dass die Sozialpädagogen vieles können, nur nicht mit Geld umgehen. Es verwundert deshalb nicht, dass sein System rechnerisch beeindruckt, dass er eine Dienstleistung in einem (auch für die einweisenden Institutionen) überschaubaren Rahmen anbietet, der finanziell gesehen unterhalb des Tagessatzes des Strafvollzuges steht, gelegentlich aber durch Spenden ergänzt wird. Diese Managementqualitäten scheinen nicht nur für Non-Profit-Unternehmen mit ihrer Mischfinanzierung aus staatlichen Töpfen (Tagessätze, Personalkostenzuschüsse, projektgebundene Zuschüsse) und eigenen Einnahmen (Bußgeldern, Spenden, Mitgliedsbeiträgen) interessant zu sein, sondern auch, und das ist für die Bundesrepublik neu, für profitorientierte Aktiengesellschaften. Sie interessieren sich für den Bereich des Strafvollzuges (Bau von Vollzugsanstalten im Leasingverfahren) und jetzt auch für das Glen Mills Modell. Der Strafvollzug, in seinen

Ursprüngen privat, dann in staatlicher Regie, zeigt erste Tendenzen zur Privatisierung (Lilly, Lindenberg 1995; Lindenberg, Schmidt-Semisch 1994, 1995). Die Erfahrungen der Privatisierung von Teilen der Aufgaben des Vollzuges in den USA (Prison-Business) sind besonders im Hinblick auf die möglichen negativen Auswirkungen der Gewinnmaximierung – und dies zu Lasten der Qualität der Programme – auszuwerten. Eine Kontrolle der Qualität und Lizensierung (Betriebserlaubnis) der Anbieter ist angesagt, die ausführende Behörde müsste allerdings über ausreichende Ressourcen verfügen, um eine unabhängige Qualitätskontrolle durchzuführen. Ein monopolartiges Insistieren auf die Praxis eines Glen-Mills-artigen Modells widerspräche einem regulierten Wettbewerb zwischen Anbietern und freien und öffentlichen Trägern.

Unter der Voraussetzung, dass angesprochene Akteure dialogfähig sind – auch im Sinne von Verantwortung – und wenn die Chance der Veränderbarkeit von Strukturen als Möglichkeit gesehen wird, sollte die deutschsprachige Heimerziehung und der Jugendvollzug sich einer Auseinandersetzung mit solchen „pensée du dehors" (Foucault) stellen, die Praxis von Glen Mills bietet sich dazu ebenso an wie die nordamerikanischen Varianten hierzu (z.B. Gould-Academy).

Das Fremdverständnis einer Praxis wie Glen Mills würde das Selbstverständnis eigener bundesdeutscher Praxen stärken. Somit würde auch die in der deutschen Diskussion um Glen Mills, die sich häufig durch Merkmale der Akzeptanz erhöhenden, aber entdifferenzierenden Einfachheit und Grifflichkeit auszeichnet, verantwortbarer geführt werden können.

Literatur:

Allen, R. F. et al.: *Collegefields. From Delinquency to Freedom.* Seattle 1970

Bandura, A./Walters, R.: *Social learning and personality development.* New York 1963

Bandura, A.: *Learning through Modeling.* In: Bandura, A. (Hrsg.): Social Learning Theory. Englewood Cliffs, Prentice Hall, 1977, S. 22-55

Bandura, A.: *Social foundation of thought and action. A social cognitive theory.* Englewood Cliffs, Prentice Hall, 1986

Berger, P. L.; Luckmann, T.: *Die gesellschaftliche Konstruktion der Wirklichkeit.* Frankfurt a. M. 1980

Berckhauer, F., Hasenpusch, B.: *Legalbewährung und Strafvollzug.* In: Modelle zur Kriminalitätsvorbeugung und Resozialisierung. Heidelberg 1982, S. 281ff.

Blandow, J.: *Über Erziehungskarrieren. Stricke und Fallen der modernen Jugendhilfe.* In: Ginthel/Jordan: Jahrbuch der Sozialen Arbeit 97. Münster 1996, S. 172 ff.

Böhnisch, L.: *Heimerziehung und Sozialstaat.* In: Colla, H.; Gabriel, T.; Millham, S.; Müller-Teusler, S.; Winkler, M. (Hrsg.): Handbuch Heimerziehung und Pflegekinderwesen in Europa. Neuwied-Kriftel 1999, S. 417 ff.

Bürgerschaft der Freien und Hansestadt Hamburg, Drucksache 16/4000, Bericht der Enquête Kommission: *„Jugendkriminalität und ihre gesellschaftlichen Ursachen".* Hamburg, 11.05.2000

Cohen, P.: *Territorial- und Diskursregeln bei der Bildung von Peer Groups unter Arbeiterjugendlichen.* In: Clarke, J. et al.: Jugendkultur als Widerstand. Frankfurt a. M. 1979, S. 240 ff.

Cornel, H.: *Geschichte des Jugendstrafvollzugs: ein Plädoyer für seine Abschaffung.* 1984

Dainty, W. J.: *The influence of selected variables on the recidvism rate of secondary school aged males in a residential school setting.* Widener University 1997

Dalferth, M.: *Zur Bedeutung von Symbolen und Ritualen in der Heimerziehung.* In: Neue Praxis, Heft 1, 1994, S. 3 ff.

Deigmueller, K.: *Harressing the power of positive peer pressure.* In: Educational Week, 1994, 13, S. 28 ff.

Dölling, D.: *Polizeiliche Ermittlungstätigkeit und Legalitätsprinzip.* Wiesbaden 1987

Dörner, C.: *Erziehung durch Strafe: die Geschichte des Jugendstrafvollzugs von 1871-1945.* Weinheim 1991

Ferrainola, S.: *A case for an effective change in the residential treatment of juvenile delinquents.* Glen Mills Schools, o.D.

Ferrainola, S.: *Glen Mills Schools.* In: Colla, H./Gabriel, T.; Millham, S.; Müller-Teusler, S.; Winkler, M. (Hrsg.): *Handbuch Heimerziehung und Pflegekinderwesen in Europa.* Neuwied:. Luchterhand, 1999, S. 945 ff.

Ferrainola, C. D.: *Zur Notwendigkeit einer effektiven Veränderung stationärer Behandlungsmodelle delinquenter Jugendlicher.* In: DVJJ-Journal, 3/1999, S. 321 ff.

Gabriel, T.: *Forschung zur Heimerzieung.* Lüneburg 2000 (im Druck)

Gescher, N.: *Boot Camp-Programme in den USA. Ein Fallbeispiel zum Formenwechsel in der amerikanischen Kriminalpolitik.* Godsby 1998

Giddens, A.: *Interpretative Soziologie.* Frankfurt a. M. 1984

Glasser, W.: *Reality therapy: A new approach to psychiatry.* New York 1965

Goffman, E.: *Asyle.* Frankfurt a.M. 1981 (orig. 1961)

Grissom, G.; Dubnow, W.: *Without locks and bars. Reforming our Reform Schools.* Westport 1989

Guder, P.: *Ohne Schloss und Riegel – eine offene Alternative auch für den Umgang mit deutschen jugendlichen aggressiven Mehrfachtätern zwischen Jugendhilfe und Justiz?* In: DVJJ-Journal, 2/1997, S. 123 ff.

Hansbauer, P.; Kriener, M.: *Soziale Aspekte der Dienstleistungsqualität in der Heimerziehung.* In: Neue Praxis, 3/2000, S. 254 ff.

Hirschi, T.: *Causes of Delinquency.* Berkeley 1969

Ireson, R.: *A case study: Interagency cooperation and collaboration in providing a continuum of services to incarcerated juvenile delinquents from preplacement to transition and beyond.* Dissertation. Widener University 1998

Jüttling, D. H.: *Freiheit und Erwachsenensport.* München 1976

Kelly, F. J.; Baer, D. J.: *Physical Challenge as a Treatment for Delinquency.* In: Crime and Delinquency, 17/1971, S. 437-445

Kemp, J. M.: *Kinderrepubliken.* Opladen 1995

Klein, M. W. et al. (Hrsg.): *The Modern Gang Reader.* Los Angeles 1995

Korczak, J.: *Wie man ein Kind lieben soll.* Göttingen 1989

Kreye, A.: *Es ist, als ob es überall nur Stäbe gäbe.* In: Süddeutsche Zeitung, 39, 17. Feb. 2000, S. 21

Lamnek, S.: *Neue Theorien abweichenden Verhaltens.* München 1994

Lerner, M. J./Matthews, G.: *Reactions to the suffering of others under conditions of indirect responsibility.* In: Jounal of Personality and Social Psychology, 1967, S. 319 ff.

Liegle, L.: *Familie und Kollektiv im Kibbuz.* Weinheim 1971

Lilly, R. L.; Lindenberg, M.: *Pänologie und Profit: Die nordamerikanische Bestrafungsindustrie und ihr Griff nach Deutschland.* In: Reindl, R.; Kawamura, G.; Nickolai, W. (Hrsg.): Prävention – Entkriminalisierung – Sozialarbeit. Freiburg 1995, S. 64 ff.

Lindenberg, M.; Schmidt-Semisch, H.: *Gefangene Könige oder: Ordnung als Dienstleistung.* In: Widersprüche, 52, 1994, S. 55 ff.

Lindenberg, M.; Schmidt-Semisch, H.: *Sanktionsverzicht statt Herrschaftsverlust.* In: Kriminologisches Journal, 2, 1995, S. 17 ff.

Möbius, E.: *Die Kinderrepublik.* Reinbek 1973

Oldekop, C.: *Versuch einer Begründung für das Nicht-Entweichen von Jugendlichen aus den „Glen Mills Schools".* Typoskript, Lüneburg 2000

Ottmüller, C. O.: *Glen Mills Schools. Ein Modell der Jugendkriminalrechtspflege in den USA.* Pfaffenweiler 1988

Pfeiffer, C.; Brettfeld, K.; Delzer, J.: *Jugenddelinquenz und jugendstrafrechtliche Praxis in Hamburg.* Hannover 1997

Planungsgruppe Petra: *Analyse von Leistungsfeldern der Heimerziehung.* Frankfurt a.M. 1988

Polsky, H.: *Cottage six: The social system of delinquent boys in residential treatment.* New York 1962

Polsky, H.: *The Future of Institutional Care. From Custodialism to Residential Community.* New York 2000 (in print)

Ramb, W.: *Das schwierige Verhältnis von Sozialpädagogen und Jugendpsychiatrie.* In: Colla, H.; Gabriel, T.; Millham, S.; Müller-Teusler, S.; Winkler, M. (Hrsg.): *Handbuch Heimerziehung und Pflegekinderwesen in Europa.* Neuwied-Kriftel 1999, S. 847 ff.

Redl, F.: *Erziehung schwieriger Kinder.* München 1971

Rosenthal, R.; Jacobson, L.: *Pygmalion in the classroom: Teacher expectation and pupil's intellectual development.* New York 1968

Schubert, A.: *Delinquente Karrieren Jugendlicher.* Aachen 1997

Schütz, A.: *Der sinnhafte Aufbau der sozialen Welt.* Frankfurt a.M. 1960

Schwartz, R.: *Juvenile Justice, back to the future.* In: Reisen, Gambill: Social Work in the Twentieth Century, 1997

Sengbusch, D.: *Das System der Jugendwerkhöfe in der DDR.* In: Materialien der Enquête Kommission „Aufarbeitung von Geschichte und Folgen der SED-Diktatur in Deutschland", Bd. III/3. Baden-Baden, S. 1812-1843

Seßar, J.: *Glen Mills Schools.* Lüneburg 1999, maschinenschriftlich

Spergel, I. A.: *The youth gang problem: A community approach.* New York 1995

State of Florida, Department of Juvenile Justice. Bureau of Quality Assurance: *Program Review for the Glen Mills Scholls.* 1995

Street, D.; Vinter, R. D.; Perrow, C.: *Organization for treatment.* New York 1966

Sutherland, E. H.; Cressey, D.: *The principles of criminology.* Philadelphia 1960

Sykes, G. M.; Matza, D.: *Techniques of Neutralization: A Theory of Delinquency.* In: American Sociological Review, 22, 1957, S. 664 ff.

Thiersch, H.: *Politik, Jugendhilfe, Heimerziehung.* In: Colla, H.; Gabriel, T.; Millham, S.; Müller-Teusler, S.; Winkler, M. (Hrsg.): Handbuch Heimerziehung und Pflegekinderwesen in Europa. Neuwied-Kriftel 1999, S. 425 ff.

US-Department of Justice: *Boot Camp for Juvenile Offenders. Office of Juvenile Justice and Delinquency Prevention.* Washington 1997

Viethen-Groß, D.: *Glen Mills Schools – Eine Alternative zum Strafvollzug für straffällige Jugendliche in Amerika.* In: DVJJ-Journal, 8. Jg., 2/1997, S. 136 ff.

Vorrath, H. W./Bendtro, L. K.: *Positive Peer Culture.* Hawthome 1985

Weidner, J.: *Analyse des Behandlungskonzeptes der Glen Mills Schools, USA, und die Möglichkeiten der Übertragung einzelner Programmpunkte in die Praxis der Jugendkriminalrechtspflege in der BRD.* Philadelphia, Lüneburg 1986 (Dipl.-Arbeit)

Weidner, J.: *Das Antigewalttraining für inhaftierte Körperverletzer.* In: Zeitschrift für den Strafvollzug und Straffälligenhilfe. 5, 1989, S. 295 ff.

Weidner, J.: *Anti-Aggressivitäts-Training für Gewalttäter. Ein deliktspezifisches Behandlungsangebot im Jugendvollzug.* Diss., Lüneburg 1990

Wheeler, S.: *Die Struktur formal organisierter Sozialisationsanstalten.* In: Briem, O.G./Wheeler, S.: Erwachsenen-Sozialisation. Sozialisation nach Abschluß der Kindheit. Stuttgart 1974, S. 53 ff.

Willman, H. C./Chun, R. Y.: *Homeward Bound. An Alternative to the Institutionalization of Adjucated Juvenile Offenders.* In: Federal Probation, 37/1973, S. 52 ff.

Winkler, M.: *Die Normalisierung von Vielfalt – Aufwachsen in der Moderne.* Vortrag auf der IGfH Jahrestagung 1999 in Nürnberg, im Druck

Wolf, K.: *Machtprozesse in der Heimerziehung.* Münster 1999

Wolters, J. M.: *Das Anti-Aggressivitäts-Training zur Behandlung jugendlicher inhaftierter Gewalttäter in der Jugendanstalt Hameln.* In: Kriminalpädagogische Praxis, 30, 1990, S. 26 ff.

Wolters, J. M.: *Kampfkunst als Therapie.* Frankfurt a.M., Berlin, Bern, New York, Parin, Wien 1992

» **Prof. Dr. Herbert E. Colla** (Jahrgang 1941), seit 1974 Professor für allgemeine Sozialpädagogik, 1981-1983 und 1991-1995 Dekan des Fachbereichs Erziehungswissenschaften der Universität Lüneburg. U.a. Mitglied der Deutschen Gesellschaft für Erziehungswissenschaften sowie der Enquetekommission „Demographischer Wandel" des deutschen Bundestages. Spezialgebiet u.a. Jugendhilfe im Grenzbereich zur Kinder- und Jugendpsychiatrie. Publikationen u.a.: »Der Fall Frank« (1973), »Heimerziehung« (1981), Herausgeber des »Handbuchs Heimerziehung und Pflegekinderwesen in Europa« (1999). **«**

Christian Scholz

Konfrontative Pädagogik im Grenzbereich von Jugendhilfe und Justiz

Zur Adaption der Glen Mills Idee in das deutsche Jugendkriminalrechtssystem

A. Einleitung

I. Justiz und Pädagogik/Soziale Arbeit – zur Legitimation der »Einmischung«

Konfrontative Pädagogik – ein sicherlich nicht ganz neues, eher schon wiederentdecktes, jedenfalls aber interessantes Thema angesichts offenbar zunehmender Unsicherheit der Gesellschaft, wie auf normabweichendes, insbesondere gewaltaffines Verhalten junger Menschen angemessen reagiert werden kann!

Zwar hört man zunehmend den Satz: ‚Jugendkriminalität ist ein gesamtgesellschaftliches Problem'. Gleichwohl aber muß die Frage gestellt werden: Was legitimiert den Juristen, den Richter, in diesem Kontext Stellung zu nehmen ? Er repräsentiert die Staatsgewalt, die auf begangenes Unrecht im wesentlichen repressiv reagiert.

Sicherlich ist der dritten Gewalt im Staate das **Konfrontative** durchaus nicht fremd. Im Bereich der Strafjustiz begegnet uns ‚Konfrontation' in den verschiedensten Ausgestaltungen: Zunächst wird der Täter mit der Gesetzesnorm konfrontiert, sodann in der darauf folgenden Sanktion durch die Staatsgewalt als strafende Institution; bisweilen auch findet im Rahmen eines Täter–Opfer–Ausgleichs (TOA) eine Konfrontation des Täters mit seinem Opfer statt. **Pädagogik und Soziale Arbeit** hingegen scheinen eher im Vorfeld staatlicher Sanktionsmaßnahmen angesiedelt, aufgerufen, soziale Desintegrationslagen, die bekanntlich bis hin zu Kriminalität führen können - allerdings nicht zwangsläufig führen müssen - in den Griff zu bekommen. Nicht von ungefähr ist daher Prävention das neuerdings favorisierte Metier, wenn es um die Vermeidung bzw. wenigstens Eindämmung normabweichenden Verhaltens geht.

Fokussiert man das Wirken des Richters auf den Bereich des **Jugenddelinquenzrechts,** so wird der Zusammenhang zwischen Pädagogik und Justiz noch auffälliger. Zum einen ist das Jugendrecht auch Präventions(straf)recht. Das Jugendgerichtsgesetz (JGG) – neben dem früheren Jugendwohlfahrtsgesetz (JWG) und dem heutigen „Kinder- und Jugendhilfegesetz" (KJHG) – macht die Verbindung beider Bereiche deutlich. Jugendrichter und Jugendstaatsanwälte sind zwar originär Juristen – und zwar **Straf**-Juristen –, sollen aber gemäß § 37 JGG „erzieherisch befähigt" und „in der Jugenderziehung erfahren" sein. Diese – um es gleich vorweg zu nehmen – bisher nie realisierte gesetzgeberische Forderung impliziert jedoch die Legitimation des Jugendrichters, sich zu den in diesem Buch diskutierten Fragen nicht nur aus privatem Interesse, sondern *qua Amtes* zu äußern.

Dabei will ich gleich deutlich machen, daß ich mich im folgenden der „konfrontativen Pädagogik" ausschließlich unter dem Blickwinkel des justitiellen Betrachters zu nähern gedenke. Wie noch zu zeigen sein wird, beabsichtige ich allerdings damit nicht, originäre Jugendhilfebereiche justitiell „zu vereinnahmen". Das Jugenddelinquenzrecht in Deutschland war immer eine **Symbiose** aus Strafrecht [und zwar im Erkenntnisverfahren ausschließlich] und Jugendhilfe [im Reaktionsbereich dominierende Aspekte der Betreuung, der Erziehung, der Befähigung]. Die Komplexität beider originär eigenständiger – aber doch in gewisser Weise ineinandergreifender – Bereiche brachte es jedoch mit sich, daß die praktische Umsetzung der beiderseitigen Ziele von ständigen Kontroversen begleitet war und ist. Durch die Installation des KJHG – angesichts dessen von einem *Paradigmenwechsel* der Jugendhilfe gesprochen wird – ist die Kontroverse eher noch verschärft worden.

Vor diesem Hintergrund kann die Beschäftigung mit der konfrontativen Pädagogik aus Sicht der Justiz beiläufig möglicherweise auch ein Beitrag zur Klärung des kontroversen Verhältnisses Justiz – Jugendhilfe im Bereich des Jugenddelinquenzrechts sein.

Wenn ich im folgenden von „konfrontativer Pädagogik" spreche, so verstehe ich diesen Begriff – sicherlich abweichend von anderen – sehr weit und vielschichtig. Er beinhaltet für mich sowohl „innere" wie „äußere" Konfrontation. Das bedarf der Erläuterung. Die äußere Konfrontation ist für mich die direkte Einwirkung der Gesellschaft auf mein Handeln, des Staates auf gesetzwidriges Handeln einzelner, letztendlich Ausdruck eines bestehenden Zwanges. Auf eine Straftat folgt eine verbindliche Reaktion – und sei es wie bei Jugendlichen eine erzieherische, betreuende oder befähigende Maßnahme. Inhärent ist diesem Bereich der Zwang, etwas Bestimmtes tun zu müssen, dessen Erledigung kontrolliert und ggfs. durchgesetzt wird.. Demgegenüber steht die „innere" Konfrontation; diese beinhaltet eine Auseinandersetzung in mir mit dem, was ich getan habe oder tun soll. Die innere ist sozusagen die Reflexion der äußeren. An einem Beispiel verdeutlicht: Wenn ich als Täter dem Opfer gegenübertrete, soll ich mit meiner Tat, mit meinem Opfer konfrontiert werden, um daraus Konsequenzen zu ziehen. Wenn ich regelmäßig in meinem täglichen Verhalten kontrolliert und mit Abweichungen von der Norm konfrontiert werde, dies aber auch selbst vornehmen soll, so verschwimmen beide Bereiche. Zum einen ist die Kontrolle ein Akt der äußerlichen Konfrontation, auf mich wird von außen eingewirkt; zum anderen jedoch soll ich die Konfrontation verinnerlichen, um aus dieser Einsicht heraus selbst andere zu konfrontieren. Um diesen komplizierten doppelschichtigen Bereich wird es im folgenden wesentlich gehen. Die Wechselwirkung des Konfrontativen wird Gegenstand unserer Betrachtungen sein.

Diese Auffassung des „Konfrontativen" scheint mir ein wichtiger Schlüssel zum Verständnis dessen zu sein, was als „Idee der *Glen Mills Schools"* dargestellt werden soll.

II. Das Phänomen »Glen Mills«
Zauberwort für neue innovative Lösungsstrategien ?

Bevor wir uns den eben aufgeworfenen Fragen und Problemkreisen zuwenden, bedarf es einiger kurzer Erläuterungen zum Untertitel des Buches und dieses Kapitels. In beiden taucht beispielhaft die *Glen Mills Schools* auf. Einer breiteren (Fach-)Öffentlichkeit ist diese Institution in Deutschland seit 1997 bekannt. Der konzeptionale Inhalt dieser Einrichtung wird seitdem auf unterschiedlichste Weise wahrgenommen und kolportiert. Das meiste an diesen Wahrnehmungen ist falsch.

Der *„Spiegel",* der sich im März 1999 diesem Thema widmete [„Angriff auf die bösen Jungs"], vermittelte – in der Diktion der Boulevardpresse – den Eindruck eines „totalitären Normensystems"[1] , das aber dem „Sauhaufen deutscher Jugendhilfe"[2] überlegen sei. Garniert wird dies mit „angeblichen" (aber denkbaren) Zitaten von anzutreffender „Gehirnwäsche", einem „Seelen-Macdonalds" und ähnlichem. Das dies zur ernsthaften Auseinandersetzung mit einem möglicherweise für bestimmte Teilbereiche erfolgreichem Ansatz zur Eindämmung von Jugendkriminalität nicht besonders hilfreich sein kann, liegt auf der Hand. Deshalb an dieser Stelle schon einmal einige seriöse Befunde von *Glen Mills,* die später noch vertieft werden:

Glen Mills ist weder eine „Kadettenanstalt", noch wird darin „Gehirnwäsche" betrieben. Seine erfolgreiche Arbeit auf dem Gebiet einer bestimmten Klientel beweist per se weder den leichtfertig kolportierten Zustand der deutschen Jugendhilfe als unwissenden und orientierungslosen „Sauhaufen" noch die Vorstellung, in Glen Mills werde mit suspekten Mitteln eine ausschließlich am Erfolg gemessenen Strategie verfolgt. Wie immer bei derartigen komplexen Zusammenhängen bedarf es einer emotionslosen und an Tatsachen orientierten umfassenden Auseinandersetzung mit einem für uns in Deutschland – zumindest teilweise – neuen und fremden Ansatz. Das zu leisten, ist die Intention dieses Buches. Dies ist auch deshalb überfällig, weil es in den letzten drei Jahren in Deutschland offenbar nur unzureichend gelungen ist, das komplexe System und den dennoch – was das gesamte Spektrum der Jugendkriminalität betrifft – eingeschränkten Lösungsweg von *Glen Mills* zu verdeutlichen.

Glen Mills ist nämlich ein zwar in Amerika angesiedeltes, aber damit keineswegs nur und schon gar nicht typisch „amerikanisches" Modell zur Eindämmung von Gewaltkriminalität einer bestimmten, eingegrenzten, jugendlichen Klientel. *Glen Mills* ist weder ein Zauberwort zur Lösung jugendlicher Gewaltkriminalität in Deutschland, noch ist sein ohne Zweifel erfolgreiches Wirken ein Indiz für einen grundsätzlich falschen Ansatz deutscher Jugendhilfe. Die Ideen von *Glen Mills* sind allerdings durchaus zu beachtende Kriterien, wenn es darum geht, auch in Deutschland in jüngster Zeit veränderte Profile jugendlicher Gewalttäter in ein legales Leben führen zu wollen. So entmystifiziert und entdämonisiert kann *Glen Mills* auch für uns nutzbar gemacht werden und wird sicherlich in einem Gewaltminimierungsprozeß eine herausragende Rolle spielen können – und sollen.

Dabei sehe ich meine Aufgabe nicht darin, die *Glen Mills Schools* in ihrer Gesamtheit darzustellen oder sie aus sozialpädagogischer Sicht – zustimmend oder auch kritisch – zu beleuchten. Dies geschieht in den übrigen Kapiteln dieses Buches. Meine Ausführungen orientieren sich ausschließlich daran, ob und in welcher Form konfrontative Pädagogik in der Ausgestaltung der *Glen Mills Schools* dem deutschen Rechtssystem nutzbar gemacht werden kann.

B.
I. »Erziehung« im Jugenddelinquenzrecht

Wenn zur Debatte steht, daß die Justiz im Jugenddelinquenzrecht neue Aspekte der Jugendhilfe, nämlich konfrontative Pädagogik, betrachten, begleiten oder gegebenenfalls sogar selbst einsetzen will und soll, ist es notwendig, zunächst einen Blick auf die Positionen, ja die Aufgabenverteilung der am Verfahren beteiligten Institutionen zu werfen. Es wäre fatal, neue Ideen, neue Ansätze von Reaktionsmöglichkeiten in das deutsche Jugendkriminalrechtssystem zu implantieren, ohne sich zuvor Gedanken über die sanktionsrechtlichen Kompetenzen der Verfahrensbeteiligten zu machen.

Es wurde bereits die kontroverse Debatte um die originären Verantwortungsbereiche von Jugendhilfe und Justiz im Bereich von Jugenddelinquenz angesprochen. Ein kurzes Resümee über den Erziehungsgedanken, der nach allgemeiner Diktion das Jugendrecht beherrschen soll, dürfte der geeignete Einstieg in diesen Problemkreis sein. Dabei darf das neue Selbstverständnis der Jugendhilfe, wie es im KJHG seinen Ausdruck gefunden hat, nicht außer acht bleiben. Schon jetzt soll das Augenmerk darauf gelenkt werden, daß unter dem Aspekt des viel beschriebenen Paradigmenwechsels in der Jugendhilfe möglicherweise dort – in dogmatischer Hinsicht – größere Schwierigkeiten bei der Adaption konfrontativer Pädagogik auftauchen werden als dies in Bezug auf die Justiz der Fall sein könnte. Hier liegen die Probleme sicherlich eher in der allenthalben immer noch anzutreffende *Strafrechts*gläubigkeit.

I. Der Erziehungsgedanke im JGG

„Das Jugendstrafrecht ist vom Erziehungsgedanken beherrscht", so lautet der allerorten zu hörende, offenbar unangefochtene Satz. Noch 1990 hatte der Gesetzgeber den Entwurf des 1. JGGÄndG damit begründet, „den Erziehungsgedanken vor allem dadurch zu stärken, daß er [der Entwurf] weitere erzieherisch wirkende Rechtsfolgen in den Katalog der Erziehungsmaßregeln und Zuchtmittel einfügt".[3]

Andererseits liest man bereits bei Lukas Pieplow in seiner viel zitierten Abhandlung „Erziehung als Chiffre": „Erziehungs"–Gedanken gibt es offenbar viele und auch sie sind > frei <"[4]. Und sie sind offenbar zu allen Zeiten *sehr frei* gewesen; denn was auf diesem Gebiet an Literatur vorliegt, vermag mehrere Bücherregale zu füllen. Innerhalb der Reformdiskussion im Vorfeld des 22. Dt. Jugendgerichtstages in Regensburg wurde er zu einer „gefährlich unbestimmten Leerformel"[5] degradiert[6]. *Schüler–Springorum* verabschiedete ihn gar in der Einleitung zu den Vorschlägen der DVJJ für ein neues JGG mit dem Hinweis: „Unter Reformaspekten dürften dem Erziehungsbegriff allenfalls begrenzte Reservate bleiben"[7]. Auf dem 2. Kölner Symposium 1990 erklärte Viehmann:

„Der Erziehungsgedanke im Jugendkriminalrecht ist ein schillernder Begriff. Verkannt wird er wohl immer, legal definiert, wie Juristen es gerne hätten, kommt er wohl nie.... Aber man wird den Gedanken brauchen als Idee, als Leitmotiv und als Richtschnur in der Begegnung des Staates mit seinen straffälligen jungen Leuten" [8].

Fazit dieser wenigen Zitate ist: Der Erziehungsgedanke im JGG scheint ein – zwar immer präsentes und wohl auch unverzichtbares – Phantom zu sein, daß bei der Frage, wer denn die Aspekte der Erziehung in das Jugenddelinquenz-recht einzubringen habe, offenbar nicht recht weiterhilft. Gleichwohl muß der Versuch unternommen werden, der historischen Entwicklung des Erziehungs-gedankens weitere Erkenntnisse zu entlocken.

Im Zusammenhang mit dem Jugendstrafrecht ist versucht worden, sich dem Begriff der „Erziehung", dem „Erziehungsgedanken" oder dem „Erziehungs-vorrang" – wie Nothaker es formulierte[9] – auf unterschiedliche Weise zu nähern. Mal wurde ihm eine Legitimationswirkung eines eigenständigen Jugendstrafrechts zugeschrieben, mal wurde versucht, ihn inhaltlich zu defi-nieren, wiederum andere sahen in ihm eine lediglich funktionale Bedeutung, nämlich das Prinzip des ‚Zurückdrängens von Strafe'.

Alle ‚eingleisigen' Lösungsversuche waren letztendlich zum Scheitern verur-teilt. Einer der Hauptgründe dafür war sicherlich, daß in den Jahren 1922/1923 mit der Installation des RJGG`s und des JWG`s **zwei Intentionen** verfolgt wurden.

Zum einen sollte ein eigenständiges Jugendstrafrecht – losgelöst vom Erwach-senenstrafrecht – geschaffen werden, für das man, weil es nach wie vor Straf-recht bleiben sollte, eine Legitimation brauchte. Diese Legitimation fand sich in der durch die Psychologie untermauerten Erkenntnis, die Entwicklungs-phase der Jugend nicht als eine „Vorstufe" des Erwachsenenseins zu begreifen, sondern als eigenständiges „Produkt des Werdens"[10]. Die Geburt des täterbe-zogenen Strafrechts war vollzogen.

Wäre 1923 nur dieser eine Schritt vollzogen worden, wäre also ein **Sonder-straf**recht für junge Menschen geschaffen worden, so hätte der Erziehungsge-danke möglicherweise auch problemloser definiert werden können – nämlich als Abgrenzung bzw. Zurückdrängung von (Kriminal)Strafe. Zum andern aber – und das ist für das aktuelle Thema von herausragender Bedeutung – galt es, justitielle, spezialpräventive Reaktionen im Strafrechtsdenken zu etablieren und zu legitimieren.

Seinerzeit erfolgte also nicht nur die Ablösung vom Erwachsenenstrafrecht, sondern es wurde gleichzeitig ein inhaltlicher Aspekt verfolgt, nämlich die Implantierung erzieherischer Gesichtspunkte in strafrechtliche Sanktionen. Zudem wurde in zeitlicher Kongruenz das **JWG** geschaffen, ein Gesetz für die Jugendhilfe, in das **pädagogische Elemente der Erziehung** einflossen. Jetzt gab es neben den Eltern also plötzlich zwei staatlich legitimierte „Erzieher", die Jugendhilfe und den Jugendrichter; denn dieser hatte Rechtsfolgen festzu-setzen, die erzieherisch determiniert waren. Das eigentliche „Drama" aber war, daß der erzieherisch tätige Jugendrichter auch zu strafen hatte. Sollte er das auch unter dem Aspekt der Erziehung tun ? Das Antinomie-Verhältnis **Erziehung/Strafe** war in der Welt, ein Paradigma, das sowohl Justiz als auch Jugendhilfe bis heute zu schaffen macht – und das gar nicht einmal so sehr in der im Einzelfall herzustellenden Kongruenz beider Bereiche. Viel schwerwiegender ist der Dissens im grundsätzlichen Denken. Bis heute ist festzustellen: Die Justiz respektiert regelmäßig nur widerwillig pädagogische Ansätze bzw. solcherart determinierte Rechtsfolgen in ihrem repressiven Bereich. Wo sie es dennoch tut, ist sie häufig massiver Kritik der strafrechtsgläubigen Öffentlichkeit, der ausgrenzenden Gesellschaft ausgesetzt.

Die Jugendhilfe ihrerseits steht einer Zusammenarbeit mit Polizei und Staatsanwaltschaft im Großen und Ganzen eher ablehnend gegenüber, seit Inkrafttreten des KJHG pocht sie zunehmend auf institutionelle Unabhängigkeit, ja beruft sich vom Ansatz her auf eine inhaltliche Verschiedenheit.

Das wird deutlich, wenn man sich die Aufgabenbeschreibung der Jugendhilfe in § 1 KJHG vor Augen hält.

„Jeder junge Mensch hat ein Recht auf Förderung seiner Entwicklung und auf Erziehung zu einer eigenverantwortlichen und gemeinschaftsfähigen Persönlichkeit." (Abs.1)

Im § 1 Abs.3 des KJHG wird die Jugendhilfe u.a. dazu verpflichtet,

- *die individuelle und soziale Entwicklung junger Menschen zu fördern und dazu beizutragen, Benachteiligungen zu vermeiden oder abzubauen.*
- *Kinder und Jugendliche vor Gefahren für ihr Wohl zu schützen*
- *dazu beizutragen, positive Lebensbedingungen für junge Menschen und ihre Familien zu erhalten oder zu schaffen.*

Darin wird zurecht die gesetzliche Ausformulierung der wesentlichen Elemente des pädagogischen Erziehungsbegriffs gesehen, nämlich: behüten, fördern und unterstützen[11].

Dem steht gegenüber der Erziehungsgedanke des JGG, der heute überwiegend – wenn denn überhaupt unter inhaltlichen Aspekten – mit **Erziehung zum Legalverhalten** definiert wird[12]. Das nun aber gehört unter anderen zu den Zielen und Zwecken des gesamten Strafrechts, besagt also wiederum nichts im Hinblick auf einen speziellen, dem Jugenddelinquenzrecht innewohnenden Erziehungsbegriff. *Erziehung zum Legalverhalten* bedeutet gegenüber dem Auftrag der Jugendhilfe einerseits eine Einschränkung, nämlich eine Erziehung nur zu einem bestimmten Verhalten, andererseits kann das ganze Spektrum des § 1 KJHG zur Durchsetzung der Ziele des JGG verwandt werden. Die Frage ist dabei nur, von wem und unter wessen Verantwortung das zu geschehen hat. Trotz der Unterschiedlichkeit des Ansatzes – einerseits staatlicher (justitieller) Zwang, andererseits unverbindlicher Angebotscharakter – scheint es also doch Überschneidungsebenen zu geben, die es gilt, auszuloten und fruchtbar zu machen.

Zum Zeitpunkt der Innitiierung eines eigenständigen Jugendstrafrechts in Deutschland in den Jahren 1922/1923 lagen die Intentionen von Erziehung und Strafe bezüglich junger Menschen offenbar nicht so weit auseinander.

Der Pädagogik-Professor *Förster* führte auf dem 3. JGT in Frankfurt im Jahre 1912 – also 10 Jahre vor Installierung der neuen Gesetze – aus:

„Es gibt gar keine durchgreifende Erziehung ohne Strafe... Es kommt also darauf an, einerseits das Strafprinzip durch pädagogische Gesichtspunkte zu verfeinern und seelisch wirksamer zu machen und andererseits die erzieherische Leistung durch Einhaltung des Strafprinzips zu vertiefen und zu verstärken..... Erziehung statt Strafe ist also schon deshalb eine irreführende Parole, weil die Strafe selber der unentbehrliche Träger des generierenden Erziehungsprozesses ist" [13]

Dies zeigt selbst unter Berücksichtigung der Tatsache, daß Förster auf nicht unerheblichen Widerspruch bei den anwesenden Juristen gestoßen ist, wie es damals um die Auffassung von Erziehung allgemein bestellt war.

Erinnern wir uns daran, daß es schon Ende des letzten Jahrhunderts Zwangserziehungsgesetze der Länder gab[14] Auch das JWG von 1920 war im wesentlichen ein „Eingriffsgesetz", unterschied sich also in dieser Intention des staatlichen Einwirkens auf junge Menschen vom RJGG nur graduell.

Immerhin im RJGG standen Erziehung und Strafe noch nebeneinander.

Es blieb der nationalsozialistischen Zeit vorbehalten, den ursprünglichen Gegensatz von Erziehung und Strafe zugunsten eines Konzeptes „Erziehung durch Strafe" einzuführen. Im neu geschaffenen **Zuchtmittel** des Arrestes wurde ein Konstrukt aus Elementen der Strafe als auch einer Erziehungsmaßregel gesehen, *Schaffstein* bezeichnete ihn schon in der Diskussion um seine Einführung als „kurze, aber harte Erziehungsstrafe"[15].

Roland Freisler hat wenig später deutlich gemacht, worum es ging, wenn er anläßlich der Einführung des Jugendarrestes [16] schrieb:

„Die Verordnung hat dort angesetzt, wo im bisherigen Jugendstrafrecht die fühlbarste Bruchstelle war: dort, wo „Erziehungsmaßnahmen" und „Strafen" einander berührten. Diese Berührungsstelle war fehlerhaft konstruiert....

Und so kam es, daß der an Strafen zugekehrte Teil der Erziehungsmaßnahmen keinen Anschluß an diese hatte;" [17]

In die gleiche Richtung, nämlich die Verquickung von Erziehung und Strafe ging die Einführung der unbestimmten Jugendstrafe – ein folgerichtiges Konstrukt, wenn man mit Strafe erziehen wollte, aber natürlich nicht von vornherein wissen konnte, wann der Erziehungserfolg eintreten würde.

Bei der Adaption des Jugendrechts im Jahre 1953 hat der Gesetzgeber diese Antinomie von Erziehung und Strafe nicht abgeschafft. Noch stärker als bisher wurden Sanktionen bereitgestellt, durch die Erziehungsdefizite behoben werden sollten.

In der Folgezeit kam es nun zu zwei bedeutsamen Entwicklungen bzw. Erkenntnissen, die auch den Erziehungsgedanken im JGG beeinflussen sollten. Zum einen war ein neues Verständnis von Erziehung – jedenfalls außerhalb des JGG – zu beobachten, zum anderen machte sich mehr und mehr die Erkenntnis breit, daß sich in keineswegs allen Straftaten, die von jungen Menschen begangen werden, Erziehungsdefizite herkömmlicher Art offenbaren.

2. Die Änderung der Erziehungsziele

Sah das JWG noch die Erziehung zur „gesellschaftlichen Tüchtigkeit" als Ziel an (§ 1) und war es zumindest in Teilen als „Eingriffsgesetz" konzipiert, so steht heute die „Eigenverantwortlichkeit und die gemeinschaftsfähige Persönlichkeit" im Vordergrund der Bemühungen der Jugendhilfe. Dem heutigen Erziehungsverständnis zufolge ist das KJHG als Leistungsgesetz in das Sozialgesetzbuch eingegliedert. Die Leistungen der Jugendhilfe sind angebotsorientiert. Strafrechtliche Sanktionsentscheidungen hingegen sind intendiert durch Zwang. Die Schwierigkeiten der so wesensverschiedenen Institutionen im Bereich des Jugenddelinquenzrechts sind also gleichsam im Ansatz vorprogrammiert.
Hinzu kommt noch ein anderes.

3. Erziehungsdefizite als Ursache delinquenten Verhaltens ?

Unter dem Eindruck neuerer kriminologischer Befunde konnte die frühere Vorstellung, „Straffälligkeit beruhe bei jungen Menschen regelmäßig auf Erziehungsdefiziten, welche mit jugendstrafrechtlichen Mitteln beseitigt, zumindest aber ausgeglichen werden könnten"[18], nicht mehr aufrechterhalten werden. Die Formel, daß es sich bei Jugendkriminalität überwiegend um ein ubiquitäres, bagatellhaftes, episodenhaftes bzw. um ein passageres Phänomen handele, gehört nach der Reformdiskussion der 80er Jahre – jedenfalls unter

Fachleuten – zum unbestrittenen Allgemeinwissen. Folgerichtig kam das Schlagwort von der „Non-Intervention" [19] auf.

Der „erzieherische Bereich im JGG" wurde also nunmehr von zwei Seiten umzingelt: einmal hin zur Strafe als „ultima ratio", zum andern vom Feld, auf dem eine wie auch immer geartete – ahndende oder erzieherische – Reaktion entbehrlich erscheint, also eine schlichte Normverdeutlichung ausreicht.

Wenn man sich das deutlich macht, kann man die Äußerung *Schüler-Springorums* [20], der dem Erziehungsgedanken als tragendem Prinzip eines künftigen Jugenddelinquenzrechts nur begrenzte Reservate zuschreiben will, durchaus nachvollziehen.

Gleichwohl bleibt der große Bereich der bereits angesprochenen „Überschneidungsebene", also alle die Normen des JGG, in denen zwar von (inhaltsbezogener) Erziehung die Rede ist, deren Durchsetzung aber im Unterschied zu den Angeboten des KJHG – im JGG – unter dem Damoklesschwert des Beugearrestes steht (vgl. §§ 11 Abs.3; 15 Abs.3 JGG). Dies also ist die kritische Überschneidungsebene, die sich in dem später noch zu behandelnden Bereich der §§ 71, 72 JGG fortsetzt.

4. Die finanziellen Ressourcen

In jüngster Zeit taucht zunehmend ein weiterer – für unsere spezielle Betrachtung – wichtiger Problempunkt auf, nämlich die Frage, wer, d.h. welches Ressort, bezahlt eine bestimmte Maßnahme. Im Klartext: Kann der Richter etwas anordnen, was die Jugendhilfe (und nicht die Justiz) bezahlen muß ? Oder anders herum: Darf sich die Jugendhilfe unter finanziellen Gesichtspunkten der Durchsetzung eines Richterspruchs verweigern ?

Man sollte meinen, daß solche Fragen in einer wissenschaftlichen Diskussion nichts zu suchen haben. Es hieße jedoch, die Augen vor der Wirklichkeit zu verschließen, wollte man diesen in der Praxis eminent wichtigen Punkt aussparen.

Brisant sind diese Fragen durch zwei Entwicklungen geworden: zum einen die zunehmende Hinwendung der Justiz zur Diversion (neue ambulante Maßnahmen, Betreuungsweisungen, soziales Training, Täter-Opfer-Ausgleich), zum Gebrauch also von Leistungen der Jugendhilfe statt justitieller Sanktionen. Hier sind in der Tat erhebliche finanzielle Mehrleistungen den Jugendhilfeträgern aufgebürdet worden, denen auf der anderen Seite Einsparungen im Justizressort gegenüber stehen (z.B. Schließung mehrerer Jugendarrestanstalten). Zum anderen ist zu nennen der – angebliche oder tatsächliche (?)

dramatische Einbruch in den öffentlichen, d.h. vor allem auch kommunalen Kassen.

Die Zukunft dürfte daher Mischfinanzierungen erfordern – für schon bestehende Aufgaben, erst recht aber für ein innovatives Projekt, von dem hier ja – im folgenden – die Rede sein soll.

Leider findet heute sowohl in der fachlichen als auch in der öffentlichen Diskussion eine ressort–übergreifende Kosten–Nutzen–Analyse so gut wie kaum statt. Das behindert innovative Ideen manchmal mehr als inhaltliche Bedenken.

5. Erzieherische Legitimation nach dem Grundgesetz

Ich hatte bereits darauf hingewiesen, daß bei allen Interpretationsversuchen des Erziehungsgedankens im JGG eine „Überschneidungsebene" zwischen Justiz und Jugendhilfe, eine sog. „Grauzone" der Erziehung verbleibt. Wenn es nun darum geht, konfrontative Pädagogik in diesem Grenzbereich von **Jugendhilfe** und **Justiz** zu installieren, so muß man sich über die verfassungsrechtlichen Grundlagen dieser beiden Institutionen im klaren sein. Justiz und Jugendhilfe mögen noch so gut zusammenarbeiten, ihre grundgesetzliche Legitimation ist und bleibt eine durchaus unterschiedliche.

Ausgangspunkt aller diesbezüglicher Überlegungen ist **Art. 6 des GG**, in dem die **Erziehung** den Eltern vorbehalten ist. Lediglich subsidiär nimmt der Staat das sog. „Wächteramt" wahr, d.h., er tritt in Form der **Jugendhilfe** auf den Plan, um helfend oder unterstützend einzugreifen. Die Justiz ist zwar auch ein solches staatliches Organ, sie hingegen bezieht ihre verfassungsrechtliche Legitimation aus den **Artikeln 20 und 92 GG**.[21] Daraus folgt klipp und klar: Der Jugendrichter hat keine **originäre** Legitimation zur Anordnung inhaltlich ausgerichteter, erzieherischer, – d.h. pädagogischer Maßnahmen !

Nun bedeutet das natürlich nicht, daß alle Anordnungen des Jugendrichters etwa nach den §§ 10, 12, 71, 72 JGG etwa von vornherein verfassungswidrig wären. Man muß sich nur vor Augen halten, daß der Jugendrichter erzieherische Maßnahmen zwar mit richterlicher Autorität und entsprechender Unabhängigkeit, aber **inhaltlich abgeleitet** von der Jugendhilfe, „verhängt". Zu beachten ist nämlich der § 38 JGG, nach dem die Jugendhilfe in der Gestalt der JGH „die erzieherischen, sozialen und fürsorgerischen Gesichtspunkte im Verfahren vor den Jugendgerichten zur Geltung bringt". Sie tut das in Erfüllung ihres Auftrags aus § 52 KJHG. Sie ist und bleibt also, was den *Inhalt* einer solchen Maßnahme betrifft, originär verantwortlich. Das hat für die Zusammenarbeit von Jugendhilfe und Justiz weitreichende Konsequenzen, auf die später noch einzugehen ist.

6. Veränderungen in der Jugenddelinquenz

Die Darstellung der Ausgangssituation für unsere Diskussion, konfrontative Pädagogik in das System des Jugenddelinquenzrechts einzufügen, wäre unvollständig, würden wir nicht berücksichtigen, daß sich im Jugenddelinquenzrecht in den letzten Jahren bedeutsame Veränderungen ereignet haben, die gerade den hier interessierenden Problemkreis betreffen. Allenthalben wird die Zunahme der Gewaltaffinität unter den Jugendlichen konstatiert und beklagt. Diese Einschätzung beruht natürlich nicht auf den vereinzelt auftretenden, gleichwohl durch die Medien überbetonten und öffentlichkeitswirksam aufbereiteten, schweren Tötungsdelikten sondern auf empirischen Untersuchungen[22], aus denen leider nicht immer die richtigen Schlußfolgerungen gezogen werden.

Damit einher gehen die Beobachtungen, daß insbesondere *Gewaltdelikte* vorrangig und sicherlich auch vermehrt aus der *Gruppe* heraus begangen werden. Das unterscheidet diese Tätergruppen auch häufig von den Tätern der spektakulären Tötungsdelikte – wenngleich die Ursachen für beide Deliktsbereiche möglicherweise ähnlich sind. Auch die Straftaten sog. rechtsradikaler Gruppierungen gehören in diesen Problembereich. Dabei muß darauf hingewiesen werden, daß die durch die nationalsozialistische Vergangenheit hervorgerufene Sensibilität zu Straftaten, an denen Skinhaeds beteiligt sind, nicht selten den Blick darauf verstellen, daß gerade bei Jugendlichen „rechtsextreme Gesinnung" bzw. die Verwendung nationalsozialistischer Symbole und Insignien nichts anderes als geschichtlich losgelöste und völlig unpolitische Aufhänger ihrer gegen die Erwachsenenwelt gerichteten konfrontativen, ja kontroversen Haltung sind. Insofern unterscheiden sich diese in der motivationsbedingten Ausgangslage eigentlich kaum von den Punks oder anderen in der Jugendszene sinnstiftenden Gruppierungen. Allen gemeinsam zu sein scheint die Suche nach einer soziokulturellen Jugendszene, in der sie sich beheimatet fühlen können. Der Verlust einer generationsübergreifenden sinnstiftenden Gemeinsamkeit – egal durch was hervorgerufen [dieser Problemkreis ist sicher sehr vielschichtig] – dürfte die Bildung jugendlicher Gruppierungen begünstigen, aus denen heraus – angesichts immer weiter zunehmender aktionistischer, gewaltaffinitiver Pressedarbietungen – Straftaten zur Überwindung von Langeweile begangen werden. Ein übriges tut angesichts für viele fehlender Zukunftsperspektiven die weit verbreitete „looser"-Mentalität: ‚Ausgegrenzt sind wir eh`, warum also sollen wir uns gesellschaftskonform verhalten`. Daß dies eine auch in der heutigen globalisierten Welt verfehlte

Einstellung ist, realisierten viele erst dann, wenn sich die Voraussetzungen für einen dauerhaften asozialen bzw. kriminalitätsbelasteten Weg derart verfestigt haben, daß eine Rückkehr in eine gemeinschaftsbezogene, kriminalitätsfreie Lebenswelt kaum mehr möglich erscheint. Aus dieser Klientel rekrutieren sich vielfach die erwachsenen Dauerstraftäter. Ein übriges tut in diesem Zusammenhang die irrige Vorstellung, durch Drogenkonsum lasse sich der vorgezeichnete Weg in die asoziale Lebenswelt wenn schon nicht vermeiden, so doch ertragen.

Man muß sich nun fragen: Kann man dies vermeiden – jedenfalls in gewissem Umfang – indem man, ohne frühzeitige, strafrechtliche, d.h. ausgrenzende, nämlich freiheitsentziehende Sanktionen einzusetzen, auf unverbindliche „Angebote" der Jugendhilfe setzt. Oder ist es möglich, eine gewisse Verbindlichkeit des Unverbindlichen herzustellen, um in gemeinsamem Vorgehen und in gemeinsamer Verantwortung zwischen Justiz und Jugendhilfe, zwischen Strafrecht und Erziehung rechtzeitig und vor allem im Interesse der Gesellschaft, zum Schutz künftiger Opfer den vorprogrammierten Weg in eine dauerhafte Kriminalität zu vermeiden versuchen ?

Vor allem aber auch, wer kann es tun, die Justiz oder die Jugendhilfe, eine dieser Institutionen für sich allein – oder aber beide, jeder auf seine Weise ? Wie die Betrachtung des schillernden Begriffs des Erziehungsgedankens gezeigt hat, ist die Justiz mit einer originären Erziehungszuständigkeit nach heutigem Verständnis nicht ausgestattet. Ein Tätigwerden der Justiz im Bereich konfrontativer Pädagogik kann zwar unter dem Gesichtspunkt der „Erziehung zum Legalverhalten" > eingesetzt < werden, die Inhalte sind jedoch ausschließlich Sache der Jugendhilfe. Damit, so könnte man meinen, ist das Thema „Konfrontative Pädagogik im Grenzbereich von Jugendhilfe und Justiz" abgehandelt. Das indessen wäre jedoch weit gefehlt. Wenn die Justiz eine derartige konfrontative Maßnahme einsetzen will und soll, wird sie überzeugt werden müssen, daß diese – inhaltlich verantwortet von der Jugendhilfe auch tatsächlich zur „Erziehung zum Legalverhalten" taugt. Sie wird wissen wollen, ob es sich dabei um ein Konstrukt handelt, das geeignet ist, im Einzelfall Strafe entbehrlich zu machen. Die Jugendhilfe hingegen wird nicht ohne weiteres bereit sein, Inhaltliches etwa dem notwendigen Sicherheitsbedürfnis der Justiz „anzupassen". Ein Stück weit jedoch werden beide aufeinander zugehen müssen. Hier also sind die Schwierigkeiten vorprogrammiert.

Die Grundlagen sind dargelegt. Wir werden nun herausfinden müssen, wie das Konstrukt der „konfrontativen Erziehung" aussehen soll. Kann es einen ausschließlich pädagogischen Inhalt haben, kann es nur von der Jugendhilfe „betrieben" werden, ist es ein Modell des „Befähigens", soll der Jugendliche in den Stand gesetzt werden, in Zukunft straffrei leben zu können, kann es zumindest auch – wenn auch inhaltlich abgeleitet von der Jugendhilfe durch die Justiz „verordnet" werden ?

II. Der Verein »German Mills«

Die eben dargestellten Erkenntnisse und Erfahrungen waren Ende des Jahres 1996 der Ausgangspunkt für die Gründung des Vereins *German Mills,* von dem im folgenden die Rede sein soll.

I. Die Gründungsinitiative

Nachdem bisher gelegentlich von *Glen Mills* die Rede war, ist nun von *German Mills* zu berichten. Eine Dependance von *Glen Mills* in Deutschland ? Ein innovatives Angebot der deutschen Jugendhilfe oder ein „trojanisches Pferd" der hiesigen Justiz, um die Jugendhilfe „auszuhebeln", eine Art „geschlossene Unterbringung" etwa ?

Ich will die Antwort auf diese Fragen nicht vorwegnehmen. Die Darstellung des Vereins *German Mills* soll die Fixpunkte zur Beantwortung dieser Fragen liefern.

Als wir im Dezember 1996 in Lüneburg den Verein *German Mills* gründeten, waren dem zwei Dinge vorausgegangen. Ich selbst – der spätere Präsident des Vereins – war einige Monate zuvor mit dem „admissions coordinator" von *Glen Mills* in Kontakt gekommen, der mir anbot, einen Jugendlichen aus Deutschland in *Glen Mills* aufzunehmen, dem hier Freiheitsentzug, also Jugendstrafe, drohte, weil alle betreuerischen Jugendhilfe-Angebote erfolglos „ausgereitzt" waren – sozusagen als allerletzte Möglichkeit. Obwohl trotz meiner Bereitschaft dieses Vorhaben aus anderen, hier nicht interessierenden Gründen scheiterte, kam es im November 1996 nicht zuletzt aufgrund meines näheren Interesses an dieser mir vorgestellten Einrichtung zu einer Studienreise nach Philadelphia. Bereits seit 1995 waren sporadisch Jugendliche aus Deutschland für einen einjährigen Aufenthalt nach Amerika geschickt worden. Begleitet wurde ich auf dieser Studienfahrt von einer Reihe von JugendrichterInnen, JugendstaatsanwältInnen, SozialpädagogInnen und WissenschaftlerInnen. Zehn Tage lang hatten wir die Gelegenheit, diese Einrichtung kennen zu lernen[23]. Ich erwähne diese Tatsache hier deshalb, um zu verdeutlichen, daß es mir und den mich begleitenden Personen nur durch diesen Aufenthalt möglich war, aufgrund vorheriger Beschreibungen aufgetauchte Vorurteile (bis hin zur Annahme von „Gehirnwäsche") abzubauen. *Glen Mills* war in Deutschland nicht unbekannt. Langjährige Beziehungen zwischen der Universität Lüneburg und dem Direktor von *Glen Mills, Mr. Fer-*

rainola, sowie einzelne Plazierungen deutscher Jugendlicher in Begleitung der Soz.Pädagogin *Guder* waren vorausgegangen. Die Studienreise und die auf ihr gewonnenen Erkenntnisse führten wenig später zur Gründung des Vereins *German Mills e.V. Lüneburg.*

2. Die Ziele des Vereins

Grundlage dieser Vereinsgründung war zum einen die Überzeugung, daß bestimmten, gewaltaffinen jugendlichen Straftätern hier eine Chance geboten werden konnte – ohne die negativen Erfahrungen von Freiheitsentzug und Auswirkungen der dort allenthalben anzutreffenden Subkulturen – befähigt zu werden, in Zukunft ein straffreies Leben zu führen. Wir hatten die gemeinsame Überzeugung, daß durch diese Maßnahme – Teilnahme am *Glen Mills*-Programm – dem der Justiz und Jugendhilfe gleichermaßen angestrebtem Ziel der Legalbewährung ein guter Dienst erwiesen werden könnte. Dabei war den Jugendhilfe–Teilnehmern klar, daß sie trotz ihres grundsätzlich weitergehenden Zieles jedenfalls im Bereich der Jugendkriminalität auch – zumindest partiell – verpflichtet war, Legalbewährung zu fördern. Die Justizangehörigen wußten, daß sie in ihrem Bestreben, Legalbewährung zu erreichen, in vielen Fällen die hiesigen jugendhilferechtlichen Maßnahmen erfolglos ausgeschöpft hatten und daß sie ihr Ziel auch mit ausgrenzendem Freiheitsentzug nicht würden erreichen können. So gesehen war die Nutzbarmachung der Ideen der *Glen Mills* ein letzter Versuch, hier Konstruktives zu fördern.

Das war der eine Ausgangspunkt der Vereinsgründung.

Der andere, zweite, war weitergehend.

Angesichts des für deutsche Verhältnisse ungewöhnlichen Ansatzpunktes und der in den USA zu beobachtenden hohen Erfolgsquote im Hinblick auf den Rückfall – also die Legalbewährung – war natürlich die Überlegung faszinierend , ob und wenn ja, wie das in Philadelphia praktizierte System über die Partizipierung am Programm der *Glen Mills Schools* hinaus für deutsche Verhältnisse fruchtbar gemacht werden könnte. Das war das zweite „Standbein" des Vereins.

Eine wissenschaftliche Begleitforschung sollte Aufschluß darüber geben, welche Kriterien des *Glen Mills* – Programms auf deutsche Verhältnisse übertragen werden können. Die bisher gewonnen Erkenntnisse liegen den Beiträgen dieses Buches zugrunde. Einige Eckpunkte aus Sicht der Justiz und der Jugendhilfe werde ich später darlegen.

3. Das »Student Exchange Program«

Wenn man delinquente Jugendliche aus Deutschland zu einem mehrmonatigen Aufenthalt in eine in den USA liegende Einrichtung schickt, muß man sich natürlich zunächst einige Fragen stellen – und beantworten, allen voran natürlich die: Was ist das Besondere an dieser Institution, was leistet sie, was hier in Deutschland nicht oder nur eingeschränkt geleistet werden kann ? Nicht minder wichtig ist die Frage: Welche Jugendlichen kommen für eine solche Plazierung in Betracht ? Und dann natürlich: Wer hat in welcher Situation die Befugnis, eine solche Maßnahme „anzuordnen" bzw. zu empfehlen – und dann auch die Pflicht, sie zu bezahlen ?

Der letzten Frage soll später nachgegangen werden. Wenden wir uns zunächst den ersten beiden zu.

a. Die »Faszination« der Glen Mills Schools

Was veranlaßt deutsche JugendrichterInnen bzw. Jugendhilfeinstitutionen, junge Delinquenten in die *Glen Mills Schools* zu schicken ? Hier ist zunächst auf die manchmal sowohl bei Justiz als auch bei der Jugendhilfe anzutreffende *Ratlosigkeit* zu verweisen. Wenn jugendliche Delinquenten bereits erfolglos diverse Betreungsmaßnahmen durchlaufen haben, also von der Jugendhilfe offenbar nicht mehr erreicht werden können, die Justiz daher zu dem letzten – wie man weiß in mehr als 80% ebenfalls im Hinblick auf künftige Legalbewährung erfolglosen – Mittel der ausgrenzenden Freiheitsentziehung grei-

fen muß, dann muß man aufhorchen, wenn eine – diesen Vollzug vermeidende – Institution eine für deutsche Verhältnisse ungewöhnlich hohe Erfolgsquote aufweisen kann. Diese Kunde kommt aus *Glen Mills*. Sie ist nicht nur subjektiv in der Sicht der Einrichtung begründet sondern belegt durch verschiedene externe Untersuchungen zweier Universitäten. Mit der Nennung genauer Zahlen sollte man zwar vorsichtig sein, da die Rückfallkriterien in diesen Untersuchungen an einem Dreijahresrhythmus festgemacht werden, während die in Deutschland ermittelten Zahlen auf einem Fünf–Jahre–Zeitraum basieren. Doch selbst unter Beachtung dieser unterschiedlichen Erhebungskriterien

Glen Mills School bei Philadelphia, USA

bleibt eine fast doppelt so hohe Erfolgsquote als beim ausgrenzendem Freiheitsentzug in Deutschland.

Also wird man sich fragen müssen, woran das liegt. Sind etwa besondere ethnische Gegebenheiten, eine andere „Kriminalitätslage" oder ein unterschiedlicher Ansatz im Pädagogischen dafür verantwortlich ?

Besondere ethnische Gegebenheiten könnten darin liegen, daß in den *Glen Mills Schools* im wesentlichen eine dunkelhäutige Klientel anzutreffen ist, also Angehörige der unterprivilegierten Schicht der amerikanischen Bevölkerung. Vergleicht man jedoch die soziale und bildungsmäßige Stellung dieser *students* mit den für *Glen Mills* in Betracht kommenden Jugendlichen aus Deutschland, so ergeben sich kaum Unterschiede. Diejenigen, die *German Mills* bisher in die USA vermittelt hat, waren zum großen Teil Delinquenten ausländischer [also nichtdeutscher] Herkunft bzw. solche, die mangels abgeschlossener Schul- bzw. Ausbildung, mangels funktionierender familiärer oder sonstiger tragfähiger Bindungen ebenfalls als Angehörige einer – in der Regel auch finanziell unterprivilegierten und damit sozial ausgegrenzten – Schicht in Deutschland anzusehen sind. Dieser Einwand ist daher nicht stichhaltig.

Liegt möglicherweise eine unterschiedliche „Kriminalitätslage" vor ? Auch dies muß verneint werden. Alle amerikanischen *students* sind im wesentlichen gewaltaffin[24]. Es gelten für die aus Deutschland ausgewählten Delinquenten die gleichen Aufnahmevoraussetzungen wie für die amerikanischen. Sicherlich gibt es gewisse unterschiedliche Zugangskriterien, die in der Verschiedenheit des deutschen und amerikanischen Jugendstrafrechts begründet sind. Diese aber wirken sich ausschließlich zuungunsten der amerikanischen *students* aus.

Es bleibt also lediglich der sozialpädagogische Ansatz als Grundlage für die unterschiedliche „Erfolgsbilanz". Und das ist dann auch das „Augenfällige" für einen Besucher der *Glen Mills Schools*. Man nimmt zunächst eine weitgehende Abstinenz der *social worker,* der Sozialpädagogen wahr. Man ist erstaunt über die exklusive Ausstattung der Schul- und Ausbildungsstätten, der Sport- und Freizeitaktivitäten, man wundert sich über die anzutreffende Disziplin und Ordnung, über die freundliche und offene Atmosphäre, vor allem aber darüber, daß jeder der *students* dies zu seiner Aufgabe macht[25]. Man kann es wie folgt zusammenfassen: Man begegnet in *Glen Mills* der **„Allgegenwart des Positiven"**. Und dabei befindet man sich ja doch schließlich inmitten der Ansammlung „jugendlicher Krimineller" in nicht gerade geringem Ausmaß. Ist das der Grund für die Erfolgsbilanz und wie wird sie erreicht ? Sind die Methoden, die hier angewandt werden nach unseren Vorstellungen moralisch einwandfrei und legitim ? Die letze Frage ist vorrangig

– da inhaltsbezogen – aus der Sicht der Sozialpädagogen zu beantworten. Hier zunächst zum **„Positiven"**. Wie ist es möglich, daß sich ca. 1.000 jugendliche Intensivstraftäter untereinander und gegenüber den Erwachsenen (Mitarbeitern und Besuchern) zuvorkommend, höflich, offen und freundlich verhalten ?

> *„The students are not bad boys, they may have done*
> *bad things but are not instrinsically bad"*
> (Glen Mills Director Ferrainola)

Ist es diese Grundüberzeugung, nach der hier gehandelt wird, daß jeder jugendliche Straftäter zwar schlimme Dinge getan hat, deshalb aber nicht per se ein „schlechter Mensch" ist, die dazu führt, daß diese Delinquenten in einem prosozialen Umfeld ihre – tatsächlich vorhandenen – positiven Fähigkeiten entfalten können ? Man wird das nicht bestreiten können.

Diese Grundeinstellung zu jugendlichen Delinquenten ist ja auch den in Deutschland vertretenen Auffassungen hinsichtlich Jugenddelinquenz nicht fremd. Erinnert sei an die Diskussion über den Begriff der „schädlichen Neigungen", eine der Voraussetzungen für die Verhängung von Jugendstrafe. Die Befürworter einer Eliminierung dieses Begriffs verweisen seit Jahren darauf, daß durch diese Begrifflichkeit unzulässigerweise suggeriert werde, nicht die Tat sondern der Täter sei „schlecht"[26].

Auch in Deutschland wird die Abwesenheit einer positiven Grundstruktur hinsichtlich emotional und sozial benachteiligter junger Menschen als Ursache von Kriminalität ausgemacht. Stellvertretend sei hier die Vorsitzende des Landespräventionsrates Niedersachsen zitiert:

„Es gehört nicht viel Lebenserfahrung und auch nicht viel Phantasie dazu, sich bewußt zu machen und wahrzunehmen, daß es immer mehr Menschen und insbesondere immer mehr Kinder und Jugendliche gibt, die auf das Gefühl, angenommen zu sein, wertgeschätzt zu werden und einen Platz zu haben, verzichten müssen. Arbeitslosigkeit und damit fehlende Perspektiven und Chancen, Konsumorientierung und damit Materialisierung der Beziehungen sowie die Unfähigkeit zu lieben, d.h. den anderen mit seinen Eigenheiten in den Blick zu nehmen und zu achten, sind drei – schlagwortartige und keineswegs vollständige – Begründungen dafür.

Die Auffälligkeiten von Kindern und Jugendlichen, die Schwierigkeiten, die sie haben und die sie uns machen sowie die Entwicklung der Kriminalität bei Kindern und Jugendlichen sind Ausdruck dieser Entwicklung."[27]

Wie verhält sich die exklusive Ausstattung der *Glen Mills Schools* in diesem Kontext ? Jede Menge PC`s, ausgestattet mit der neuesten Software, Sportstätten auf dem neuesten technischen Know-how, Maschinen und Werkzeuge in den Ausbildungsstätten vom Feinsten ? Traum vom *„american way of live"* oder notwendiger Baustein im Konzept des „Positiven" ? Die Antwort von *Glen Mills* ist eindeutig:

„Wir haben es mit jungen Menschen zu tun, die gegenüber ihren - nicht-delinquenten - Altersgenossen unterprivilegiert sind, die normalerweise nicht in die Gesellschaft integriert werden können. Wenn wir ihnen also eine Chance geben wollen, dieses an sich normalerweise nicht zu erreichende Ziel doch zu erreichen - und damit durch künftige Straflosig-keit auch zum Nutzen der Gesellschaft beitragen wollen - müssen wir größere Anstrengungen als gemeinhin unternehmen. Die Jungen kommen von „weit unten", also haben sie einen weiten Weg in die „Normalität" zurückzulegen. Dann aber benötigen sie auch eines weit qualifizierteren Einsatzes von Personal und Ausstattung."[28]

Diese Logik ist faszinierend einfach, die Umsetzung dieser Idee aber - auch in den USA - keineswegs unproblematisch. Die Gesellschaft - hier wie dort - grenzt unliebsame Störer - und das sind Straftäter nun einmal - schonungslos aus. Die Durchführung dieser Ausgrenzung wird den Strafgesetzen (Abschrek-kung) und vor allem der Justiz (Sicherstellung der Ruhe und Ordnung durch Freiheitsentziehung) übertragen. Selten ist die Gesellschaft bereit, selbst die Verantwortung für eine Wiedereingliederung abtrünnig gewordener Mitglie-der zu sorgen. Und wenn dann jemand daher kommt und dies durch hohen, auch kostenintensiven Einsatz zu versuchen, wird er sehr schnell mit den Attributen wie „Belohnung für Straftaten" oder ähnlichem konfrontiert.

Ich selbst bin einmal in diesem Zusammenhang von einem Oberstaatsanwalt gefragt worden:

„Was muß mein Sohn denn ausfressen, um auch an den Wohltaten von *Glen Mills* teilhaben zu können." Meine Antwort, „seien Sie froh, daß ihr Sohn den Aufenthalt in *Glen Mills* noch nicht benötigt", ist wahrscheinlich in ihrer ganzen Dimension nicht verstanden worden.

Glen Mills ist keine „Belohnung", es ist vielmehr der Versuch, mit erheblichen finanziellen Mitteln die Gesellschaft nicht nur zeitlich begrenzt (durch Frei-heitsentzug) sondern dauerhaft vor Straftaten von Ausgegrenzten zu bewah-ren. Angesichts der dortigen Erfolgsrate gegenüber Freiheitsentzug ist auch jedweder Vergleich mit den Kosten eines - hinsichtlich künftiger Legalbewäh-rung zu mehr als 80 % erfolglosen - Haftplatzes deplaziert. Und dennoch: Die Kosten für den einzelnen Jugendlichen in *Glen Mills* liegen **unter** denen eines Haftplatzes in den USA !

Nehmen wir also die Kultur des Positiven, des „Angenommen–Seins", der Vermittlung von Wertschätzung und der damit verbundenen angenehmen Ausstattung des Umfeldes als eine der Grundlagen, die dazu beitragen können, gewalttätiges Verhalten Jugendlicher abzubauen, so bleibt natürlich die Frage: Warum kann das von der Jugendhilfe in Deutschland (und natürlich auch anderswo) nicht geleistet werden – oder vielleicht zunächst einmal naheliegender, warum wird das offenbar nicht in ausreichendem Maße geleistet? Die Verantwortlichen in *Glen Mills* haben dafür eine Antwort parat, der wir uns nun zuwenden wollen. *Glen Mills* – so sagen sie – vertritt das sog. soziologische Modell, während anderswo vielfach ein sog. „beaufsichtigendes klinisches Modell" vertreten werde[29]. Sam Ferrainola, der langjährige Leiter der *Glen Mills Schools* benennt diese *„dramatischen"* Unterschiede beider Modelle als Ursache der unterschiedlichen Erfolgsquoten in *Glen Mills* im Gegensatz zu herkömmlichen Jugendhilfeeinrichtungen. Er charakterisiert beide Modelle anhand von jeweils zwölf Punkten[30], die nicht alle einer kritischen Überprüfung standhalten, jedenfalls bezogen auf deutsche Verhältnisse.

Schon die beiden ersten Kontrastbeschreibungen:

■ klinisches Modell	■ soziologisches Modell
1. Jugenddelinquenz ist *kein* normales Verhalten	2. Jugenddelinquenz ist normales Verhalten
2. Reagiert auf Delinquenz als psychiatrisches Syndrom	2. Reagiert auf Delinquenz als soziale Erscheinung

sind in dieser Pauschalierung nicht (zumindest schon seit längerem nicht mehr) zutreffend. Auch die Jugendhilfe in Deutschland geht seit geraumer Zeit von der Ubiquität und Episodenhaftigkeit jugendlicher Delinquenz aus, jedenfalls bei bagatellhafter bis mittelschwerer Kriminalität. Ein Abschieben in die Psychiatrie ist zwar hierzulande bei angeblich „hoffnungslosen Fällen" auch heute noch hin und wieder zu beobachten. *Glen Mills* seinerseits klammert psychiatrische Fälle ohnehin von vornherein aus seiner potentiellen Klientel aus.

Ähnliche Kritikpunkte ließen sich zu einer Reihe anderer Kontrastbeschreibungspaare anführen. Wirklich überzeugend sind die Unterscheidungsmerkmale beider Modelle immer dort, wo es um die *Gruppe,* das *Gruppenverhalten* und die *Gruppenstruktur* geht.

Hier scheint mir auch das wesentlich „Neue" der Handlungsweise von *Glen Mills* zu liegen. Darauf wird später noch ausführlicher einzugehen sein.

Im übrigen scheint die immer wieder besonders hervorgehobene Abgrenzung des *klinisch-beaufsichtigen Modells* vom *soziologischen Modell* eher in der amerikanischen Historie, was den Umgang mit delinquenten Jugendlichen betrifft, zu liegen[31].

b. Die Zielgruppe der Jugendlichen für Glen Mills

Wer *Glen Mills* mit seinen Erfolgsquoten und seines für deutsche Verhältnisse innovativen Ansatzes unseren Jugendhilfemaßnahmen gegenüberstellt und daraus in „*Spiegel*-Manier" auf eine verfehlte Jugendhilfestrategie in Deutschland schließt, der muß sich natürlich zunächst einmal entgegenhalten lassen, daß er die ins Blickfeld zu nehmende Klientel außer Acht läßt. *Glen Mills* einerseits und deutsche Jugendhilfe andererseits sind keine vergleichbaren Bereiche. Die Klientel der *Glen Mills Schools* sind jugendliche Gewalttäter mit gruppenbezogenem Strafverhalten. Ausgeschlossen sind Drogenabhängige und Jugendliche mit auffälligem psychiatrischen Verhalten, ferner solche, die Straftaten als Einzeltäter begehen und natürlich diejenigen, bei denen Straffälligkeit als ubiquitäres, episodenhaftes Verhalten diagnostiziert werden muß.

Glen Mills ist also ein Angebot für einen *beschränkten*, gleichwohl vermehrt in Erscheinung tretenden Täterkreis. Jeglicher peer-group-Ansatz muß versagen, wenn es sich um einen psychisch gestörten Einzelgänger oder einen suchtabhängigen Täter handelt. Folglich können derartige Personen nicht potentielle *students* von *Glen Mills* sein. Folglich kann man den pädagogischen Ansatz von *Glen Mills* nicht mit **der** deutschen Jugendhilfe vergleichen. Ein möglicher Vergleich beschränkt sich daher auf die gemeinsame Klientel.

Nur bei diesen gewaltaffinen, gruppenorientierten jugendlichen Gewalttätern ist ein Vergleich zulässig und die Feststellung vertretbar, daß offenbar der in *Glen Mills* praktizierte Ansatz erfolgversprechender ist als das „klinische Modell" der deutschen Jugendhilfe.

Glen Mills gegen **die** deutsche Jugendhilfe auszuspielen, wie es in vermeintlichem Glauben an die Öffentlichkeitswirksamkeit vom *Spiegel* praktiziert wurde, ist daher unseriös, da falsche Annahmen zur Grundlage einer Beurteilung herangezogen werden – die man übrigens bei einer sorgfältigen Recherche hätte vermeiden können.

c. Zur Durchführung des »Student Exchange Program«

Die Partizipation aus Deutschland nach *Glen Mills* vermittelter Jugendlicher ist trotz allem ein schwieriges Unterfangen. Das betrifft weniger die kompetente Auswahl geeigneter Jugendlicher noch deren durch die deutsche Programmleitung stattfindende regelmäßige Betreuung während der im allgemeinen 12monatigen Maßnahme, die heimatliche Kontakte nicht abbrechen läßt und auch sicherstellt, daß die Voraussetzungen für eine positive Wiedereingliederung in das hiesige Umfeld geschaffen werden.

Der eigentliche Problembereich bleibt trotzdem die Wiedereingliederung in die deutschen Verhältnisse. Obwohl die Rückfallquoten bei diesen Jugendlichen bisher keineswegs hinter denen der amerikanischen Jugendlichen zurückzustehen scheinen, sind doch einige Fragen zu stellen, deren Beantwortung auch Rückschlüsse auf eine mögliche Adaption des Systems auf deutsche Verhältnisse indizieren.

German Mills hat die Erfahrung gemacht, daß einige aus *Glen Mills* zurückgekehrte Jugendliche nach einiger Zeit Probleme haben, die positiven Erfahrungen ihres Aufenthaltes an den *Glen Mills Schools* in Deutschland umzusetzen. Andere wiederum schaffen es. Zu fragen ist: Handelt es sich bei denjenigen, die es nicht schaffen, um Angehörige des Prozentsatzes, die auch in Amerika „durchfallen" oder ist die Situation in Deutschland, die Art und Weise der „Nachbetreuung" hierfür verantwortlich.

Die Antwort ist nicht ganz einfach. Sicherlich ist zu beklagen, daß viele Jugendämter in Deutschland die „Philosophie" von *Glen Mills* und die damit einhergehende Wesensveränderung des Jugendlichen nach einem dortigen Aufenthalt noch nicht verinnerlicht haben und daher die Nachbetreuung nicht optimal ist, d.h. keine speziellen Konzepte entwickelt werden, welche die Erfahrungen und Weiterentwicklungen der Jugendlichen in den USA optimal umsetzen. Der Verein *German Mills* kann angesichts seiner Recourcen hier nur beratend bzw. unterweisend eingreifen.

Andererseits könnte es sein, daß die in *Glen Mills* gemachten Erfahrungen in Deutschland aufgrund der hier anzutreffenden Gegebenheiten nicht die Verhaltensweisen implizieren, die notwendig sind, um eine Abkehr von der früheren Lebensweise zu gewährleisten. Eine empirisch gesicherte Antwort auf diese Frage ist angesichts der bisher nur in unzureichendem Maße vorliegenden Befunde nicht zu geben.

Nach vorsichtiger – aber möglicherweise durchaus fehlerhafter Einschätzung – scheint es so zu sein, daß die „Durchfallquote" der deutschen Klientel bei intensiverer, die Eigenarten von *Glen Mills* stärker berücksichtigender Nachbetreuung noch weiter gesenkt werden könnte. Bei einer Adaption des *Glen Mills* - Systems nach Deutschland sollte jedenfalls ein wesentliches Augenmerk auf die Nachbetreuung gelegt werden. Dafür spricht, daß in *Glen Mills* ein streßfreies Umfeld geschaffen wird, daß sich nicht nur abhebt von den „normalen" amerikanischen Verhältnissen sondern gleichermaßen von den deutschen. Auch *Glen Mills* hat vor einiger Zeit diesen Umstand erkannt und seine „Nachbetreuung" intensiviert. Insoweit decken sich daher die Befunde.

Im folgenden Abschnitt soll zunächst einmal das Augenmerk darauf gelenkt werden, unter welchen *rechtlichen* Voraussetzungen eine im Ausland gelegene Maßnahme – wie der Aufenthalt aus Deutschland stammender Jugendlicher in *Glen Mills* – in das bestehende deutsche Rechtssystem zu integrieren ist.

III. Die Einsatzmöglichkeiten konfrontativer Pädagogik im deutschen Jugenddelinquenzrecht

1. Die »Verbindlichkeit des Unverbindlichen«

Die Überschrift dieses Kapitels könnte suggerieren, wir beträten völliges Neuland, es gäbe also bisher überhaupt keine „konfrontative Pädagogik" im deutschen Jugenddelinquenzrecht.

Dieser Eindruck indessen wäre falsch. Soziale Arbeit auf konfrontativer Basis findet sich – im justiziablem Umfeld – bereits im sog. Täter–Opfer–Ausgleich (TOA). Hier werden Jugendliche – und inzwischen auch Erwachsene – in einem oftmals schmerzlichen Prozeß mit ihrem strafrechtlichen Tun, mit ihrem Opfer konfrontiert.

Aber auch Geld- und Arbeitsauflagen zugunsten gemeinnütziger Einrichtungen, die durch Urteil angeordnet dem staatlichen Zwang in Form von Beugearrest unterliegen, sollen den Jugendlichen noch einmal symbolisch mit dem Unrechtsgehalt seines Tuns konfrontieren, bei Wiedergutmachungsleistungen sogar noch in einem direkten Tatbezug.

Anders liegt der Fall schon wenn eine dieser Maßnahmen im Rahmen von Diversion – also als *freiwilliges Angebot* eingesetzt wird. Hier haftet der Maßnahme aber schon wieder die Unverbindlichkeit eines Jugendhilfeangebots nach dem KJHG an.

Worum es beim Einsatz konfrontativer Pädagogik eigentlich geht, ist die „*Verbindlichkeit des Unverbindlichen"*. Das bedarf näherer Erklärung. Die Frage lautet: Kann ich ein an sich unverbindliches Angebot sozialer Arbeit ohne direkten staatlichen, also gerichtlichen Zwang mit einer Verbindlichkeit ausstatten, welche die Jugendhilfe nach dem KJHG nicht „verordnen" kann ? Wer also soll die Verbindlichkeit herstellen ? Der Staat nicht, die Jugendhilfe nicht, die Gesellschaft mit ihren verbindlichen Normen hat ja in diesem Stadium bereits – aus welchen Gründen auch immer – „versagt". Wo also soll die Verbindlichkeit herkommen, wer kann sie durchsetzen und in welcher Form kann sie umgesetzt werden ?

Hier nun greift die geniale Idee der *Glen Mills Schools:* Es geht nur aus dem Delinquenten selbst heraus, nicht aus ihm allein, aber aus der Gruppe der Gleichgesinnten, der Gleichaltrigen, der gleichermaßen Abgedrifteten. Auch diese haben schon eine verfestigte Idee, nämlich das *„Unverbindliche des Verbindlichen".* Sie akzeptieren zwar häufig zunächst durchaus willig die Angebote der Jugendhilfe, betrachten sie aber vielfach als das, was sie ja auch sein sollen, nämlich als nicht bindend.

Sie waren und sind nicht bereit bzw. in der Lage, die Normen der Gesellschaft als verbindlich zu respektieren, sie haben sich in Ermangelung eines Besseren ihrer eigenen looser–Kultur mit den daraus resultierenden Strategien verschrieben.

Dieses Regelwerk des Negativen aufzubrechen, ist die Gesellschaft, sind ihre Mechanismen offenbar nicht mehr imstande. Nur aus den Jugendlichen selbst heraus kann es gehen. Soziale Arbeit muß auch hier stattfinden, aber nicht als aufoktroyierte Hilfe sondern unter Zur–Verfügung–Stellen eines Systems, das die Jugendlichen im Prinzip beherrschen, das nur behutsam mit neuen positiven Inhalten gefüllt werden muß. Mit diesem für die Jugendlichen Neuen, dem Positiven müssen sie konfrontiert werden in ihrem ganzen Handeln – aber nicht von „oben", nicht von den inzwischen verhaßten Sozialpädagogen und Erziehern, also denen, die das schon immer gepredigt haben, die sie „vollgelabert" haben, ohne daß es im Ergebnis nutzbringend gewesen wäre – so jedenfalls ihr Eindruck. Aus der peer-group selbst muß dieser „Druck", diese Beeinflussung in sie eindringen, damit sie selbst aus sich heraus sich zum Positiven entscheiden können.

Soziale Arbeit und Pädagogik also im Verborgenen, vorhanden, aber nicht als solche wahrgenommen, umgesetzt durch die Adressaten selbst, jederzeit konfrontiert mit den noch bestehenden Unzulänglichkeiten, konfrontiert durch ihresgleichen, nicht durch die verhaßte Obrigkeit. „Status erlangen" durch die Betonung ihrer – wenn auch häufig – begrenzten Fähigkeiten, das macht Mut zu positivem Verhalten, lehrt, noch so geringe Ressourcen zu nutzen.

Das und nichts anderes ist die Idee von Glen Mills.

Die sog. *„seven-level-confrontations"* [32] sind also weder Denunziation, noch „Drill einer Kadettenanstalt" sondern Hilfestellung, Verbindliches zu akzeptieren. Sie werden unter den *students* auch ausnahmslos so aufgefaßt. Selbst die deutschen Jugendlichen in *Glen Mills* reagieren auf in dieser Hinsicht suggestive Fragen verständnislos mit dem Hinweis: „Die Konfrontation durch die anderen soll mir doch helfen!"

Es bleibt also zunächst einmal festzuhalten: Der Weg, den *Glen Mills* wählt, um Werte und positive Normen zu vermitteln, ist ein anderer. Das bedeutet aber nun nicht, daß die weitgehende Abwesenheit der *social worker* in *Glen Mills,* also genau genommen die Negierung der Sozialpädagogik für sich gesehen etwa das Erfolgsrezept der Schule wäre, wie das *Sam Ferrainola* gerne immer wieder behauptet. Vielmehr wird mit einem – im Ergebnis erfolgreichen – Trick gearbeitet. Zunächst einmal wurden fünf Grundregeln (vgl. Colla in diesem Band) als Basisnormen aufgestellt Daraus folgen dann eine Fülle von Einzelnormen, deren Einhaltung und Befolgung sichergestellt wird durch die vorgegebene *corporate identity,* der alle in *Glen Mills* verpflichtet sind, vom Leiter bis zur Küchenhilfe, also die *students* ebenso wie die *Mitarbeiter.* Sie alle zusammen „spielen" den Part der Sozialpädagogen – und keiner merkt es!

Wenn von den Einsatzmöglichkeiten konfrontativer Pädagogik im deutschen Jugenddelinquenzrecht die Rede ist, so soll im folgenden zunächst beleuchtet werden, in welcher Form das gegenwärtige „Student Exchange Program" , also der Transfer von Jugendlichen aus Deutschland an die *Glen Mills Schools* praktiziert werden kann.

Die weitergehende Frage, ob und wenn ja, welche Ideen von *Glen Mills* für deutsche Verhältnisse, d. h. für eine in Deutschland zu schaffende Einrichtung nutzbar gemacht und in welchem rechtlichen Konstrukt das erfolgen kann, wird im Anschluß daran zu beantworten versucht werden.

2. Zur rechtstechnischen Einordnung des „Student Exchange Program"

a) Das „*Student Exchange Program*" des Vereins *German Mills* ist eine **Jugendhilfeeinrichtung**. Der Verein besitzt eine Pflegeerlaubnis gem. § 44 KJHG. Die Jugendämter haben daher die Möglichkeit, einen Jugendlichen aufgrund eines gemäß § 36 KJHG aufgestellten Hilfeplanes in die Betreuung des „Student Exchange Program" zu geben. Die Jugendämter übernehmen damit die Zahlungsverpflichtung und delegieren die inhaltliche Verantwortung für die Maßnahme an den Verein *German Mills.* Das ist wichtig zu wissen. Weder das zuständige Jugendamt noch die *Glen Mills Schools,* sondern der in Lüneburg beheimatete Verein *German Mills* ist somit der für den Inhalt und die Durchführung der Maßnahme des „Student Exchange Program" gegenüber den deutschen Entsende-Institutionen verantwortlich. Der Abstimmungsprozeß, ob ein Jugendlicher am Programm teilnehmen kann, verläuft zunächst in der üblichen Weise wie bei jeder Jugendhilfemaßnahme: Zustimmung des Jugendlichen, seiner Erziehungsberechtigten und die Entscheidung der Hilfekonferenz im Jugendamt müssen vorliegen. Hinzu kommt dann natürlich das Aufnahmetestverfahren durch den admissions evordinator der *Glen Mills Schools*. Die – unterhalb der allgemeinen, bereits dargestellten Ausschlußkriterien – maßgebenden Aufnahmevoraussetzungen sind in den vergangenen Jahren immer ein wenig „Geheimnis" der *Glen Mills Schools* geblieben. *Glen Mills* entscheidet hier aus der – angesichts der hohen Erfolgsquote ja nicht schlechten – Erfahrung der vergangenen Jahrzehnte, ohne daß es hier offengelegte und nachvollziehbare Aufnahmekriterien gäbe. *Glen Mills* arbeitet hier praxis– nicht theoriebezogen[33]. Das hat häufiger dazu geführt, daß *German Mills* zu den testings regelmäßig eine weitaus größere Anzahl von Kandidaten vorauswählt, als dann letztendlich genommen werden. Die Gründe dieses Mißverhältnisses können leider mangels nachvollziehbarer Auswahlkriterien nicht ausgemacht werden. Das ist in der Tat ein Schwachpunkt in der Kooperation zwischen *German Mills* und *Glen Mills,* von dem die dann tatsächlich ins Programm aufgenommenen Jugendlichen allerdings nicht betroffen werden.

Insoweit also ist die rechtliche Einordnung des „Student Exchange Program" in das deutsche Jugendhilfesystem völlig unproblematisch.

b) Auch die **Justiz**, d.h. die Jugendgerichte können sich der Maßnahme bedienen, allerdings nicht durch eine Anordnung in einem Urteil, etwa als Betreuungsweisung nach § 10 JGG oder unter Anwendung des § 12 JGG (Hilfe zur Erziehung)..

Wie bei der Betrachtung des *Erziehungsgedankens im Jugenddelinquenzrecht* deutlich geworden ist, gibt es Überschneidungsbereiche zwischen Justiz und Jugendhilfe im Bereich des JGG. Ein Beispiel dafür sind die „vorläufigen erzieherischen Maßnahmen" der §§ 71, 72 IV JGG. Hier kann der Jugendrichter – im Zusammenwirken mit der Jugendhilfe – erzieherisch intervenieren. Das geschieht im Rahmen des § 72 IV JGG – konkret – zur Vermeidung sonst zu *vollstreckender* Untersuchungshaft. Aber auch im Bereich des § 71 JGG kann das „Student Exchange Program" zur Vermeidung sonst *drohender* Untersuchungshaft eingesetzt werden.

Auch indirekt kann die Justiz sich dieser Maßnahme bedienen indem sie nämlich die Teilnahme eines Jugendlichen an der von der Jugendhilfe bereitgestellten Maßnahme zur Grundlage einer **Bewährungsentscheidung** macht. Alle diese Erscheinungsformen sind in den letzten Jahren vorgekommen. Gemeinsam ist allen diesen Möglichkeiten, daß sie eine *Haftalternative* darstellen, sei es zur Untersuchungshaft oder zur Strafhaft.

Allerdings schien zwischenzeitlich die Frage problematisiert zu werden, ob die *Glen Mills Schools* als Einrichtung *„ohne Schloß und Riegel"* [34] als „geeignetes Heim der Jugendhilfe" angesehen werden kann. Wegen der Nähe zur U-Haft ist lange Zeit – wie ursprünglich auch vom Gesetzgeber vorgesehen – mit dem „Heim" der Jugendhilfe eine *„geschlossene fluchtsichere Unterbringung"* verbunden worden. Diese seit längerem überwunden geglaubte Auffassung wurde unlängst durch einen Beschluß des *Oberlandesgerichts Hamm* wieder aufgegriffen[35]. Der Senat lehnte die Teilnahme eines Jugendlichen am „Student Exchange Program" als U-Haft-Vermeidungsmaßnahme unter anderem wegen der nicht vorhandenen fluchtsicheren Unterbringung ab. Es handele sich bei den *Glen Mills Schools* nicht um ein *„mit einer Freiheitsentziehung vergleichbares Heim der Jugendhilfe".*[36]

Diese Entscheidung eines mit Jugendsachen naturgemäß wenig befaßten Oberlandesgerichts ist von *Eickelkamp*[37] in zutreffender Weise ablehnend besprochen worden. Voll zuzustimmen ist dem Resümee *Eickelkamps:*

„Im Ergebnis ist die harsche Ablehnung einer einstweiligen Unterbringung eines Jugendlichen in Glen Mills zur Vermeidung von Untersuchungshaft durch das OLG Hamm nicht überzeugend begründet. Dies liegt nicht zuletzt daran, daß der Beschluß auf eine eingehende Auseinandersetzung mit der Konzeption von Glen Mills verzichtet und sich auf eine schlagwortartige Begründung beschränkt. Dabei wäre eine intensivere Auseinandersetzung mit dem Konzept von Glen Mills, vor allem aber auch unter dem das Jugendstrafrecht beherrschenden Erziehungsgedanken, angesichts seiner hohen Erfolgsquote lohnend gewesen." [38]

Ergänzend für die hier interessierenden Fragen ist aber noch auf folgendes hinzuweisen: Das OLG verkennt die Systematik der §§ 71,72 JGG, beruft sich auf Äußerungen des Gesetzgebers zur Anrechnung freiheitsentziehender Maßnahmen auf eine zu verhängende Jugendstrafe (§ 52a JGG) und hat dabei die Entwicklung und Diskussion um U-Haft-Alternativen der letzten Jahre nicht zur Kenntnis genommen. In nahezu allen Bundesländern gibt es seit einiger Zeit Vereinbarungen (Erlasse) zur „Unterbringung" Jugendlicher in geeigneten Einrichtungen der Jugendhilfe[39]. Dabei wird in allen Vereinbarungen unter Hinweis auf § 71 Abs. 2, Satz 3 JGG deutlich gemacht, daß sich die Ausgestaltung der Maßnahme nach den für die Einrichtung der Jugendhilfe geltenden Regelungen richtet und ihr Zweck, nämlich die sinnvolle erzieherische Nutzung der bis zum rechtskräftigen Abschluß des Verfahrens vergehenden Zeit sowie die Sicherung des Strafverfahrens **als Folge intensiver pädagogischer Betreuung zu erreichen** ist. In der 1995 für NRW getroffenen Regelung[40] heißt es dazu – offenbar vom OLG Hamm unbemerkt –: *„Eine fluchtsichere Unterbringung ist nicht Voraussetzung."* Im Runderlaß des Hess. JM v.

13.4.1993 [41] wird ausgeführt: *„Zusätzliche bauliche Sicherungen können von der Einrichtung nicht verlangt werden. Das Entweichen soll im Rahmen des nach der pädagogischen Zielsetzung der Einrichtung Möglichen durch pädagogisch legitimierte Kontrollmaßnahmen verhindert werden."*

Dies alles gilt natürlich nicht nur für Anordnungen im Rahmen des § 71 JGG, sondern ebenso auch für die Ersetzung einer U–Haft gem. § 72 Abs. 4 JGG [42]. Das wiederum folgt aus der vom OLG Hamm nicht ausreichend berücksichtigten Systematik der §§ 71. 72 JGG. Untersuchungshaft gegen Jugendliche bzw. Heranwachsende darf gem. § 72 I JGG *„nur verhängt und vollstreckt werden, wenn ihr Zweck nicht durch eine vorläufige Anordnung über die Erziehung oder durch andere Maßnahmen erreicht werden kann".*

Dieser Gesetzesbefehl ist gleichsam die **oberste Leitlinie** im *Hinblick auf jede Art geschlossene Unterbringung.* Nun wird der § 72 I JGG ergänzt und ausgefüllt durch § 71 JGG, wobei dessen Absatz 2 gemeinhin in diesem Zusammenhang als der maßgebliche angesehen wird. Das folgt aus § 72 IV JGG, wo es heißt:

„Unter denselben Voraussetzungen, unter denen ein Haftbefehl erlassen werden kann, kann auch die einstweilige Unterbringung in einem Heim der Jugendhilfe angeordnet werden."

Nach § 71 II JGG *„kann der Richter die einstweilige Unterbringung in einem* **geeigneten Heim** *der Jugendhilfe anordnen, wenn dies auch im Hinblick auf die zu erwartenden Maßnahmen geboten ist, um den Jugendlichen vor einer weiteren Gefährdung seiner Entwicklung, insbesondere vor der Begehung weiterer Straftaten zu bewahren".*

Mit dem schon vor Jahren auf breiter Ebene begonnenen Wegfall „geschlossener Heime" der Jugendhilfe ist der **Absatz ı des § 71 JGG** *wieder ins Blickfeld gerückt,* wo es heißt:

„Bis zur Rechtskraft des Urteils kann der Richter vorläufige Anordnungen über die Erziehung des Jugendlichen treffen oder die Gewährung von Leistungen nach dem achten Buch Sozialgesetzbuch anregen."

Dies ist der **zu beachtende Obersatz**, hingegen ist der Abs. 2 eine spezielle Form einer „vorläufigen Anordnung über die Erziehung".

Insgesamt kann daher die Auffassung des OLG Hamm, ein Aufenthalt an den *Glen Mills Schools* könne keine U–Haft–Alternative darstellen, nicht überzeugen. Die Tatsache, daß die Jugendgerichte in anderen Bundesländern vor und nach der Entscheidung des OLG Hamm das „Student Exchange Program" als Haftalternative eingesetzt haben, zeigt, daß es sich hier um eine

– zum Glück – nicht weiter beachtete abweichende Auffassung handelt, die, wenn sie Schule gemacht hätte, die ohnehin bereits überwunden geglaubte, in letzter Zeit aber wieder auflebende Diskussion um die geschlossene Unterbringung sicherlich nachteilig beeinflußt hätte – wenn auch, wie dargestellt zu Unrecht.

C. Die Adaption der Glen-Mills-Idee in das deutsche Rechtssystem

Es steht für mich außer Zweifel, daß die Ideen von *Glen Mills* auch für deutsche Verhältnisse nutzbar gemacht werden können und sollten. Das große Problem dabei ist die praktische Umsetzung. Eine Kopie der *Glen Mills Schools* in Deutschland – das wird es nicht sein können. Man wird unseren Verhältnissen angepaßte Formen finden müssen und man wird einen Weg finden müssen, wie man diese Konzeption in das deutsche Rechts- und Jugendhilfesystem übertragen kann; übertragen in ein System, das einerseits geprägt ist von der Unverbindlichkeit jugendhilferechtlicher Angebote, andererseits von juristischem Zwang und einem betonten Sicherheitsbedürfnis einer medial beeinflußten verunsicherten Öffentlichkeit, die zudem noch Chancengewährung an Straftäter als ungerechtfertigte Belohnung brandmarkt, ohne zu berücksichtigen, daß dann, wenn diese ihre Chance wahrnehmen, eben gerade die Gesellschaft den bestmöglichen Nutzen daraus ziehen kann.

Der Verein *German Mills* hat sich zunächst einmal ein sehr begrenztes Ziel gesetzt. Er will jugendlichen Straftätern aus Deutschland die Möglichkeiten einräumen, durch einen einjährigen Aufenthalt in *Glen Mills* an den dort festgestellten Erfolgsquoten, was den Rückfall angeht, zu partizipieren. Der Besuch einer Schule „ohne Schloß und Riegel" als Haftvermeidungsmaßnahme – das ist bei vielen in Deutschland eine Vorstellung „blauäugiger Sozialfanatiker". Es funktioniert nach Ansicht selbst der wohlwollenden Skeptiker wahrscheinlich überwiegend nur deshalb, weil diese Schule weit weg – durch den Ozean getrennt – von Deutschland gelegen ist. Rückkehr in das kriminelle Milieu ist mit den logistischen Möglichkeiten der Jugendlichen nicht möglich. Die *Entfernung* bildet die **Mauer** und das befriedigt das Sicherheitsbedürfnis der Gesellschaft. Läge die Schule in Deutschland, sähe das sicherlich ganz anders aus.

German Mills will aber auch ausloten, ob und wie das Konzept der *Glen Mills Schools* nach Deutschland zu transferieren ist, entweder, wie bisher bereits geschehen, in Teilbereichen oder in seiner Gesamtheit. Für das letztere gilt sicherlich: Wir müssen in der besagten „Überschneidungsebene" zwischen Justiz und Jugendhilfe einen Freiraum, ein Konstrukt, finden, das sich einfügt in die unterschiedlichen Legitimationsbereiche der beiden Institutionen und das der auf Sicherheit fokussierten Öffentlichkeit überzeugend nahegebracht werden kann. Nur dann, wenn erreicht wird, daß die Öffentlichkeit künftige und dauerhafte Straffreiheit der jugendlichen Straftäter in wohlverstandenem Eigeninteresse wichtiger ist als kurzfristige Pseudosicherheit durch zeitlich begrenztes Wegschließen, durch damit verbundenes Ausgrenzen, nur dann werden wir letztendlich zum Wohle der Gesellschaft Erfolg haben können.

I. Zur unterschiedlichen Ausgestaltung des deutschen und amerikanischen Jugenddelinquenzrechts

Jegliche Überlegungen aus justitieller Sicht, die Ideen der *Glen Mills Schools*, einige Ansätze oder sogar das Gesamtkonzept nach Deutschland zu übertragen, verlangen als erstes eine vergleichende Betrachtung des Jugenddelinquenzsystems in Deutschland und den USA.

Das ist leichter gesagt als getan. Während wir in Deutschland ein einheitliches Jugenddelinquenzrecht haben, gibt es in den USA keine Entsprechung. Durch die bundesstaatliche Verfassung sind die Regelungen in den einzelnen Staaten in vielen Bereichen höchst unterschiedlich.

Hinzu tritt die Tatsache, daß es sich bei den USA um ein *Common Law–Land* handelt, was zur Folge hat, daß den geschriebenen gesetzlichen Grundlagen – soweit sie überhaupt vorliegen – weit weniger Bedeutung zukommt als in den kontinentaleuropäischen Rechtsordnungen.[43]

Nun ist hier natürlich auch nicht der Ort, grundlegende rechtsvergleichende Studien anzustellen. Im wesentlichen soll das Augenmerk auf diejenigen Besonderheiten gelenkt werden, die Einfluß auf die potentielle wie praxisrelevante Klientel der *Glen Mills Schools* aufweisen.

Vorweg sei gesagt, daß spezielle Jugendgerichte (juvenile courts) seit etwa 100 Jahren existieren[44]. Sie sind häufig (so auch in Philadelphia) organisatorische Teile der *family courts*.

Allerdings waren diese *juvenile courts* (jedenfalls bis in die jüngste Vergangenheit) nicht mit den in Deutschland bekannten Jugendgerichten vergleichbar. Sie vereinigten nämlich sowohl strafrechtsbezogene Elemente als auch den uns vetrauten vormundschaftsrechtlichen Bereich. Das lag seinerzeit insbesondere an den Auffassungen der sog. „child savers", die angesichts ihres Unbehagens über die Verhältnisse in den zahlreichen Einwandererfamilien die Vorstellung entwickelten, daß die staatliche Autorität anstelle der Eltern für die Wohlfahrt und Erziehung der Kinder zu sorgen hat, wenn jene ausfallen („parens–patriae"-Doktrin)[45]. Die eigentliche strafrechtliche Verantwortlichkeit wurde (in den einzelnen Staaten wiederum differenziert) auf das 16. bis

18. Lebensjahr verlegt. Eine wesentliche Aufgabe der *juvenile courts* war, die sog. *„status offences"* zu >ahnden<, also Handlungen, die nur von Kindern und Jugendlichen begangen werden konnten, wie „Schule–Schwänzen, Weglaufen von zu Hause" usw. Da somit im wesentlichen gebessert und nicht gestraft werden sollte, gab es bei den *juvenile courts* auch kein den rechtlichen Mindestanforderungen entsprechendes Verfahren [46]. Es entstand unter dem sich so verbreitenden Behandlungsgedanken eine Analogie zwischen „Verbrechen und Krankheit". Die einsetzende Kritik an diesem Ansatz in den 50er/60er Jahren wurde begünstigt durch sich häufende Publikationen über die katastrophalen Zustände in amerikanischen Jugendgefängnissen[47]. Höhepunkt dieser Entwicklung, die hier nur kurz angesprochen werden kann, war die 1972 abgeschlossene Schließung sämtlicher Jugendvollzugsanstalten in Massachusetts. Es kam zur Installation von sog. *„community–based programs"*, einer Form von „Entinstitutionalisierung" jugendlicher Straftäter [48].

In diese Zeit (1973) fiel auch die Neuorganisation bzw. die Neuorientierung der *Glen Mills Schools,* des früheren „House of refuges". Das erklärt, wie schon oben [49] angedeutet, die schroffe, wenn nicht – in ihrer Pauschalisierung sogar übertriebene – Ablehnung des beaufsichtigen klinischen Modells durch *Glen Mills.*

Doch zurück zu den *juvenile courts!* Sie erfuhren durch die Grundsatzentscheidung des US Supreme Court 1967 [50] eine einschneidende Änderung. Erstmals wurden jugendlichen Delinquenten vor den *juvenile courts* strafprozessuale Grundrechte zuerkannt. Infolge dieser Entscheidung kam es auch zu einer Abtrennung der *status offences* in eine Art vormundschaftsgerichtliches Verfahren, in welchem in der Regel keine freiheitsentziehenden Maßnahmen verhängt werden können. Etwa von diesem Zeitpunkt an können die *juvenile courts* als den deutschen Jugendgerichten vergleichbar angesehen werden.

Bezogen auf die Klientel von *Glen Mills* ist noch eine weitere Frage zu beantworten:

Wann ein junger Delinquent sich vor dem *juvenile court* verantworten muß (und damit die Chance erhält, an die *Glen Mills Schools* zu kommen) bzw. vor den allgemeinen Strafgerichten, ist in den USA höchst unterschiedlich und nahezu unüberschaubar geregelt.

In den einzelnen Bundesstaaten bestehen unterschiedliche Strafmündigkeitsgrenzen sowie unterschiedliche Grenzen, ab denen die volle strafrechtliche Verantwortlichkeit angenommen wird. Das sind dann aber auch nur Obergrenzen. In den einzelnen Bundesstaaten bestehen – wiederum differenziert – bestimmte Voraussetzungen (wie etwa bei Tötungsdelikten, mehrfacher strafrechtlicher Auffälligkeit), unter denen die Zuweisung an Erwachsenengerichte obligatorisch ist[51]. So kommt es immer wieder vor, daß Minderjährige im Alter von 7 bis 13 Jahren vor der Erwachsenengerichten landen und in Einzelfällen auch zum Tode verurteilt werden [52]. Die Masse derer, die zur *Glen Mills Schools* kommen, sind daher junge Delinquenten, denen Bandendiebstahl, Raub, schwere Körperverletzungen – mithin im wesentlichen Gewaltkriminalität unterhalb von Tötungsdelikten – vorgeworfen wurden und die nicht von Erwachsenengerichten verurteilt wurden.

Ein letzter, vom deutschen Rechtssystem abweichender Gesichtspunkt ist zu erwähnen, der für die Aufnahme in *Glen Mills* von nicht unerheblicher Bedeutung ist. Wie in mehreren Bundesstaaten ist auch in Pennsylvania eine Zweiteilung des Verfahrens vor den *juvenile courts* installiert [53] Das bedeutet, daß zunächst einmal die Feststellung getroffen wird, daß (bzw. ob) der betreffende Jugendliche die ihm vorgeworfenen Straftaten begangen hat. Es folgt dann der Ausspruch, daß der Jugendliche „delinquent" sei. Erst in einem zweiten Verfahrensabschnitt wird dann entschieden, wie mit dem Jugendlichen verfahren werden soll. Diese Zweiteilung des Verfahrens ist deshalb von nicht zu unterschätzender Bedeutung. In der Zwischenzeit, in der die Jugendlichen häufig in einem *detention–center* (einer Art vorläufigen – dezentralisierten und jugendbezogenen Unterbringung, nur in gewissem Sinne mit der uns bekannten Untersuchungshaft vergleichbar) untergebracht sind, kann mit Hilfe der *probation* (etwa vergleichbar mit unserer Jugendgerichtshilfe) die Frage einer eventuellen Teilnahme an dem Programm der *Glen Mills Schools* geklärt werden. Das hilft, Strafvollzug bis zu einer solchen Entscheidung zu vermeiden.

Bevor damit nun die – nur bezogen auf die hier interessierenden Aspekte und damit auch nur fragmentarische – Betrachtung des amerikanischen Jugenddelinquenzrechts beendet wird, soll noch einmal auf einen Umstand hingewiesen werden, der bereits angeklungen ist. Der auch heute noch vielerorts anzutreffende desolate und mit deutschen Verhältnissen nicht vergleichbare amerikanische Strafvollzug auch bzgl. junger Delinquenten ist – auch nach den Einschätzungen der *Glen-Mills*-Mitarbeiter – ein wesentlicher Grund für die nur ganz selten anzutreffenden „Entweichungen" von *students* aus den *Glen Mills Schools*. Jeder weiß, was ihn alternativ erwartet.

Dieser Gesichtspunkt ist für die Frage der Übertragbarkeit einer *Glen Mills* vergleichbaren Einrichtung nach Deutschland von ganz besonderer Bedeutung, wie noch zu zeigen sein wird.

II. Möglichkeiten der Umsetzung

Fragt man sich nun, welche Umsetzungsmöglichkeiten der Ideen von *Glen Mills* es in Deutschland geben kann, so ist die Antwort auf **zwei Ebenen** zu geben. Anders ausgedrückt: es gibt insoweit zwei Strategien, *Glen Mills* für deutsche Verhältnisse nutzbar zu machen.

Der eine Weg ist der, einzelne innovative Ansätze der *Glen Mills* – „Philosophie" in bestehende deutsche Jugendhilfeeinrichtungen bzw. in den hiesigen Freiheitsentzug zu integrieren.

Demgegenüber steht die – weitergehende – Frage: Ist es sinnvoll und möglich, eine *Glen Mills* –vergleichbare Einrichtung in Deutschland zu installieren ?

1. **Teiladaptionen** sind in Deutschland bereits mehrfach – erfolgreich – umgesetzt worden. Es soll an dieser Stelle stellvertretend auf zwei solcher Projekte hingewiesen werden, nämlich auf das von *Weidner* in der Jugendvollzugsanstalt Hameln ins Leben gerufene „Anti–Aggressivitäts–Training" [54] sowie das „Konfrontative Interventionsprogramm (KIP)" für Schulen [55].

a) Das »Anti–Aggressivitäts–Training (AAT)« oder »Der heiße Stuhl«

Ich habe dieses Beispiel herausgegriffen, weil es der grundlegende – und unstreitig erfolgreiche – Versuch war, die konfrontativen Inhalte der *Glen Mills Schools* in den deutschen Jugendstrafvollzug zu integrieren. Das AAT ist inzwischen mehrfach kopiert und abgewandelt worden. Es wird jetzt auch nicht mehr nur im Vollzug praktiziert sondern in vielfachen Formen ambulanter Jugendhilfeangebote [56].

Kernpunkt des „AAT's" ist der „heiße Stuhl", den es im Gegensatz zu den Annahmen vieler – in *Glen Mills* gar nicht gibt. Der „heiße Stuhl" ist auch keine Erfindung *Weidners,* sondern seit längerem ein feststehender Begriff in der sozialpädagogisch–psychologischen Praxis, zuerst verwendet von dem Gestalttherapeuten *Perls* [57]. Die Veränderung, die er bei *Weidner* gefunden hat beruht darauf, daß anstelle des früheren sachlichen Feedbacks jetzt provozierende und attackierende Elemente eingesetzt werden. Es handelt sich also in diesem Teil des Programms um ein komprimiertes – konfrontatives – Verhaltenstraining. Der auf dem Stuhl sitzende Gewalttäter wird durch Provokationen und – auch leichte körperliche – Berührungen der Umstehenden in die Enge getrieben und gleichzeitig die bekannte und für ihn übliche Gewaltrechtfertigung in Frage gestellt. Er wird quasi in die Opferrolle gedrängt. Ähnlich wie in *Glen Mills* wird hier – allerdings in einer anderen Form – die Einübung sozial verantwortlichen Verhaltens praktiziert.

Der „Vorteil" dieser Teiladaption ist vor allem der, daß dieses Anti-Aggressivitäts-Training in den deutschen Jugendstrafvollzug ebenso „paßt" wie in die Jugendhilfelandschaft. Es ist flexibel und kann in abgewandelter Form in verschiedensten Bereichen eingesetzt werden bis hin zum „sozialen Trainingskurs" i. S. von § 10 JGG. Was diesem Programm naturgemäß fehlen muß, ist die Erfahrung einer in den *Glen Mills Schools* breit angelegten positiven Normenakzeptanz. Das läßt sich im Vollzug sicher nicht und als Jugendhilfemaßnahme allenfalls durch flankierende Maßnahmen fördern. Den unschätzbaren Vorteil einer in sich geschlossenen agressionsfreien positiven Normenkultur wird man nur durch eine - wenn auch sicherlich modifizierte - Adaption der Gesamteinrichtung *Glen Mills* erreichen können.

b) Das »konfrontative Interventionsprogramm« (KIP) für Schulen

Als zweites Beispiel möchte ich das an der Eylardus-Schule in Bad Bentheim von *Terwey/Michaelis* praktizierte konfrontative Interventionsprogramm für Schulen anführen und das vor allem deshalb, weil hier bereits der Bezug zur deutschen Schullandschaft hergestellt wird - ohne selbst eine an *Glen Mills* ausgerichtete Schule zu sein. Ich kann an dieser Stelle auch nicht das ganze Programm darstellen und will mich nur auf einige, mir wichtig erscheinende Gesichtspunkte beschränken[58].

Vorauszuschicken ist, daß die Eylardus-Schule im Rahmen des Eylarduswerkes im Verbund mit therapeutischen Maßnahmen mit Kindern arbeitet, bei denen Entwicklungsstörungen, Verhaltensprobleme und Schulschwierigkeiten aufgetreten sind.

Im Rahmen von „Keep-cool"-Gruppen wird versucht, mittels eines Gruppensettings gewalttätiges Verhalten der Schüler abzubauen bzw. zu minimieren. Das Programm ist ausgerichtet an dem konfrontativen Ansatz *Weidners,* dem systemischen Therapie-Ansatz und wird ergänzt durch psychodramatische Methoden.

Dabei sind die „Keep-cool"-Gruppen, die sich auch des „heißen Stuhls" bedienen, nur ein Teil eines Gesamtkonzepts, das daneben beinhaltet eine „soziale Gruppenstunde" (SGS) und die „soziale Einzelstunde (SES). Es wird ergänzt durch weitere Intensivmaßnahmen gegen Gewalt wie eine sog. „Lernwerkstation", eine „strukturierte Pausengestaltung". Auch eine gewisse Vernetzung mit Jugendhilfe und Justiz ist bei Bedarf vorgesehen. Ohne daß an dieser Stelle auf nähere Einzelheiten eingegangen werden kann wird schon durch diese Beschreibung deutlich, daß hier in gewissem Umfang ein *schulisches Gesamtkonzept* verfolgt wird, in welchem sich dann auch schon deutlich mehr derjenigen Elemente finden, die uns in *Glen Mills* begegnen. Darüberhinaus wird das Interventionsprogramm durch Supervision, schulinterne Lehrerfortbildung und regelmäßig stattfindende Teamsitzungen begleitet. Das sind erste Ansätze zu der in den *Glen Mills Schools* propagierten und praktizierten *corporate identity*.

Insbesondere der Kontext, in dem die soziale Gruppenstunde (innerhalb des normalen Schulbetriebs) und die soziale Einzelstunde, die ganz auf die besonderen Bedürfnisse des jeweiligen Schülers zugeschnitten sind, macht in Verbindung mit der – freiwilligen – „Keep-cool"-Gruppe deutlich, daß die pauschale Gegenüberstellung des klinischen und des soziologischen Modells seitens der Amerikaner möglicherweise doch etwas gekünstelt ist.

In Deutschland, so scheint es, dürfte eine – wohl dosierte – Kombination beider Elemente machbar, wenn nicht gar erfolgversprechender sein.

Zusammenfassend ist festzuhalten, daß das „konfrontative Interventionsprogramm" für Schulen eine offenbar gelungene Teiladaption der *Glen Mills* – Ideen ist, darüberhinaus aber auch Ansätze liefern kann für die Umsetzung eines schulischen Gesamtkonzeptes. Dazu bedarf es natürlich noch einer genaueren Beschäftigung mit den einzelnen Teilen dieses Programms und den damit bisher gemachten Erfahrungen.

2. Eine deutsche Einrichtung nach dem Konzept der Glen Mills Schools

Will man also in Deutschland das **Gesamtkonzept** der *Glen Mills Schools* adaptieren – assimiliert an deutsche Gegebenheiten – , so bedarf es sicherlich eines innovativen und – für hiesige Verhältnisse – unkonventionellen Konzeptes.

Am Anfang muß natürlich die Frage stehen: Benötigen wir eigentlich eine solche Einrichtung? Stellt man diese Frage aus dem Blickwinkel der Justiz, so scheint die – positive – Antwort auf der Hand zu liegen: Wenn dadurch erreicht würde, daß die Rückfallquote gewaltaffiner jugendlicher Straftäter zurückgeht, selbstverständlich und zwar sofort. Aber so einfach ist es natürlich nicht.

a) Wir haben bereits festgestellt, daß sich die potentielle Klientel auch einer deutschen Einrichtung aus gewaltorientierten Gruppenstraftätern rekrutieren muß.

Noch 1987 hatte *Weidner* unter Bezugnahme auf entsprechende Untersuchungen darauf hingewiesen, daß „das Problem subkulturell orientierter, gewalttätiger Jugendgruppen in Deutschland weit weniger relevant zu sein scheint als in den USA und daher auch unter dem Aspekt, daß es auch qualitative

Unterschiede bezüglich der Gruppenstruktur und der Deliktsschwere gebe, eine Übertragbarkeit für wenig erfolgversprechend angesehen." [59]

Inzwischen hat sich die „Kriminalitätslandschaft" hierzulande jedoch erheblich geändert. Insbesondere hat die Gewaltkriminalität unter jungen Delinquenten seitdem zugenommen. Nach den vorliegenden Statistiken sind hieran in großem Umfang Gruppentäter beteiligt. Nach vorsichtiger Einschätzung bestehen lediglich die angesprochenen qualitativen Unterschiede in der Gruppenstruktur im Vergleich zu den USA weiterhin. Von diesem Aspekt her dürfte also der damalige Einwand *Weidners* durch die Entwicklung als überholt anzusehen sein.

Gleichwohl wurde bei einem vom Landesjugendamt Thüringen im Dezember 1999 veranstalteten Expertengespräch erneut die Frage aufgeworfen, ob wir denn in Deutschland überhaupt eine ausreichende Anzahl besonders schwieriger Jugendlicher haben, die mit dem Instrumentarium der hiesigen Jugendhilfe nicht erreichbar sind und die deshalb eine potentielle Klientel für eine deutsche Einrichtung nach dem Muster von *Glen Mills* wäre[60] . Ausgangspunkt dieser Frage war allerdings die Vorstellung einer sog. Initiativgruppe, die – in der Endphase – von einer Belegungszahl von 1.ooo Jugendlichen ausging. Vor diesem Hintergrund ist die dort gestellte Frage sicherlich verständlich – und wohl auch negativ zu beantworten. Gleichwohl scheint mir dieser Ansatzpunkt der Diskussion falsch zu sein.

Die Frage ist nämlich zunächst einmal: Benötigen wir überhaupt eine nach dem *Glen Mills* -Prinzip arbeitende Einrichtung. Erst dann stellt sich die weitere Frage, ob eine Einrichtung nach dem Muster von *Glen Mills* tatsächlich so groß dimensioniert sein muß, um zu funktionieren. Ist das nicht der Fall, so könnte mit einer wesentlich kleineren Einrichtung ausgekommen werden.

Festzuhalten ist, daß offenbar für eine bestimmte – und auch zahlenmäßig nicht zu vernachlässigende – Klientel in Deutschland ein peer–group ausgerichtetes – und in den USA erfolgreiches – Programm nicht zur Verfügung steht. Schlußfolgerung ist daher zunächst, daß es auch hier bei uns probiert werden sollte. Erst der nächste Schritt ist die Frage, ob das nur mit einer großen Einrichtung wie die *Glen Mills Schools* mit ihren 1000 *students* funktionieren kann (und deshalb möglicherweise für Deutschland mangels ausreichender Klientel nicht in Betracht kommen könnte).

b) Die Einrichtungsgröße – ein Strukturploblem

Einer der Vorzüge von *Glen Mills* besteht darin, daß eine große Anzahl unterschiedlichster Ausbildungsprogramme angeboten wird und zwar alle in Werkstätten, die innerhalb der Einrichtung angesiedelt sind. Diese sind demgemäß auch sämtlich mit Ausbildern bestückt, die den Ideen von *Glen Mills* verpflichtet sind. Eine solche Ausbildungsvielfalt ist natürlich nur machbar, wenn eine gewisse Anzahl von Jugendlichen vorhanden ist, weil das sonst finanziell nicht tragbar ist. Nun sind dafür sicherlich nicht 1.000 Jugendliche notwendig, auch *Glen Mills* hat mit einer kleinen Gruppe begonnen[61]. Ohne Zweifel wird es – in der Endphase des Aufbaus – eine Mindestanzahl von Klienten geben müssen, die vermutlich etwas oberhalb von 200 liegen dürfte. *Sam Ferrainola* hat darauf hingewiesen, das Einrichtungen dieser Art am effektivsten und am ökonomischten operieren, wenn die Belegungszahl über 200 liegt [62].

Nun könnte man sich natürlich vorstellen, externe Betriebe zu verpflichten und in den Kontext der Schule einzubinden. Das hätte – vor allem in der Aufbauphase – den Vorteil großer Flexibilität, andererseits aber den nicht zu unterschätzenden Nachteil, daß eine solche externe Ausbildung die Klienten aus dem grundsätzlich ganzheitlich zu gestaltenden „Milieu" der Schule entfernen würde. Es wäre ja zwar sicherlich möglich, Ausbildungsbetriebe zu gewinnen, deren Leiter sich der Schulidee verpflichten würden. Es bestehen jedoch erhebliche Zweifel, ob die übrigen Mitarbeiter einer solchen Ausbildungsstätte sich stringent auf die vorzugebende Linie einschwören ließen. Die in *Glen Mills* viel beschworene „corporate identity" – die ja in dem Kontext einen hohen Stellenwert besitzt – würde mit an Sicherheit grenzender Wahrscheinlichkeit verloren gehen.

Fazit ist: Mit einer kleinen „überschaubaren" Einrichtung nach dem in Europa in den letzten Jahrzehnten propagierten Rezept (d.h.maximal 20 bis 30) wäre eine an *Glen Mills* ausgerichtete Einrichtung nicht zu machen. Über die angedeutete Mindestgröße kann man sicherlich diskutieren. Angesichts der Nachfrage für das von *German Mills* angebotene „Student Exchange Program" kann ich mir nicht vorstellen, daß eine ausreichende Klientel fehlen würde. Daß das „Student Exchange Program" in dem zur Verfügung stehenden Rahmen in der Vergangenheit nicht immer voll ausgelastet war, hatte andere, hier nicht zu diskutierende Gründe.

Als Ergebnis ist daher festzuhalten: Es besteht aus der Sicht der Justiz sicherlich ein Bedürfnis nach einer solchen Einrichtung in Deutschland und sie dürfte auch prinzipiell in einer Struktur machbar sein, für die eine ausreichende Klientel vorhanden ist.

c) Bejaht man also die Notwendigkeit, zumindest aber die Sinnhaftigkeit eines neuen Ansatzes in der Reaktion auf gruppenspezifisches Gewaltverhalten Jugendlicher, betrachtet man die Konzeption der *Glen Mills Schools* und die bereits angedeuteten Problembereiche der Übertragung auf hiesige Verhältnisse, so ergeben sich aus meiner Sicht folgende Eckpunkte für eine mögliche deutsche Institution:

(1) Es wird sich um eine Einrichtung handeln müssen, deren Klientel sich aus Jugendlichen rekrutiert, die (vorzugsweise gewaltbezogene) Gruppenerfahrungen haben und die mit unterschwelligen Maßnahmen nicht erreicht werden konnten;

(2) Die Einrichtung wird gestaltet werden müssen nach erzieherischen Gesichtspunkten, nicht jedoch nach vielleicht von der Justiz als erforderlich angesehenen „Einschließungs-Kriterien". Die Einrichtung muß daher als „Schule" konzipiert werden.

(3) Die Einrichtung wird in einer Weise konzipiert werden müssen, daß ein Minimalmaß an „Entweichungen" sichergestellt werden kann, um justitiellen Belangen wenigstens in gewissem Umfang Rechnung zu tragen.

(4) Die Einrichtung wird an dem Prinzip des „peer-group-pressure" ausgerichtet werden müssen. Das bedeutet, daß sozialpädagogische Betreuung **im Hintergrund**, nicht aber durch vorrangigen Einsatz von Betreuern stattzufinden hat. Eine zu schaffende *corporate identity* hat die Aufgabe des Transfers sozialpädagogischer Intentionen zu übernehmen.

(5) Die Einrichtung sollte privatwirtschaftlich organisiert und betrieben werden. Sie wird gleichwohl in einer Anfangs- und Übergangsphase staatlich begleitet und überwacht werden müssen, ohne daß staatliche Organisationen Einfluß auf den konkreten inhaltlichen Ablauf nehmen.

(6) Die Einrichtung wird als „Projekt" – zumindest in der Anfangsphase – gesponsert werden müssen.

Diese Eckpunkte bedürfen der Erläuterung.

Zunächst einmal ist klarzustellen, daß eine nach diesen Prinzipien zu schaffende Deutsche Schule eine Einrichtung sui generis sein muß, weder eine Art „offener Vollzug" noch eine Heimeinrichtung mit Zügen einer zumindest teilweise geschlossenen Unterbringung. Klar ist, daß eine Deutsche Schule von beidem etwas haben muß – ohne das eine oder das andere zu sein. Dieser zwiespältige Charakter einer solchen Einrichtung dürfte der schwierigste Punkt ihrer Installation sein.

Diese Deutsche Schule paßt nicht in das hergebrachte Reaktionen-System des hiesigen Jugenddelinquenzrechts. Ihr muß die **Verbindlichkeit** von **Schloß und Riegel** fehlen ebenso wie die **Unverbindlichkeit** eines **herkömmlichen Jugendhilfeangebots** nach dem KJHG. Die notwendige Verbindlichkeit muß sich sinn-

stiftend aus der Konstruktion als solcher ergeben, nicht von einer obrigkeitlichen Institution getragen sondern aus dem gruppenbezogenen Verhalten der Jugendlichen untereinander und einer zu schaffenden corporate
identity. Andererseits darf diese systemimmanente Verbindlichkeit nicht
konterkariert werden durch den herkömmlichen Angebotscharakter einer
Jugendhilfemaßnahme.

Das wirft Probleme auf, insbesondere im Hinblick auf den bereits beschriebenen Paradigmenwechsel der Jugendhilfe durch das KJHG, ebenso aber
in den Bereichen der konservativen Justiz, die ihr Sicherheits-Instrumenta-
rium ein Stück weit „aus der Hand" geben muß. Die Ausgestaltung einer Deutsche Schule wird sich an ausschließlich erzieherischen, d.h. im wesentlichen
befähigenden Gesichtspunkten ausrichten müssen. Justizielle Anordnung zum
Besuch der Schule wird unrechtsbezogene und generalpräventive Gedanken
zurückstellen müssen, Jugendhilfe wird sich im Hinblick auf eine gruppenspe-
zifische Eigenverantwortlichkeit der Jugendlichen in ihrer bisherigen – zwar
angebotsorientierten aber doch nicht zu leugnenden irgendwie interventions-
bezogenen – Verantwortlichkeit zurücknehmen müssen.

Die Justiz hingegen wird ein solches Konzept nur annehmen, wenn ein
Mindestmaß an Sicherheit vor weiteren Straftaten auch während des Schul-
besuchs vorhanden ist. Wenn „Schloß und Riegel" nicht vorhanden sind,
dennoch gewaltaffine Mehrfachtäter in diesem System eine Chance erhalten
sollen, wird dies nur funktionieren, wenn die Justiz sich und der Gesellschaft
vermitteln kann, daß die entsprechenden Delinquenten die ihnen gebotene
Chance der (Re-)Sozialisierung auch wahrnehmen und nicht „stiften" gehen.
Wie wir gesehen haben, funktioniert das in *Glen Mills* aus zwei Gesichtspunkten: Einmal ist dafür verantwortlich die Furcht der Delinquenten vor dem
harten – wenn nicht gar nach unseren Vorstellungen unmenschlichen – Vollzug. Diese „Abschreckung" können und wollen wir ihnen nicht bieten. Es muß
also etwas anderes an diese Stelle treten.

Von *German Mills* im Rahmen des „Student Exchange Program" nach *Glen
Mills* gesandte Jugendliche wurden von mir mehrfach befragt, ob sie denn
„weggelaufen" wären, wenn die *Glen Mills Schools* sich in Deutschland
befunden hätte. Alle antworteten zunächst mit: „nein". Auf die einschrän-
kende Frage, ob dies denn auch zuträfe für die ersten drei bis vier Wochen,
kam nach anfänglichen Zögern die Antwort: „Doch, das könnten wir uns vorstellen."

Auf die weitere Frage, warum dies denn am Anfang ihres Aufenthaltes so
gewesen wäre und später nicht mehr, kam übereinstimmend die Antwort:
„Dann haben wir gemerkt, daß das hier gut für uns ist."

Darin zeigt sich, daß es bei einer in Deutschland zu installierenden Einrichtung notwendig sein wird, Vorkehrungen zu schaffen, ein „Entweichen" aus der Maßnahme zu verhindern, bevor der Integrationsprozeß der Jugendlichen eingesetzt hat, also, daß man zum eigenen Wohl hier bleiben sollte. Es ist das alte, wohlbekannte Problem, zu beobachten auch bei Jugendlichen, die eine von ihnen gewollte Therapie antreten, diese bei ihren ersten und manchmal auch zweiten Versuchen abbrechen. Sie kommen einfach nicht soweit, das Positive einer Maßnahme zu erkennen und zu verinnerlichen – trotz aller Vorbereitung.

Konsequenz aus dieser Erkenntnis ist, daß eine speziell ausgestaltete Eingangssituation installiert werden muß zur Überwindung der anfänglichen Abneigungsphase. Das wird erreicht werden können durch eine über einige Wochen sich hinziehende intensive Betreuung. Einschluß oder Lokalisierung der Einrichtung in einem logistisch nicht leicht zu verlassenden Bereich scheint mir weniger sinnvoll, zumal dies in unseren Gefilden kaum effektiv zu realisieren wäre.

Die kaum vorhandene Gefahr der „Entweichung" im Anschluß an die Eingewöhnungsphase beruht in *Glen Mills* ganz offensichtlich darauf, daß die Jugendlichen dort ein Lebensumfeld vorfinden, daß sie einerseits zuvor aus eigenen Erleben nie gehabt haben, das sie fasziniert und das ihren jugendlichen Erlebnisdrang kompensiert. Dafür ist sicherlich verantwortlich die vielfältige Ausgestaltung der verschiedenen angebotenen Aktivitäten, vor allem aber auch die qualitativ hohe Ausstattung der Ausbildungs- und Betätigungsmöglichkeiten. Dies auch in Deutschland zu installieren, dürften allenfalls finanzielle Gesichtspunkte entgegengehalten werden können.

Damit wären wir beim nächsten Punkt, der m. E. essentiell für das Erfolgskonzept der *Glen Mills Schools* ist, nämlich die erstklassige – und damit extrem kostspielige Ausstattung der schulischen und ausbildungsbezogenen Faszilitäten. Sie scheinen mir der Schlüssel für mehrere Erfolgskomponenten. Zum einen sind sie der Garant für eine (re–)sozialisierende Plattform für ein späteres straffreies Leben, zum anderen bilden sie die auch für die Jugendlichen einsichtige Grundlage für die notwendige *corporate identity,* welche wiederum „Entweichungen" weitgehend obsolet macht.

Auch eine in Deutschland beheimatete Einrichtung wird nur privatwirtschaftlich erfolgreich betrieben werden können.

Nicht ohne Grund propagieren die Verantwortlichen von *Glen Mills* immer wieder den ökonomischen Aspekt. *Glen Mills* war und ist immer kostengünstiger als andere vergleichbare Jugendhilfeeinrichtungen in den USA und auch als die dortigen Haftplätze gewesen. Und das, obwohl gewaltige Investitionen getätigt werden. Welches ist das Geheimnis dieser Finanz-struktur? Diese Frage kann teilweise beantwortet werden, teilweise wird man auf Spekulationen ausweichen müssen.

Wenn man den finanziellen Erfolg der *Glen Mills Schools* analysieren will, kommt man natürlich an der Person des langjährigen Leiters, *Sam Ferrainola,* nicht vorbei. Sich erinnernd, daß er der Sohn sizilianischer Einwanderer ist, tut man der Faszination um seine Persönlichkeit sicherlich keinen Abbruch, wenn man ihn in gewisser Weise mit dem „Paten" vergleicht. So einfühlsam und überzeugend er für die Jugendlichen, seine *students,* die Integrationsfigur ist, ja eine empathische Vaterfigur darstellt, so hart und kompromißlos muß sein Verhandlungsstil eingeschätzt werden, wenn es darum geht, günstige Konditionen für die notwendigen Beschaffung von Materialien (Verpflegung, Kleidung, Maschinen, Sportgeräte usw.) auszuhandeln. Nicht wenige der kritischen Stimmen hinsichtlich einer deutschen Einrichtung sehen in der Person *Ferrainolas* den eigentlichen Erfolgsgaranten für die *Glen Mills Schools* (sowohl nach innen mit seiner charismatischen Ausstrahlung als auch als überzeugenden Verfechter einer guten Idee nach außen). Ob die *Glen Mills Schools* auch in weiterer Zukunft erfolgreich wirken können, wird die Zeit nach *Ferrainola* zeigen.

Objektiv bleibt festzuhalten, daß natürlich in den USA das private Sponso-renwesen ausgeprägter ist als hierzulande und daher schon kritisch gefragt werden muß, ob eine ähnlich exzellente Ausstattung wie in *Glen Mills* in Deutschland bewerkstelligt werden kann.

Eine weitere wichtige Auswirkung der privatwirtschaftlichen Organisation der *Glen Mills Schools* ist natürlich die Rekrutierung und Bezahlung und die Entlassungskonditionen der Mitarbeiter. Um die notwendige *corporate iden-tity* herzustellen, werden natürlich nur solche Personen eingestellt, die sich bedingungslos der „Philosophie" von *Glen Mills* anschließen. Jeder Mitarbei-ter beginnt mit dem gleichen – niedrigen – Anfangsgehalt. Attraktiv für die Mitarbeiter von *Glen Mills* wird das dortige Arbeiten durch zahlreiche sach-bezogene Vergünstigungen wie billiges Wohnen, kostenlose Wartung der pri-vaten PKW`s in den eigenen Werkstätten und vieles mehr. Ein System, das die Mitarbeiter an das Unternehmen bindet! In Deutschland wird sich das so sicherlich nicht realisieren lassen.

3. Resümee

Zusammenfassend ist folgendes festzuhalten:

Auf der Suche nach einem gangbaren und erfolgversprechenden Weg zur Gewaltminimierung bei jungen Menschen sind die Ansätze der *Glen Mills*

Schools beachtenswert für die deutsche Justiz- und Jugendhilfelandschaft. Insbesondere konfrontative Elemente und *peer-group-pressure* sind in Deutschland bereits erfolgreich eingesetzt worden. Als Haftalternative sind die *Glen Mills Schools* durch das „Student Exchange Program" des Vereins *German Mills* auch innerhalb des Jugenddelinquenzrechts und der Jugendkriminalrechts-Wissenschaft ins Bewußtsein gerückt.

Eine Adaption des Gesamtsystems der *Glen Mills Schools* – den deutschen Verhältnissen angepaßt – erscheint angesichts der Zunahme gruppenbezogener Gewaltkriminalität erforderlich und wünschenswert. Sie erscheint auch möglich, wenngleich es bei der Übertragung des Systems auf deutsche Verhältnisse nicht unbeträchtliche Schwierigkeiten geben dürfte. Das Unternehmen kann gelingen, wenn die Justiz hierin ihre Chance erkennt – in Befolgung des Erziehungsgedankens, dem sie nach dem JGG verpflichtet ist –, einen erfolgreichen Weg beschreiten zu können. Die Jugendhilfe wird bereit sein müssen, in einem Teilbereich ihrer Tätigkeit den vor einigen Jahren eingeleiteten Paradigmenwechsel partiell in Frage zu stellen. Jugendhilfe und Justiz werden gemeinsam daran arbeiten müssen, bei den Jugendlichen die „Verbindlichkeit des Unverbindlichen" herzustellen. Dafür hat das Gesamtsystem der *Glen Mills Schools* sicherlich Vorbildcharakter. Das „konfrontative Interventionsprogramm" für Schulen an der Eylardus-Schule bietet augenscheinlich einen guten Anschauungsunterricht für die mögliche Ausgestaltung einer deutschen Einrichtung

D. Ausblick

Eine »Deutsche Schule« als Chance einer effektiveren Zusammenarbeit zwischen Jugendhilfe und Justiz

Zum Abschluß soll ein Aspekt beleuchtet werden, der bereits zu Beginn angedeutet wurde. Eine innovative Einrichtung in Deutschland, eine Deutsche Schule, orientiert an den unverzichtbaren Prinzipien der *Glen Mills Schools* und ausgerichtet an den hiesigen Gegebenheiten bietet mehr als alle bisher bekannten Jugendhilfeeinrichtungen die Chance einer *effektiven Zusammenarbeit* von *Justiz* und *Jugendhilfe* im Bereich jugendlicher Gewaltkriminalität. Sie würde bei einer einigermaßen ähnlichen Erfolgsquote wie die der *Glen Mills Schools* die Justiz dem Ziel des JGG – Erziehung zum Legalverhalten – näher bringen als dies mit dem sonst zur Debatte stehendem Jugendvollzug erreicht werden kann. Sie würde gleichermaßen der Jugendhilfe ein Instrument an die Hand geben, mit dem sie – bei der betreffenden Klientel erfolgversprechender als mit den herkömmlichen Ansätzen – ihrer Aufgabe nachkommen kann, auch diese Klientel *„in ihrer individuellen und sozialen Entwicklung zu fördern und Benachteiligungen abzubauen"* (§ 1 III Nr.1 KJHG).

In einer derart gestalteten Deutschen Schule könnte für eine bestimmte Gruppe jugendlicher Straftäter erstmals das erreicht werden, was nach dem Willen des Gesetzgebers eigentlich Aufgabe des Jugendvollzugs sein soll. Wenn es in § 91 I JGG heißt:

Durch den Vollzug der Jugendstrafe soll der Verurteilte dazu erzogen werden, künftig einen rechtschaffenen und verantwortungsbewußten Lebenswandel zu führen.

so weiß inzwischen jeder, daß eben dieses im Vollzug so gut wie nicht realisiert werden kann. Hingegen bietet die relative Freiheit einer Schule möglicherweise die Chance, eben dieses Vollzugsziel zu erreichen.

Die gesetzlich normierten Ausgestaltungshinweise (§ 91 II JGG),

nämlich: *Ordnung, Arbeit, Unterricht, Leibesübungen und sinnvolle Beschäftigung in der freien Zeit sind die Grundlagen dieser Erziehung. Die beruflichen Leistungen des Verurteilten sind zu fördern. Ausbildungsstätten sind einzurichten.*

sind sämtlich Gegenstand des Programms der *Glen Mills Schools* und wären von einer Deutsche Schule zu übernehmen.

Eine solche Schule würde daher ein Angebot an die Justiz sein, im Rahmen einer Jugendhilfemaßnahme eben das Ziel anzustreben, was mit den Mitteln des Vollzugs trotz der gegenteiligen gesetzgeberischen Forderung eben gerade nicht erreicht werden kann.

Eingebunden als Alternative zur Haft könnte sie ein Instrumentarium sein, Freiheitsentzug ohne Verlust sicherheitsrelevanter Belange der Öffentlichkeit zurückzudrängen. In einem innovativen Bereich könnte sie eine Plattform sein, eine in letzter Zeit etwas ins Hintertreffen geratene, vom Gesetzgeber aber gewollte, effektive Kooperation zwischen Jugendhilfe und Justiz zu ermöglichen.

Der in der Jugenddelinquenz erfolgreiche Ansatz der *Glen Mills Schools* scheint somit durchaus geeignet, die in gewisser Weise eingetretene Stagnation in der Kooperation zwischen Jugendhilfe und Justiz zu überwinden zu helfen.

Nicht selten erfordern innovative Ideen und Konzepte, bestehende Strukturen zum Wohle eines gewollten Ganzen zu relativieren. Der Versuch sollte gewagt werden.

Anmerkungen:

1 Spiegel Nr.12 v. 22.3.99, S.128

2 a.a.O., S.129

3 vgl. BT–Drucksache 11/5829, S.11

4 Pieplow, L., „Erziehung als Chiffre" in Walter, M., (Hrsg.) Beiträge zur Erziehung im Jugendkriminalrecht, S. 5ff. [18]

5 Pfeiffer, C., „Neuere kriminologische Forschungen zur jugendrechtlichen Sanktionspraxis" in Grundfragen des Jugendkriminalrechts und seiner Neuregelung, recht, Bonn 1992, S. 79

6 vgl. auch die Vorschläge der Unterkommission IV der DVJJ–Kommission „Für ein neues JGG" in DVJJ–J 1–2/1992, S. 27

7 DVJJ–J 1–2/1992, S. 4

8 Viehmann, H., „Für ein neues Jugendkriminalrecht" in Grundfragen des Jugendkriminalrechts und seiner Neuregelung, recht, Bonn 1992, S. 453;

9 Nothaker, G., „Erziehungsvorrang" und Gesetzesauslegung im Jugendgerichtsgesetz, Berlin 1985

10 so Bohnert, JZ 83 S. 517

11 Müller, S. 1991 „Erziehen – Helfen – Strafen. Zur Klärung des Erziehungsbegriffs im Jugendstrafrecht aus pädagogischer Sicht DVJJ–J 4, 344–351)

12 etwa Ostendorf, H. JGG, Grdl. z.§§ 1–2, Rdnr. 4

13 Förster, F.W., Strafe und Erziehung – Sühne und Besserung, Referat v. 3. Dt. JGT, hrsg. von der dt. Zentrale f. Jugendfürsorge, Leipzig 1913, S. 9ff. [11,15] – zitiert nach Pieplow, L., siehe Anm. 3

14 z. B. das preußische Zwangserziehungsgesetz v. 1878, Vorläufer des preußischen Gesetzes über die Fürsorgeerziehung Minderjähriger v. 2.7.1900

15 Schaffstein, DR 1936, S. 66

16 Verordnung zur Ergänzung des Jugendstrafrechts v. 4.10.1940, RGBl. I, S. 1336:

17 Freisler, R.,. „Der Jugendarrest und die Neugestaltung des Jugendstrafrechts" in Das Junge Deutschland 940, 34 (11), S. 241–250; Nachdruck im DVJJ–J 1993 (H. 3), S. 294

18 Heinz, W., „Erziehungsgedanke und Normsetzung" in Wolff/Marek (Hrsg.) „Erziehung u. Strafe", Bonn 1990, S. 28ff., S. 37

19 vgl. Kerner,H.-J., Jugendgerichtsverfahren und Kriminalprävention in DVJJ–Mitgl.Rundbrief 1984, S. 35

20 s. Anm. 7

21 vgl. Scholz,C., Justiz und Jugendhilfe – Wer erzieht wozu ? in DVJJ–J 3–4/1994, S. 237

22 etwa Pfeiffer, C./Wetzels, P., Gewalterfahrungen u. Kriminalitätsfurcht v. Schülerinnen u. Schülern, KFN, Forschungsberichte Nr. 70

23 vgl. dazu den „Reisebericht" v. D. Vieten–Groß, „Glen Mills Schools –
Eine Alternative zum Strafvollzug f. straffällige Jugendliche in Amerika,
DVJJ–J 2/1997 S. 136ff

24 s. Grissom/Dubnov, Without Locks and Bars, Westport 1989

25 s. Vieten–Groß, D., a.a.O.; vgl. Anm. 23

26 s. z. B. Ostendorf, H., JGG Rdnr.3 zu § 17

27 Maier–Knapp–Herbst, S.,"Warum eine >Kommission Jugend< beim
Landespräventionsrat Niedersachsen? – Vortrag gehalten auf der Tagung
„Netzwerk Prävention" in Loccum im Febr. 2000

28 so hat es Sam Ferrainola gegenüber den Mitgliedern von German Mills
immer wieder persönlich zum Ausdruck gebracht

29 C. D. Ferrainola, Zur Notwendigkeit einer effektiven Veränderung
stationärer Behandlungsmodelle delinquenter Jugendlicher, in DVJJ–J
3/99 S. 321ff

30 a.a.O., S. 321

31 siehe unten C. I.

32 s. dazu Weidner, J., „Über Grenzziehung in sozialer Arbeit u. Psychologie"
in „Gewalt im Griff" Hrsg. Weidner/Kilb/Kreft, Weinheim, Basel 1997
S. 112ff; Grissom/Dubnov, Without Locks and Bars, Westport 1989 S. 53

33 die praxisbezogene Botschaft lautet: „Wir sind gut, morgen sind wir
noch besser!"

34 Grissom/Dubnov, Without Locks and Bars, Westport 1989; Guder, P.,
Ohne Schloß und Riegel – Eine offene Alternative auch für den Umgang
mit deutschen Jugendlichen, agressiven Mehrfachtätern zwischen
Jugendhilfe und Justiz? in DVJJ–J 2/1997, S. 123ff

35 OLG Hamm, NJW 1999, S. 230;

36 a.a.O.

37 DVJJ–Journal 1/1999, S. 95

38 a.a.O., S. 96;

39 vgl. Nds.: „Gemeinsames Grundkonzept des MJ und MK zur einstweiligen
Unterbringung von Jugendlichen in geeigneten Einrichtungen der
Jugendhilfe" v.1.7.96 – s. DVJJ–Journal 4/1996, S. 400

40 JMBl. NW 1995, S. 134

41 JMBl. S. 418

42 vgl. Ostendorf, JGG Rdnr. 7 zu § 71

43 vgl. Albrecht, H.–J., „Entwicklungstendenzen des Jugendkriminalrechts
und stationärer Freiheitsentziehung bei jugendlichen Straftätern in den
USA" in „Kriminologische Forschungsberichte aus d. MaxPlanck–Institut"
Bd.20/2 Hrsg. Dünkel/Meyer, Freiburg 1986, S. 1213ff (1214)

44 siehe Drowns, R. /Hess, K., Juvenile Justice, West Publishing Company,
Minneapolis Second Edition, S.27

45 siehe Drowns, R./Hess, K. a.a.O., S.28

46 Blau, G., „Kriminalpolitische Auswirkungen des Erziehungsgedankens" in Grundfragen des Jugendkriminalrechts und seiner Neuregelung, recht, Bonn 1992, S. 326ff (332); 79

47 vgl. die umfassende Darstellung bei Schweppe, C. „Es geht auch ohne Jugendgefängnisse" Weinheim 1984

48 Schweppe, a.a.O., S. 43ff

49 siehe oben zu B.II.3 a)

50 vgl. Blau,G., a.a.O. S. 332

51 s. Albrecht,H.-J., a.a.O. S. 1217ff

52 Albrecht, H.-J., a.a.O. S. 1213

53 Albrecht, H.-J., a.a.O. S. 1225

54 Weidner, J. Anti-Agressivitäts-Training für Gewalttäter, 4. Aufl., Bonn 1996

55 Therwey, M., / Pöhlker, R., „Konfrontatives Interventionsprogramm (KIP) für Schulen" in „Gewalt im Griff" Hrsg. Weidner/Kilb/Kreft, Weinheim, Basel 1997 S. 112ff;

56 zu Beispielen siehe „Gewalt im Griff" Hrsg. Weidner/Kilb/Kreft, Weinheim,Basel 1997

57 vgl. Weidner, J., „Der >heiße Stuhl< in der sozialpädagogisch-psychologischen Praxis" in „Gewalt im Griff" siehe Anm. 54) S. 11

58 zur näheren Information s. Therwey, M., / Pöhlker, R., „Konfrontatives Interventionsprogramm (KIP) für Schulen" in „Gewalt im Griff" Hrsg. Weidner/Kilb/Kreft, Weinheim, Basel 1997 S. 112ff

59 Weidner, J., „Analyse d. Behandlungskonzepts der Glen Mills Schools u. Diskussion von Möglichkeiten d. Übertragung in die Praxis d. Jugendhilfe/Jugendkriminalitätspflege in der BR Deutschland", unveröff. Dipl.Arbeit, S. 161

60 v. Wolffersdorff, C., Pläne für ein deutsches Glen Mills ? in AFET-Mitgliederrundbrief 2-3/00, S. 26

61 nach der Neuorganisation waren es 1976 zunächst 162 students - vgl. Grissom/Dubnov, Without Locks and Bars, Westport 1989, S. 114

62 in DVJJ-J 1999, S.323

» Geboren ist **Christian Scholz** am 24.12.1944 in Niedermarsberg. Nach dem Besuch altsprachlicher Gymnasien in Recklinghausen, Hamburg und Siegburg 1964 Abitur; anschließend 2-jährige Ausbildung zum Reserveoffizier. Jurastudium an den Universitäten in Bonn und München von 1967 bis 1970. Referendarzeit in Hamburg. 1974 Eintritt in den niedersächsischen Justizdienst, seit 1977 Richter auf Lebenszeit am Amtsgericht Lüneburg. Nach mehrjähriger Tätigkeit als Zivil- und Strafrichter seit 1988 Jugendrichter und Vorsitzender des Jugendschöffengerichts am Amtsgericht in Lüneburg und seit 1995 dessen stellvertretender Direktor. Von 1980 bis 1989 nebenamtlich Dozent am Nds. Studieninstitut für kommunale Verwaltung (Bürgerliches Recht). Seit 1990 Lehrbeauftragter an der Universität Lüneburg für Jugendrecht u. Jugendhilferecht, desgleichen seit 1992 auch an der Fachhochschule Lüneburg.

Ab 1990 Mitglied der Deutschen Vereinigung für Jugendgerichte u. Jugendgerichtshilfen' (DVJJ). Seit 1992 stellv. Landesvorsitzender der DVJJ-Niedersachsen. Seit 1996 Sprecher der Bundesarbeitsgemeinschaft (BAG) „Justiz u. Anwaltschaft" in der DVJJ.

Zusammen mit anderen JugendrichterInnen, JugendstaatsanwaltInnen und WissenschaftlerInnen 1996 Gründer des Vereins „German Mills e.V., Lüneburg" und 1/2 Jahr später dessen Präsident.

Seit 1998 Mitglied des Kuratoriums des Albert-Schweitzer-Familienwerkes e.V. **«**

Dagmar Schäfer

Let's dive into an ocean of opportunity!

Eintauchen in die Alltagspraxis der Glen Mills Schools:
Interaktionsrituale zwischen Positiv-Labeling und kritischem Feedback

Kommen Sie bitte an Bord, verehrte LeserInnen. Es wird versucht vom Mast aus, Ihnen einen Überblick zu geben:

Was wir sehen, ist ein riesengroßer Campus, der eher an eine Elite- High-School erinnern läßt als an eine Einrichtung für straffällige Jugendliche im typischen Stil: Keine Schlösser, keine Riegel, keine Zäune, keine Mauern, keine Gitter, keine Panzerglasscheiben, keine Isolierzellen, keine Überwachungskameras, keine ähnlich gearteten „Sicherheitsmaßnahmen".[1] Zwischen im viktorianischen Stil errichteten Gebäuden sind weitläufige Rasenflächen und diverse Sportplätze angelegt. Der Campus zieht sich durch ein hügeliges Waldgebiet und ist mit dem Auto befahrbar. Am Kopfende des Campus´ liegt das Administrationsgebäude ('AD- Building'), welches diverse Büros und das Gesundheitszentrum berherbergt. Durch einen Springbrunnen, eine Säulenarkade sowie einen kupferbehelmten Glockenturm ist dieses Gebäude in besonderer Weise hervorgehoben. Auf dem anderen Ende der Mittelachse des Campus´ liegt ein neuromanisches (ehemaliges) Kirchengebäude. Diese aus grauem Granit erbaute und mit Bleiglas- Fenstern versehene Kirche fungiert nunmehr als Bibliothek. Eine Marmorstatue des Stifters im Foyer, die kunstvolle Deckenkonstruktion sowie exklusives Mobilar verleihen diesem Gebäude einen „würdigen" Rahmen. Um den Ring des Campus´ gruppieren sich die z.T. ebenfalls im viktorianischen Stil errichteten und mit Holzveranden versehenen Wohngruppengebäude ('Units') sowie das Freizeitgebäude ('Student Union'), die 'Cafeteria', das Schulgebäude ('Education Building') und die Ausbildungsbetriebe. Die Wohngruppengebäude sind, je nach Errichtungsjahr, unterschiedlich eingerichtet: Einige sind mit den Zimmern der Jugendlichen, einem Wohnzimmer ('Living Room') sowie einem kleinen Büro ('Office') eingerichtet. Andere sind zudem mit einem Freizeitraum (mit der Möglichkeit zum Tischfußball- oder Billardspielen z.B.) oder auch einer kleinen 'Snack

Bar' ausgestattet. In der 'Student Union', dem Freizeitgebäude, spielen die Jugendlichen Tisch-Tennis, Tischfußball, Billard oder auch „Flipper", gucken Videos, sprechen miteinander und telefonieren. Einige Jugendliche sind damit beschäftigt, 'snacks' (in der dortigen 'Snack Bar') zuzubereiten. Andere lassen sich diese (z.B. Pizza, Hot Dogs, Hoogies, Sandwiches, „Wings") schmecken. Neben der 'Snack Bar' ist in dem Freizeitgebäude die 'Bulls Lounge' eingerichtet. Die 'Bulls Lounge' ist ein sehr gemütlich, mit TV und Musikanlage eingerichteter Raum, der von den Glen Mills- 'bulls' (s.u., Anm. d. Verf.) zum Treffen, Klönen und/oder „einfach nur" Entspannen genutzt wird.

In der 'Cafeteria' essen die Jugendlichen und die Mitarbeiter gemeinsam. Täglich werden drei Mahlzeiten und ein „Abendsnack" angeboten. Die Mahlzeiten werden frisch zubereitet. Infolgedessen greifen die Jugendlichen auch gerne 'mal ein zweites, u.U. auch ein drittes Mal zu. Das Schulgebäude

('Education Building') ist ein dreistöckiges Gebäude, in welchem, neben diversen nobel eingerichteten Klassenräumen, ein Biologie- Labor, ein Computerraum und ein Großleinwandkino vorzufinden ist. Des weiteren gruppiert sich um den Ring des Campus´ die alte und die neue Sporthalle: In der alten Sport-

GMS: Selbstbewußtsein und »positiv labeling«

halle finden Sportspiele und 'bulls meetings' (s.u.) statt. In dem im Keller eingerichteten 'Power Lifting Room' heben Jugendliche Gewichte; im Swimming-Pool gönnen sich Jugendliche wie auch einige Mitarbeiter ein kühles Naß. Die neu erbaute Sporthalle ist sehr groß. Aufgrund ihrer technischen Ausstattung ist es möglich, sie sämtlichen Sportarten entsprechend zu variieren. So trainieren hier die Glen Mills- Jugendlichen u.a. Basketball, Volleyball, Fußball und Tennis.

Dies sind sehr schöne äußere Eindrücke; im wahrsten Sinne des Wortes „äußere Fassaden".

Die folgenden Ausführungen konzentrieren sich nicht auf diese Außenwelt, vielmehr soll dem Leser die Möglichkeit gegeben werden in die Innenwelt

142

der Glen Mills Schools einzutauchen.[2] Um dieses zu ermöglichen ist der Text aus der Perspektive der Autorin als derzeitiger Praktikantin geschrieben und dialogisch aufbereitet. Die Autorin versucht sich Glen Mills dabei aus unterschiedlichen Rollen zu nähern:

Tim verkörpert Empfindungen am Beginn des Praktikums. Er vermittelt erste Eindrücke von der Einrichtung, dem Arbeitsansatz, den Arbeitsbedingungen und den Jugendlichen. Die Autorin läßt Tim die Assoziationen haben, die sie zu Beginn ihres Praktikums selbst hatte, und die Fragen stellen, die sie sich anfänglich selbst stellte. **Harry** stellt einen Begleiter von Tim dar, mit dem er seine Eindrücke diskutiert. **Dagmar** stellt eine Praktikantin während und zum Abschluß des Praktikums dar. Sie hat bereits nachgeforscht, Erfahrungen in dieser Einrichtung gesammelt und vermittelt diese in der Rolle der „Reiseleiterin" den Hospitanten Tim und Harry. Die Autorin verfolgt dabei das Ziel, einen alltagsnahen, vor allem jedoch einen lebendigen Eindruck der Glen Millschen Praxis „ohne Schlösser und Riegel" (Grissom/Dubnow 1989; Guder 1997) zu vermitteln.

»A place where Rockefeller would want to send his kids«
Executive Director Ferrainola.[3]

Es ist Montag Morgen, ca. 8.00 Uhr. Wir (Harry und ich) stellten gerade unser Auto auf dem Eingangsparkplatz der Glen Mills Schools ab, um uns auf den Weg zum 'AD- Building' (Administrationsgebäude) zu begeben, denn dort werden wir von einem Mitarbeiter abgeholt.

Da wir erst um 8.30 Uhr zu arbeiten beginnen, verbleibt noch genügend Zeit, das Glen Mills- Areal auf uns wirken zu lassen. Wir begeben uns also auf den Weg zum Verwaltungsgebäude; jedoch nicht auf dem direkten Weg, denn: Als wir das Gelände der Glen Mills Schools befuhren, nahmen wir ein uns ungewöhnlich erscheinendes Schild wahr und meinten: „GLEN MILLS SCHOOLS - HOME OF CHAMPIONS" gelesen zu haben. Dies löste Verwirrung bei uns aus. Wir gingen davon aus, in einer Einrichtung für straffällige Jugendliche gelandet zu sein und erwarteten eventuell einen Pförtner, demgegenüber es sich auszuweisen gilt. Mit einem solchen Schild rechneten wir nicht.

Im Moment des näheren Betrachtens werden wir von Dagmar begrüßt. Dagmar ist eine deutsche Sozialpädagogik-Studentin aus Hamburg, die ein halbjähriges Praktikum in der Glen Mills Schools absolviert und uns durch diese Institution begleitet. Dabei leistet sie einen Theorie- Praxis- Transfer. D. h., daß sie die praktischen Erfahrungen, die wir machen werden, auf theoretische Ansätze zurückführt. Da stellt sich uns auch schon die erste Frage:

Tim: *„Wer ist denn auf die Idee gekommen, hier so ein Schild aufzustellen?"*

Dagmar: *„Mr. Ferrainola, der leitende Direktor dieser Einrichtung. 'There is no bad boy' ist seine Grundprämisse, oder: „They have done bad things, but they are not bad people" (Grissom/Dubnow 1989, 11). Im Gegenpol zum 'Labeling Approach', der die Menschen zu 'stigmatisieren' (Becker 1981; Sack 1972) vermag, wird in der Glen Mills Schools entstigmatisiert. Sie geht davon aus, daß die Jungs zwar schlechte Sachen machten, jedoch keine schlechten Menschen sind. Insofern verdienen sie ihrer Meinung nach nicht weniger Respekt und Würde als jedes andere menschliche Wesen (Grissom/Dubnow 1989, 111). Weitere Intention ist, den Jugendlichen das Gefühl beziehungsweise den Glauben daran zu vermitteln - interaktionistisch ausgedrückt: zu 'symbolisieren' (Mead 1995; Blumer 1973.) - , daß auch sie 'etwas werden können'. Diese, der Institution zugrundeliegende Ausgangsbasis, findet u.a. in der von Grissom und Dubnow gemachten Aussage Bestätigung: „Glen Mills Schools is the kind of place which makes you believe you can become something" (Grissom/ Dubnow 1989, 104).*

Wir begeben uns in Richtung 'AD- Building'. Dort angekommen blicken wir auf den Campus. Es ist ein großflächiges Areal, das an die Princeton University erinnert. Mag komisch klingen, aber: Das Zwitschern der Vögel, das Zirpen der Grillen sowie das Glockenspiel des 'Belltowers' verleiht diesem Moment eine ganz besondere Atmosphäre. Gerade kommt der angckündigte Mitarbeiter Edward angefahren. Nachdem uns dieser namentlich begrüßt, fahren wir mit ihm in die ziemlich weit abgelegene 'unit' (Wohngruppe) Lincoln Hall. Auf dem recht bergigen Weg dorthin begegnen uns Jugendliche, die freundlich grüßen. Wir betreten das Wohnhaus und werden ebenfalls freundlich begrüßt: Irgendwie hören wir nur noch: „How are you doing.", „How are you.", „How are you doing.", „Morning.". Ein in dem Sessel in der Ecke sitzender Jugendlicher macht die anderen darauf aufmerksam, daß Mitarbeiter kämen und bittet darum, diese durchzulassen. „Staff is coming, please make a pad" sagt er. In dem „Büro" der Wohngruppe befindet sich bereits Tom, ein Mitarbeiter. Nachdem wir uns gegenseitig vorstellen, beobachten wir das Geschehen um uns herum: Tom gibt Medizin aus. Z.B. bekommt James, ein 16jähriger Jugendlicher, aufgrund seiner empfindlichen Haut, eine feuchtigkeitsspendende Creme. James ist Asthmatiker. Deshalb wird ihm seine 'pump' gereicht. Ein anderer Jugendlicher hat eine Allergie. Nachdem Tom diesem eine Tablette reicht, füllt er ein beiliegendes Blatt aus. Tom erläutert, daß dies ein Beiblatt für Medikamente seitens des Gesundheitszentrums sei. Er merkt an, daß die Mitarbeiter auf diesem Beiblatt einzutragen hätten, zu welchem Zeitpunkt sie die vorgeschriebenen Medikamente verabreicht hätten und daß sie es anschießend signieren müßten.

Dagmar merkt an: *„Das Verteilen irgendwelcher Cremes oder Medikamente erfolgt in der Glen Mills Schools strikt nach Vorschrift. Hierzu bietet die Einrichtung ein entsprechendes Mitarbeitertraining an, das 'medical training'. Ohne Rücksprache mit den Krankenschwestern beziehungsweise dem Arzt der Einrichtung sind die Mitarbeiter nicht befugt, verschriebene Medikamente in irgendeiner Weise zu verändern."*

Zu diesem Zeitpunkt sind alle Wohngruppenjugendlichen im Wohnzimmer, einem ca. 25-30 qm kleinen Raum, versammelt. Ein an der Stirnseite sitzender Jugendlicher ruft Namen auf; einen nach dem anderen. Verschiedene Jugendliche sagen „Here", „Here", „At football", „At the health center", „Here, Here" etc. Nachdem der Jugendliche ca. 40 Namen aufgerufen und einen vorliegenden Bogen ausgefüllt hat, teilt er Tom mit, daß die Wohngruppe vollzählig ist. „Excuse me. Tom. We are accountable for; everybody is around - except James, he's at football, and Ike, he's at the health center." sagt er. Tom erwidert „Okay, thanks Jerry", greift zum Telefonhörer, wählt die 0 (Zentrale) an und sagt: „Good morning, Susan. This is Tom from Lincoln Hall. We are accountable for." Darauf hin wendet er sich einem Jugendlichen zu. Wir gucken uns ein wenig irritiert an und fragen uns, ob das jetzt eine offizielle Vollzähligkeit gewesen sei.

Dagmar scheint unsere irritierten Gesichter bemerkt zu haben: *„Ja, das war eine offizielle Vollzähligkeit. Durchgeführt wird diese grundsätzlich von den Jugendlichen. Der dahinterstehende Gedanke ist - in Anlehnung an das 'Collegefields- Program' (Allen u.a. 1970) und die von der Rand Corporation beschriebenen Kriterien (Mann 1976 u. Greenwood/Zimring 1985 zit. nach Grissom/Dubnow 1989, 175 f.)⁴ - der einer Übernahme von Verantwortlichkeiten und die Maximierung der Beteiligung der Jugendlichen. Des weiteren wird ihnen damit zu verstehen gegeben - fachterminologisch ausgedrückt: 'symbolisiert' - , daß man ihnen trauen kann. Eine solch verantwortungsvolle Aufgabe wird nicht jedem sofort übertragen. Randy und Melvin beispielsweise sind erst seit kurzem hier und müssen sich erst einmal einleben. Zudem muß ein entsprechendes Vertrauen, ein sogenannter 'trust level' aufgebaut sein. Bei Jerry, demjenigen, der die Vollzähligkeit durchgeführt hat, liegt dieser Vertrauenslevel vor. Jerry ist ein 'exect'. Darauf komme ich später noch einmal zurück. Entschuldigt mich bitte für eine Sekunde."*

In diesem Moment wendet Dagmar sich ab und geht in den Wohnzimmer. Vom Büro aus beobachten wir folgendes Geschehen: In dem Wohnzimmer steht eine Gruppe von Jugendlichen sowie Tom. Tom fragt, was geschehen sei:

Tom: *„Okay, Jungs, was war los?"*

Jerry *sagt daraufhin: „Ich war dabei, die Liste für den Bankbesuch anzufertigen. Dabei haben Charles und Allen geschnackt. Ich konfrontierte sie, leise zu sein. Vier Mal hab' ich sie konfrontiert, aber die haben nicht reagiert; die haben immer weitergeschnackt. Also hab' ich um Unterstützung gerufen."*

Tom *(wendet sich den beiden zu): „Warum habt ihr die Konfrontation nicht akzeptiert?"*

Es ergibt sich folgender zügiger Dialog:

Charles: *„Ich hab's nicht gehört. Ich hab's erst mitgekriegt, als Jerry um Unterstützung bat."*

Tom: *„So, du hast es nicht gehört, Charles. Was ist mit dir, Allen? Warum hast du Jerrys Konfrontation nicht akzeptiert?"*

Allen: *„Ich hab's auch nicht gehört, Tom. Ich hab's auch erst bemerkt, als Jerry um Unterstützung rief."*

Jerry *(daraufhin): „Das stimmt nicht, Tom. Als ich Charles und Allen konfrontierte, hatte ich Augenkontakt mit ihnen, also müßten sie es bemerkt haben."*

Charles: *„Ja, wir hatten Augenkontakt. Als du mich fragtest, ob ich zur Bank müsse, um Geld für meinen Heimaturlaub zu holen, da hatten wir Augenkontakt, aber mehr nicht."*

Jerry: *„ Ja, ich fragte dich und du sagtest, daß du Geld brauchen würdest. Aber dann hast du wieder angefangen, mit Allen zu schnacken und ich konfrontierte euch. Aber ihr habt fleißig weitergeschnackt und 'rumgelacht. Also rief ich um Unterstützung."*

Tom: *„Wißt ihr was, Jungs. Ihr solltet man Mal besser Konfrontationen akzeptieren und aufpassen, wenn Jerry die Liste für den Bankbesuch macht. Euer Heimaturlaub steht bevor, okay. Ich kann verstehen, daß ihr aufgeregt seid, aber das ist kein Grund zum Schnacken. Wir haben jetzt 'Townhouse' und wenn euch irgend jemand konfrontiert, dann akzeptiert die Konfrontation und reagiert. So werdet ihr keine Probleme haben, okay. Ich erwarte, daß ihr euch bei Jerry entschuldigt und den Vorfall in eurer Gruppe thematisiert."*

Charles und Allen entschuldigen sich bei Jerry. Anschließend löst sich die Gruppe auf. Die Jugendlichen setzen sich wieder hin und Tom und Dagmar kommen zurück in das Büro. Tom schreibt etwas in ein Buch, welches mit dem Titel 'general log' versehen ist. In diesem Moment tun sich uns einige Fragen auf. Diese richten wir an Dagmar.

Tim: *„Was heißt das, als der Jugendliche, Jerry, gesagt hat, er hätte die beiden anderen Jugendlichen, Charles und Allen, mehrmals konfrontiert und diese hätten nicht reagiert und die Konfrontation nicht akzeptiert? Und was hat Tom damit gemeint, als er sagte, daß die beiden das „in ihrer Gruppe thematisieren" sollen?"*

Harry: *„Was ist 'Townhouse' und warum schreibt ein Jugendlicher die Liste für die Bank?"*

Dagmar: *„Das sind viele Fragen auf einmal. In erster Linie werde ich kurz anreißen, was 'Townhouse' ist und warum ein Jugendlicher die Liste für die Bank schreibt. Anschließend werde ich erläutern, was das mit der Konfrontation auf sich hat. Da der konfrontative Umgangsstil, die sofortige Thematisierung von Verhalten, grundlegendes Bestandteil des Glen Millschen Behandlungsprogrammes darstellt, hole ich an dieser Stelle ein wenig weiter aus. Also: 'Townhouse' ist eine Wohngruppenversammlung, die dazu dient, die Vollzähligkeit bzw. Anwesenheit zu überprüfen, den Tagesablauf zu besprechen sowie Empfindungen anzumerken. Im 'Townhouse' werden neue Jugendliche orientiert und grundsätzlich trägt es zur Herstellung des Gruppengefüges bei. Dazu sage ich später noch 'mal etwas mehr. Die Liste für den Bankbesuch wird von einem Jugendlichen geschrieben, da genau diese die 'running organization' der Glen Mills Schools sind. Auch dazu sage ich später noch einmal etwas. Nun etwas zum konfrontativen Umgangsstil: Die Glen Mills Schools, im Jahr 1826 gegründet, hat im Laufe ihrer Entwicklung nahezu alle kriminalrechtspflegerischen und pädagogischen Strömungen miterlebt und praktiziert, ohne jedoch das Ziel eines ausreichenden, dauerhaften Erfolges im Sinne einer 'Resozialisierung' (Schellhoss 1993) ihrer Klientel erreicht zu haben.[5] Aufgrund dessen wurde eine positive Normenkultur geschaffen. "*

Tim: *„Eine positive Normenkultur - was ist das?"*

Dagmar: *„Eine Normenkultur, die ausschließlich positive Normen zum Inhalt hat. Z.B. „Wir hier respektieren uns untereinander", „Wir hier halten Blickkontakt, wenn wir angesprochen werden". Die Glen Mills- Normen reichen von solchen, die die gegenseitige Hilfe und Ehre sowie die Integrität der Mitarbeiter schützen - z.B. „wir hier konfrontieren, um zu helfen und nicht, um zu verletzen", „wir hier begegnen uns mit Achtung", „wir hier spielen die Mitarbeiter nicht gegeneinander aus" ('playing games'), „wir belästigen hier weibliche Mitarbeiter nicht" - über solche, die deviante Aktivitäten verhindern - z.B. „wir trinken hier keinen Alkohol", „wir spielen hier keine Glücksspiele", „wir leihen und verleihen hier keine Dinge" - und solche, die subkuturelle Erscheinungsbilder unterbinden - z.B. „wir dulden hier keine Graffiti, „wir tragen hier keine/n 'street signs' und Schmuck" - bis hin zu Normen, die den Tagesablauf bis ins kleinste strukturieren - „wir haben unsere Betten bis 8.30 Uhr gemacht", „wir stellen unsere Schuhe in das Schuhbord.", „wir hier sind pünktlich" etc. Diese und viele mehr sind 'Normen'[1], die diese 'Normenkultur' ausmachen.[6] In 'Totalen Institutionen' (Goffman 1996, 11 ff.; Eisenbach-Stangl 1978) wird das formelle System meist sehr stark vom informellen beeinflußt beziehungsweise gar beherrscht. Die Glen Millser sprechen vom 'normative gap', vom 'normativen Unterschied' zwischen der formellen und informellen Organisation: Die formelle Organisation wird durch Verhaltensvor-*

schriften, Regeln, Ge- und Verbote ausgemacht ('surface organization', Allen/ Pilnick 1973); die informelle durch das, was wirklich abgeht, sprich Schlägereien, Unterdrückung der Schwächeren, sexuelle Nötigung etc. ('shadow organization', Allen/Pilnick 1973). Um genau diese subkulturellen Einflüsse zu minimieren, wurde eine positive, 'prosoziale' (Silbereisen/Schuhler 1993, 27f.) Normenkultur geschaffen. Durch eine solche Institutionskultur ist eine negative Peergruppenorientierung nahezu ausgeschlossen. Negatives Verhalten nämlich führt in der Glen Mills Schools nicht zu Statusgewinn (Miller 1974) sondern -verlust. Zum Erhalt dieser Normenkultur ist die Glen Mills Schools angewiesen auf Konfrontationen - auf Konfrontationen, zu denen ich jetzt komme: Von jedem Mitarbeiter wie auch Schüler - in Goffmanscher Terminologie ausgedrückt: von beiden 'Personen-Klassen' (Goffman 1996, 48.) - wird erwartet, negatives Verhalten sofort zu thematisieren, zu konfrontieren. Jedes Versagen dieses Feedbacks vermittelt im Verständnis der Glen Mills Schools die Nachricht, daß dieses Verhalten akzeptabel sei. Zudem würde es die normative Institutionskultur schwächen. Es gibt in der Glen Mills Schools fünf „Basis- Verhaltensnormen“:

1. *„Keiner hat das Recht, eine andere Person zu verletzen“.*

2. *„Bildung und die Klassenräume sind heilig“.*

3. *„Wir werden uns niemals in einer Weise verhalten, die geeignet ist, uns selbst, unserer Wohngruppe oder unserer Schule Unehre zu machen“.*

4. *„Wir sind stolz auf unsere Schule“.*

5. *„Ein Glen Mills-Schüler ist immer ein Gentlemen“).*

Daneben gibt es zwei weitere „Basis- Normen“:

1. *„Wir hier akzeptieren Konfrontation; egal, ob sie gerechtfertigt ist oder nicht“*

2. *„Wir hier unterstützen Konfrontation“.“[7]*

Diese Basis-Verhaltensnormen lassen wir erst einmal sacken, o.k.?

Dagmar *führt fort: „Die Mitarbeiter und Jugendlichen sind ausgebildet im Glen Millschen Konfrontationsprozeß, der sieben aufeinanderfolgende Stufen beinhaltet - von einer freundlichen Geste bis hin zu einer körperlichen Einschränkung. Dieses Interaktionsritual der 'Seven Levels of Confrontation' stelle ich euch erst einmal vor:[8] Level 1: Durch eine freundliche Geste, typischerweise mit den Augen, dem Kopf oder der Hand, wird der Jugendliche auf sein normenverstoßendes Verhalten aufmerksam gemacht. Im Sinne Mr. Ferrainolas sind diese Gesten bestimmt, um das Verhalten im unmittelbaren Augenblick zu verändern (vgl. Ferrainola 1984, 3). Reagiert der Jugendliche auf diese Geste nicht, folgt Level 2: Die Geste wird mittels einer ernsten, auffor-*

dernden Mimik unterstrichen. Erfolgt keine Verhaltensänderung, folgt Level 3, eine freundliche Ermahnung. In unserem Fall mag Jerry zu Charles und Allen beispielsweise gesagt haben: „Seid bitte leise." Sollte selbst die freundliche Ermahnung nicht fruchten und der Jugendliche noch immer Widerstände zeigen, wird er ernst ermahnt, Level 4: In einem klaren und u.U. barschen Ton wird er darauf aufmerksam gemacht, was er zu tun oder auch zu lassen habe. Beispielsweise mag Jerry zu Charles und Allen klar und unmißverständlich gesagt haben: „Seid still!". In den meisten Fällen endet hier die Konfrontation, der Betreffende akzeptiert sie und modifiziert sein Verhalten. In unserem Fall endete sie hier nicht; Charles und Allen haben selbst auf dem 4. Level keine Verhaltensänderung gezeigt. Mit dem Pädagogen Redl gesprochen haben sie sich 'widerständig' verhalten und 'wehrten ab' (Redl/Wineman 1979, 145 ff.). Also steigerte sich die Konfrontation auf den 5. Level, dem 'support': Der Konfrontierende, in unserem Fall Jerry, bittet darum, seine Konfrontation zu unterstützen - er ruft 'support'. Diesem Ruf haben alle in der Nähe befindlichen Personen zu folgen. Ihr erinnert euch: Tom war auf einmal weg. Tom ist sehr aufmerksam und „schnell am Ball". Das wird in der Glen Mills Schools erwartet. Redl spricht von 'Soforthilfe' (vgl. ebd., 60). Er empfiehlt, daß der Erzieher sich nicht zurückhaltend neutral verhalten, sondern distanzlos auf aktuelle Konfliktsituationen einlassen sollte und die Sachen dann zu klären hat, solange sie noch „warm" und nicht schon abgekühlt und hoffnungslos retuschiert sind (vgl. ebd., 56). Okay, diese Personen 'nähern' (ebd., 61)[9] sich also dem konfrontierten Jugendlichen - um ihn herum bildet sich quasi eine „Menschentraube". Eine „Menschentraube", die dem Betreffenden Feedback für sein Verhalten gibt, ihn kritisiert und auffordert, die Konfrontation - nun endlich - zu akzeptieren. Eigentlicher Gegenstand dieses Konfrontationslevels ist nun nicht mehr der eingangs monierte Normenverstoß, sondern die Nichtakzeptanz eben dieser Konfrontation. Dieser Kritik seiner Peers muß der Jugendliche standhalten. In der Regel versucht der Jugendliche, auszuweichen. Aufgrund der ihn umgebenden Personen wird ihm dies verunmöglicht. Als Tom am Ort des Geschehens eintraf, erhielten Charles und Allen gerade Kritik von ihren Peers. Um die Situation 'augenblicklich zu klären', hat Tom ein klärendes Gespräch eingeleitet: Er ließ sich von den Betreffenden, Jerry, Charles und Allen, den Vorfall augenblicklich an Ort und Stelle schildern. Dabei haben Charles und Allen versucht, sich herauszureden, ihr Verhalten - kriminalsoziologisch ausgedrückt - zu neutralisieren (Sykes/Matza 1957, 1974). Sie sagten, daß sie die Konfrontation „nicht registriert hätten", lehnten also die Verantwortung ab. Die Jungs haben solche Strategien „drauf" - Sätze wie „Der andere hat angefangen" oder „Die anderen machen doch das gleiche" kennt ihr bestimmt. Die Jugendlichen setzen solche Techniken ein, um 'Schuldgefühle zu vermeiden'. Der Pädagoge Redl (1987, 203 ff.) spricht davon, daß die Jungs solche Techniken verwenden, um ihr 'delinquentes Ich'

*(Redl/Wineman 1979, 145 u. 149) durchzusetzen. Tom hat dies nicht hinge-
nommen. Er hat sich mit dem 'delinquenten Ich' dieser Jungs auseinanderge-
setzt: In seiner Terminologie ausgedrückt kristallisierte er die Realität heraus
und massierte (Redl 1987, 55 f.) Charles und Allen diese ein. Charles und
Allen haben reagiert und sich für ihr Verhalten entschuldigt. Hätten sie sich
sturgestellt oder verweigert, z.B. durch Wegschauen, wäre die Konfrontation
auf den 6. Level gestiegen, der Berührung um Aufmerksamkeit zu erzeugen:
Auf dem 6. Level ist es den Mitarbeitern - und auch nur diesen - erlaubt,
den Betreffenden zu berühren. Um beispielsweise Blickkontakt herbeizuführen,
drehen sie den Kopf des Schülers in die Richtung des Sprechenden. Level 6
stellt die letzte Möglichkeit dar, die Situation ohne Gesichts- oder 'Status-
verlust' zu beenden. Neben des Levels 7 ist dieser 'touch for attention' die
einzig legitime Berührungsform in der 'non touch conception' der Glen Mills
Schools. "*

Dagmar *führt fort: „Gelingt es, dem Jugendlichen die Unmöglichkeit seines
Verhaltens klarzumachen, akzeptiert dieser - nun endlich - die Konfrontation
und entschuldigt sich, löst sich der Kreis auf und ein Mitarbeiter spricht
in Ruhe mit dem Betreffenden. Dazu sage ich gleich noch etwas. Gelingt es
jedoch nicht, dem Jugendlichen die Unmöglichkeit seines Verhaltens klarzumachen, verliert dieser die Kontrolle über sich und wählt die Handlungsalter-
native, indem er z.B. Mobilar zerstören oder andere Personen schlagen will
oder sich dem Mitarbeiter gegenüber durch Beleidigungen disrespektierlich
verhält, kommt es zum Level 7, der körperlichen Einschränkung: Durch das
Schließen der Menschen-Traube wird dem Betreffenden die Bewegungsfreiheit
genommen oder er wird festgehalten. Die Mitarbeiter bleiben solange bei ihm,
bis sich dieser wieder gefangen hat. In solchen Fällen ist der Jugendliche
zumeist sehr erregt und außer sich, so daß ihm zugestanden wird, Wut- und
Gefühlsausbrüche zu durchleben bzw. 'Frustrationssäure abzulassen' (Redl
1987, 60). Die Glen Mills-Mitarbeiter sprechen vom Beruhigungsprozeß,
der nun eintritt. Hat der Jugendliche sich wieder einigermaßen gefangen,
wird das Geschehen rekonstruiert. Dabei zeigt der Mitarbeiter dem Jugendlichen sein Fehlverhalten auf, denn manchmal vergessen die Jugendlichen einfach 'jene Glieder in der Kausalkette, die sie selbst beigetragen haben' (Redl/
Wineman 1979, 110), und erarbeitet alternative Handlungsmöglichkeiten mit
dem Jugendlichen. Level 6 und 7 kommen sehr selten vor. In der Regel erkennen die Jugendlichen ihr Fehlverhalten zeitiger und korrigieren es. Ich bin jetzt
seit einigen Monaten in der Einrichtung und wohnte nur wenigen Level 6-
und Level 7- Konfrontationen bei. Die Konfrontationen auf den ersten paar
Levels hingegen waren unzählbar. Level 7 ist die einzige Form der körperlichen Einwirkung auf die Jugendlichen. Er muß sowohl dokumentiert als auch
begründet werden. Andere Formen der körperlichen Einwirkung oder 'brachi-*

ale Machtmittel' (Etzioni 1978, 96) wie z.B. Medikation, Fußfesseln, Hand-schellen, Isolierzellen oder sogenannte time out-Räume, die typisch für 'Totale Institutionen' sind, gibt es in der Glen Mills Schools nicht. Deutlich wird, daß eine Konfrontation auch zu einer Eskalation führen kann - „Je weiter du gehst, desto schwieriger wird es" besagt die Weisheit der Hopis. Bis zum Level 6 bleibt die Konfrontation ein Appell an die Vernunft des Betroffenen. Verhindert dessen Emotionalität jedoch den appellativen Zugang, folgt eine körperliche Konfrontation bis hin zum 'cool down' des Jugendlichen. "

Tim: *„Okay, das mit dem 'Interaktionsritual der Seven Levels of Confrontation' habe ich soweit verstanden. Woher aber wissen die Jugendlichen davon und wie gehen die damit um?"*

Dagmar: *„Die Jugendlichen sind bereits bei der Aufnahme in diese Institution über das Spezifikum eben dieser informiert. Anschließend wird ihnen ein 'big brother', ein einrichtungskonformer Zimmernachbar zugewiesen, der sie mit der Institutionskultur vertraut macht. Des weiteren werden sie, wie vorhin erwähnt, im abendlichen 'Townhouse' sowie in der morgendlichen 'GGI' mit den Normen und Werten vertraut gemacht. Sorry, ich muß mich nun über die Vorkommnisse des Wochenendes informieren und auf die 'GGI' vorbereiten. "*

Dagmar liest im 'general log'- was immer das auch sein mag. Wir beobachten das Geschehen um uns herum: Einige Jugendliche begeben sich in den hinter dem Büro gelegenen Waschraum, um Waschmaschinen mit Bekleidung zu füllen. Ein Jugendlicher steht - im wahrsten Sinne des Wortes - ziemlich verschwitzt in der Tür und informiert darüber, daß er gerade vom Football zurück sei und fragt, ob er jetzt duschen gehen dürfe. Ein anderer Jugendlicher fragt, ob er zum switchboard (Zentrale) gehen dürfe. Zwei weitere Jugendliche fragen, ob sie sich auf den Weg zum 'resource meeting' machen dürften. Harry und ich gucken uns eigentlich auch nur noch fragend an und scheinen, beide das gleiche zu denken: Was geht hier eigentlich vor? Ein Jugendlicher führt die Vollzähligkeit durch und schreibt eine Liste für den Bankbesuch. Andere Jugendliche stören dabei und werden von diesem konfrontiert. Einer möchte duschen, einer zur Zentrale und zwei weitere zu einem 'meeting'? In diesem Moment kommt gerade Edward ins Büro. Wo der zwischenzeitlich war, wissen wir nicht. Das erfragen wir zu einem späteren Zeitpunkt, denn gerade kommt Dagmar auf uns zu und erläutert uns, was dieses 'general log' auf sich hat:

Dagmar: *„Im 'general log', dem Tagebuch, werden wichtige Ereignisse festge-halten. Jeder Mitarbeiter ist dazu angehalten, hier wichtige Daten und Vorfälle schriftlich zu fixieren. Hier steht 'drin, was den Alltag ausmacht. Am Besten werft ihr 'mal einen Blick 'rein. "*

Dagmar überreicht uns das Tagebuch. Wir lesen beispielsweise:

151

- Montag, 8.45 Uhr, hat Ike einen Termin im Gesundheitszentrum.
- Montag Morgen gehen Jerry und Richard zum 'resource meeting'. Sie sind informiert.
- Dienstag und Donnerstag, in der Zeit von 15.00 - 16.00 Uhr, haben Ike und Clarence Chorprobe in der Kirche.
- Gewichtheben für Ike, Clarence und Hollis ist verlegt. Es findet nun Montag, Mittwoch und Freitag, in der Zeit von 18.00 - bis 19.00 Uhr, statt.
- Frau Vincent (Mutter von Troy) rief an. Troy kann im Juli nicht nach Hause.
- Ich habe Don und John wegen Aus- und Verleihen konfrontiert. - Bryant.
- Ich führte ein Einzelgespräch mit Troy. Er war sehr traurig, daß er im Juli nicht nach Hause kann. Er hat geweint. Ich habe ihn beruhigt. - James.
- Der Abend verlief recht ruhig. - Bryant.
- Ich habe Charles und Allen konfrontiert, weil sie Konfrontation nicht akzeptierten. - Tom.

Gerade kommt Sean (Frühschicht Senior Counsellor.) ins Büro. Nachdem wir uns gegenseitig vorstellen, liest Sean im 'general log'. Währenddessen überträgt er einige Daten in einen Kalender und hält Rücksprache mit den Mitarbeitern. Zwischendurch ruft er einen Jugendlichen:

Sean: „*Troy!*"

Troy (vom Wohnzimmer aus): „*Ja.*"

Sean: „*Komm´ ´mal her.*"

Troy erscheint im Büro.

Sean: „*Wie geht´s dir, bist du okay?*"

Troy: „*Nee.*"

Sean: „*Du weißt, daß du im Juli nicht zu deiner Mutter kannst.*"

Troy (wirkt sehr traurig): „*Ja.*"

Sean: „*Und du weißt, daß du nichts dafür kannst.*"

Troy (rollt eine Träne über das Gesicht): „*Ja.*"

Sean: „*Deine Mutter hat Probleme, so daß sie sich nicht um dich kümmern kann - zumindest nicht im Juli. Ich weiß, es ist hart für dich. Aber vielleicht kannst du zu deiner Tante. Wir werden das ´rausfinden, okay?*"

Troy: „*Ja.*"

Mit einem tiefen Blick begleitend sagt **Sean:** „*Komm, sei nicht gar so traurig und wisch´ dir das Gesicht, okay?*"

Sean reicht Troy ein Taschentuch.

Troy wischt sich die Tränen aus dem Gesicht und erwidert Seans Blick.

Einen Augenblick später.

Sean: *„Bist du okay?"*

Troy (ein weing gefaßter): *„Ja."*

Sean: *„Wir werden deine Mutter und Tante kontaktieren und 'was organisieren, okay?"*

Troy: *„Ja."*

Troy verläßt das Büro.

Sean tauscht sich mit den Mitarbeitern darüber aus und beraumt dem zuständigen Bezugsbetreuer, der gerade im Büro erscheint, ein 'one to one' (Einzelgespräch) mit Troy an. Nachdem sich die Mitarbeiter über die im Tagebuch eingetragenen Vorkommnisse des Wochenendes austauschen, besprechen sie den Tagesablauf, z.B.:

- Um 8.45 Uhr hat Ike einen Termin im Gesundheitszentrum.
- Jerry und Richard (Jugendliche) gehen zum 'resource meeting'.
- 9.00 - 10.00 Uhr: 'GGI', drei Gruppen.
- 10.00 - 11.45 Uhr: Schulunterricht, zwei Klassen: Edward unterrichtet Mathematik und Matt und Dagmar Lesen.

    Tom fährt mit einigen Jugendlichen zur Bank und zum Einkaufen.
- 11.45 - 13.00 Uhr: Student Union-Coverage (Aufsicht im Freizeitgebäude) und Mittagessen
- 13.00 - 15.00 Uhr: Bibiliothek
- 15.00 - 17.00 Uhr: Student Union- Coverage
- ca. 15.45 Uhr: Mitarbeiterrunde in der 'Student Union' (Schichtwechsel, Übergabe und Informationsaustausch übers 'resource meeting'). Anschließend ist - 'Townhouse'. D.h. der Tagesablauf wird mit der Gruppe besprochen.

Es ist jetzt ca. 9.00 Uhr. Die Gruppe teilt sich in drei Subgruppen auf. Eine dieser verbleibt im Wohnzimmer des Lincoln Hall-Hauptgebäudes. Zwei gehen in das unterhalb (lower) gelegene Wohngruppenhaus. Wir beobachten eine 'lower'- Gruppen an der auch Dagmar teilnimmt. Auf dem Weg dorthin erfahren wir folgendes:

Dagmar: *„Tim, du fragtest vorhin, was es bedeuten würde, als Tom zu Charles und Allen sagte, daß sie ihren Vorfall „in der Gruppe thematisieren" sollen. Das kannst du gleich mitkriegen. Gleich ist nämlich Gruppensitzung, GGI,*

d.h. 'Geleitete Gruppeninteraktion'. Bei der Gruppensitzung, die wir beobach-
ten werden, handelt es sich um eine Gruppe, die sich z. Zt. ausschießlich aus
'bulls' und einigen 'execs' zusammensetzt. 'Bulls' und 'execs' sind Jugendli-
che, die sich - auf der Basis des Behandlungsprogrammes dieser Einrichtung -
positiv verhalten und Sonderstellungen einnehmen wie auch Sonderaufgaben
übernehmen wie beispielsweise Jerry, der die Vollzähligkeit durchgeführt und
die Bankliste geschrieben hat. Zu 'bulls' und 'execs' sage ich später noch
einmal etwas. Nun noch eine Anmerkung zur 'GGI': Edward, der Gruppenlei-
ter, verhält sich zurückhaltend und läßt die Jugendlichen verstärkt 'Feedback'
geben."

An dem Wohnhaus angekommen, streift Edward durch die Räume und
überprüft die Zimmerordnung. Anschließend findet sich die Gruppe im Gruppenraum ein. Nachdem sie sich im Kreis sitzend formiert, fragt Gruppenleiter
Edward (GL) nach der Anwesenheit der Jugendlichen. Anschließend fragt ein
Jugendlicher, ob es irgendwelche Probleme, Gefühle und/oder Vorfälle gegeben hätte. Daraufhin heben drei Jugendliche ihre Hand. Diese fordert Edward
auf, ihre Themen hervorzubringen:

Edward *(GL): „Okay, Don."*

Don: *„Ich wurde gestern von Bryant konfrontiert, da ich mir eine Kassette von*
John ausgeliehen habe."

Edward *(GL): „Okay, John."*

John: *„Auch ich wurde gestern von Bryant konfrontiert, da ich diese Kassette*
an Don verliehen habe."

Edward *(GL): „Okay, Don und John. Allen, was ist bei dir vorgefallen?"*

Allen: *„Ich wurde heute morgen von Tom konfrontiert, da ich Konfrontation*
nicht akzeptiert habe."

Edward *(GL): „Okay, beschäftigen wir uns zunächst mit Allen. Allen, was ist*
geschehen?"

Allen: *„Ich wurde heute morgen von Tom konfrontiert, da ich Konfrontationen*
nicht azkeptierte. Folgendes ist geschehen: Wir hatten Townhouse und Jerry
hat die Liste für den Bankbesuch gemacht. Dabei haben Charles[10] *und ich*
gestört, indem wir 'rumquatschten und -alberten."

Es folgt folgende Interaktion:

George: *„Hey Mann, was ich für dich habe, ist, daß du im 'Townhouse' leise*
sein mußt. Wenn wir 'Townhouse' haben, sind wir leise. Insbesondere, wenn
Jerry oder irgendein anderer 'exect' eine Liste schreibt. Achte darauf, Mann."

Chris: *„Hey Mann, wenn du im 'Townhouse' nicht leise bist, mußt du damit*
rechnen, daß du konfrontiert wirst. Und außerdem: 'Townhouse' ist eine
Gruppenversammlung, die der Organisation des Alltags dient, unseres Alltags.

Du weißt, was ich meine. Hier besprechen wir, was wer wie wo wann macht und machen kann. Also hör' zu und stör' nicht 'rum."

Michael: *„Hey Mann, was ich für dich habe, ist, es ist doch auch in deinem Interesse, daß du leise bist. Ich meine, es geht ja auch um dich und dein Geld, das du für zu Hause brauchst. Also verhalt' dich einfach ruhig. Achte darauf, Mann."*

Clarence: *„Was ich für dich habe, ist, ich kann ja verstehen, daß du aufgeregt bist wegen deines ersten Heimaturlaubes. Aber trotzdem mußt du dich an die Normen halten. Und die eine ist halt, daß wir in Wohngruppenversammlungen leise sind und zuhören, wenn ein anderer spricht. Achte darauf, Mann."*

Matt: *„Ja, die eine Norm ist, daß wir leise sind, wenn ein anderer spricht, und die andere ist, daß wir Konfrontationen akzeptieren. Wenn du konfrontiert wirst, dann akzeptiere diese Konfrontation und streite nicht ab; von wegen, du hast das nicht mitgekriegt, daß Jerry euch konfrontiert hat. Dreimal hat er euch Zeichen gegeben oder euch aufmerksam gemacht. Dann hat er euch ziemlich deutlich aufgefordert, leise zu sein - dies entspricht dem vierten Level. Hey Mann, du weißt, was ich meine akzeptiere Konfrontation."*

Jermaine: *„Akzeptiere Konfrontation, ob sie gerechtfertigt ist oder nicht, akzeptiere sie. Das ist im übrigen eine andere Norm. Achte darauf, Mann."*

Edward (GL) schließt diesen Vorfall ab und ruft zum nächsten auf: *„Okay, beschäftigen wir uns nun mit Don und John. Don, was war los?"*

Don: „Ich war gestern in einem Problem wegen Leihen und Verleihen. Folgendes ist geschehen: Ich hab' mir eine Kassette von John geliehen."

Es folgt eine schnelle Interaktion:

William: *„Hey Mann, was ich für dich habe, ist, „Kein Leihen und Verleihen", das ist hier Norm. Du weißt das und trotzdem brichst du sie. Nur weil auf dieser „fucking"[11] Kassette „fucking" Musik drauf ist, die du gerne hören magst, leihst du dir die aus? Du kannst dir doch selber Musik aufnehmen."*

Don: *„Ich hatte ja keine Leerkassette mehr."*

William: *„Du hattest keine Leerkassette mehr. Das ist kein Grund, dir eine Kassette von John auszuleihen. Wenn du bestimmte Musik hören willst und die nicht hast und auch keine aufnehmen kannst, weil du keine Leerkassetten mehr hast, dann mußt du eben warten, bis du wieder welche hast. Das ist kein Grund, dir eine Kassette auszuleihen. Wir leihen und verleihen hier nicht. Das ist eine Norm."*

Hollis: *„Weißt du, Mann, an diese Norm haben sich schon so einige nicht gehalten. Erinnerst du dich daran, daß Brandon und Roger letztens auch ein Problem wegen so 'ner „abgefuckten" Kassette hatten?"*

Don: *„Doch."*

Hollis: *„Ja, und? Erinnerst du dich auch noch daran, was dann los war? Da war erst mal vollstes Chaos angesagt. Brandon hat erst mal Roger angepfiffen. Und dann steckte da auch noch Patrick mit drin, weil irgendwie nur noch hin- und hergetauscht wurde. Wir hatten hier schon genug Probleme wegen dieses „abgefuckten" Aus- und Verleihs irgendwelcher Sachen, so daß wir dann eine Gruppensanktion erhalten haben. Kannst du dich daran nicht erinnern?"*

Don: *„Doch, wir durften den Abend keine Musik hören."*

Hollis: *„Ja, richtig. Und das hat mich auch richtig sauer gemacht. Ich mag nämlich auch gerne Musik hören und möchte nicht darauf verzichten müssen, nur weil du oder besser ihr hier die Norm brecht. Hey Mann, darauf solltet ihr 'mal achten."*

Anthony: *„Hey Don, was ich für dich habe, ist, wenn du keine Leerkassetten hast, dann laß' dir doch welche von deiner Familie mitbringen, oder, wenn du es so eilig hast und deine Eltern am Wochenende nicht kommen, fahr nächsten Montag mit zur Bank und kauf' dir danach welche."*

Brian: *„Hey John, was ich für dich habe, ist, ich versteh' auch nicht, warum du die Kassette an Don verleihst. Du hättest ihn auf die Norm hinweisen und ihn konfrontieren sollen. So brichst du selbst auch die Norm."*

Timothy: *„Weißt du was, John, statt die Kassette an Don zu verleihen, hättest du ihn konfrontieren sollen. Du würdest hier heute nicht sitzen und Feedback kriegen, wenn du Don konfrontiert hättest. Hättest du ihm einfach nur gesagt: „Ich kann dir die Kassette nicht leihen. Kein Leihen und Verleihen, das ist hier die Norm.", dann hättest du heute gar kein Problem an den Hacken."*

Edward *(GL): „Sämtliche Leihaktionen oder auch Tauschgeschäfte machen nur Probleme. Probleme, die wir hier nicht gebrauchen und auch nicht haben wollen. Ich denk', ihr habt das begriffen. Okay Jungs, was für 'ne Sanktion schlagt ihr vor?"*

Hollis: *„Ich schlage vor, daß Don und John eine Woche lang keine Musik hören dürfen."*

Edward *(GL): „Okay, ist damit jeder einverstanden?"*

Die Gruppe: *„Ja."*

Edward *(GL): „Okay Jungs, es ist Zeit, aufzubrechen."*

Edward informiert sich darüber, wer mit wem wohin geht und die Gruppe verläßt das Wohnhaus. In Zweier- und Dreiergruppen gehen die Jugendlichen zu ihren Klassenräumen und Ausbildungsbetrieben. Edward, Dagmar, Harry und ich gehen zurück in das Hauptwohnhaus.

Währenddessen erläutert uns **Dagmar:** *„Bei Abwesenheit der Mitarbeiter haben sich die Jugendlichen in der Nähe eines Peers aufzuhalten. Die Glen Mills Schools spricht vom 'buddy system' - einer Zusammenstellung von Schülern* *mit hohem und und nicht so hohem Vertrauenslevel. Ausgeschlossen von diesem 'buddy system' sind statushohe Schüler."*

Am Hauptwohnhaus angekommen tauschen sich die Mitarbeiter über die 'GGIs' aus. Während Edward, Tom und Matt etwas notieren, erklärt **Dagmar** uns einiges:

"In den 'GGIs' sollen in der Regel keine Fragen an den oder die betreffenden Jugendlichen gestellt werden. 'GGI' ist eine Maßnahme, in der Feedback gegeben werden soll, Feedback für anti-soziales, normenverstoßendes Verhalten. Jegliches Stellen von Fragen trägt, nach Erfahrung der Mitarbeiter, häufig nur dazu bei, die Situation unnötig zu verschärfen. Insofern sind Fragestellungen nur dann gestattet, wenn sie nötig oder auch pädagogisch vertretbar sind. „Nötig" ist es teilweise, um Geschehnisse und Handlungen rekonstruieren zu können. „Pädagogisch vertretbar" sind sie in dem Moment, in dem sie nicht genutzt werden, den Jugendlichen in die Ecke zu drängen. Hierbei gilt es, das Gruppengefüge zu beachten. Bekommt ein statusschwaches Gruppenmitglied Feedback, lenkt der Gruppenleiter die Gruppe anders als wenn ein statushohes Gruppenmitglied Feedback erhält."

Tim: *„Aha, und wie beachtet der Gruppenleiter die Gruppenkonstellation? Ich meine, was versteht die Glen Mills Schools überhaupt unter einer Gruppenkonstellation?"*

Dagmar: *„Im Sinne Polskys 'Diamanten'."*

Tim: *„Was heißt das - was für ein „Diamant" ist das?"*

Dagmar: *„Im Zusammenleben mehrerer Personen bildet sich immer eine bestimmte Rollenverteilung heraus. So gibt es in den meisten Gruppen beispielsweise immer einen, der „das Sagen", und einen, der „nichts zu melden" hat, sprich: starke und schwache Mitglieder. Die Glen Mills Schools lehnt sich an den legendären Gruppenpädagogen Polsky an. Polsky hat jahrelang institutionalisierte delinquente Jugendliche betreut und dabei eine immer wieder wahrzunehmende Gruppenkonstellation herausgearbeitet. In seinem Buch 'Cottage Six' (Polsky 1987.) spricht der er vom 'diamantförmigen Sozialsystem' (ebd., 87). Diesen 'Diamanten' möchte ich euch gerne anhand dieser Grafik erklären."*

Dagmar überreicht uns folgende Grafik:

Polskys »Diamant«

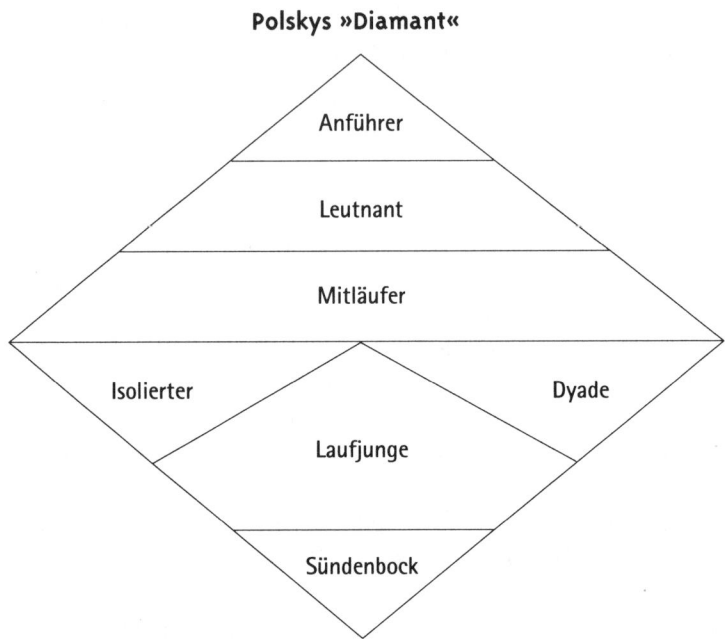

Dagmar: *„Der 'Anführer' ist der „rauhe Kerl" der Gruppe. In der Regel hat er die stärkste Persönlichkeit. Er gibt den Ton an. Er delegiert, elemeniert, isoliert und modelliert die Gruppe. Sein Ziel ist die Aufrechterhaltung des Status Quo. Seine Dominanz muß er allerdings nicht jederzeit beweisen, d.h. es kann sich auch um einen „stillen Anführer" handeln. Der 'Leutnant' stellt die „rechte Hand" des 'Anführers' dar. Er unterstützt den 'Anführer', wo er nur kann und erledigt dessen „Schmutzarbeit". Der 'Mitläufer' ist manipulativ und ausbeuterisch. Er nimmt sich, was er kann, und betrügt jeden, der ihm im Weg ist. Der 'Mitläufer' paßt sich der „Führungscrew" an und genießt ihren Schutz. Sein Motto entspricht dem eines Fahrradfahrers: „Nach oben lechzen und nach unten treten." Diese drei Sozialrollen stellen die starken, mächtigen Mitglieder dar. Die schwachen, unterlegenen sind der 'Isolierte', die 'Dyade', der 'Laufjunge' und der 'Sündenbock': 'Isoliert' ist zumeist ein Mitglied, das neu in eine Gruppe kommt. Der 'Isolierte' erhält keine Unterstützung und verhält sich sowohl den Peers als auch den Mitarbeitern gegenüber defensiv wie auch distanziert. Der 'Laufjunge' verhält sich kindlich-regressiv und überreagierend. Er hat wenig 'Status' und schmeichelt bzw. „schleimt" sich bei den starken Gruppenmitgliedern an - z.B. gibt er Zigarretten ab, um von ihnen in Ruhe gelassen zu werden. In einer autoritären Sozialstruktur gibt es immer eine untere Stufe, auf der herumgehackt wird. Diese wird z.B. durch den 'Sündenbock' verkörpert. Der 'Sündenbock' gilt als schwächstes Glied. Er wird von allen angegriffen und keinem unterstützt. In Konfliktsituationen hat er die Rolle des „ewig Schuldigen" zu spielen. So wurde Tippy, der*

*'Sündenbock' der 'Cottage Six' (Polsky 1987,67), von seinen Wohngruppen-
mitgliedern ständig geärgert und erniedrigt. Dies führte soweit, daß Tippy
seiner 'Sündenbockrolle' hilflos gegenüberstand und für ihn letzten Endes nur
noch eine 'außerinstitutionelle Plazierung' in Frage kam. Als 'Survival of the
Fittest', der Stärkste überlebt, bezeichnen die ehemals Schwerkriminellen Rollo
und Adams dieses 'prison system' (1993, 53). Offene Enteignung, Erpressung,
brutales Sich-Durchsetzen des Stärkeren sind zentrale Charakteristika der Klientel totaler Institutionen. Breen und Allen (1983, 23) sprechen in ihrer
FBI- Studie von dominanten Führern, die - bei Inhaftierung - ganze Zellen-
blöcke kontrollieren und materielle wie auch immaterielle Leistungen erzwingen. Jeff, ein 17jähriger Schüler, der vor seinem Glen Mills-Aufenthalt in
einem Boot Camp untergebracht war, berichtete von seinen dortigen Erfahrungen. Er sagte, daß „die" ihm immer Schläge angedroht und ihn auch geschlagen hätten, wenn er ihnen nicht das gegeben hätte, was die hätten haben
wollen. Die hätten alles haben wollen, was er gehabt habe - ob Zigarretten,
Kassetten, Klamotten etc. Und wenn er ihnen das nicht gegeben oder sie ver-
raten hätte, seien sie nachts gekommen und hätten ihn geschlagen und seien
„über ihn gerollt", was heißt, daß sie ihn sexuell nötigten."*

Dagmar: *„Die Glen Mills Schools zieht daraus pädagogische Konsequenz. Sie
sieht ihre Aufgabe darin, dieser antisozialen Rollenverteilung entgegenzuwirken und diesen 'Diamanten' zu „knacken"."*

Harry: *„Diesen 'Diamanten' „knacken" - was heißt das?"*

Dagmar: *„Das bedeutet eine 'Diamantenmodifikation - vom anti-sozialen, subkulturellen 'Diamanten' zum 'Gleichgewicht in Gruppen' (Bales 1975). Ziel
der Glen Mills Schools ist, ein Rollengleichgewicht herzustellen."*

Tim: *„In einer Institution wie dieser, einer 'totalen' stell' ich mir das nicht
ganz einfach vor. Ich mein', die Glen Mills Schools hat es doch mit straffälligen Jugendlichen zu tun. Wie handhabt diese Einrichtung das? Wie stellt
sie in einer aus delinquenten Jugendlichen bestehenden Gruppe ein soziales
Rollengleichgewicht her?"*

Dagmar: *„Durch den Abbau der niedrigsten und höchsten Ränge. Die Glen
Mills Schools erwartet von ihren Mitarbeitern, sich mit diesem 'Diamanten'
auseinanderzusetzen - stets, ständig und immer. Diese beobachten die Alltags-
interaktionen und thematisieren dieses Gruppengefüge mit den Jugendlichen.
So gibt es Gruppentreffen, in denen die Jugendlichen ihre Gruppenfunktion
mittels einer 'Selbst- und Fremdeinschätzung' festlegen. Die Mitarbeiter nun
diskutieren diese Rollenvergabe und gleichen sie mit ihren alltäglichen Interaktionsbeobachtungen ab. Anschließend geben sie ihr Analyseergebnis an die
Jugendlichen wie auch anderen Mitarbeiter weiter. So wurde z.B. Michael
das Privileg eines Basketball-Auswärtsspieles entzogen, da sein Verhalten
destruktiv war (vgl. Schäfer 2000, 110). Dies „kostete" Howard, dem Basket-*

ball- Trainer, zwar Tabellenpunkte, jedoch entsprach es der pädagogischen Konsequenz: Nicht der „einzelgängerische Star", sondern der Junge mit Teamgeist wird in Glen Mills favorisiert. Ergänzt wird dies durch eine 'Kraft- Feld-Analyse' (Lewin 1951). Sie erklärt, ob ein Jugendlicher seine Rolle positiv, neutral oder negativ spielt. Bei der 'Kraft-Feld-Analyse' wird die Einschätzung jedes Gruppenmitglieds über jeden auf ein Raster übertragen. Auch dieses Raster wird von den Mitarbeitern diskutiert und korrigiert. Auf dieser Grundlage entwerfen die Mitarbeiter einen Handlungsplan, nach dem rigoros durchgegriffen wird. Versimplifiziert ausgedrückt werden die negativen Jugendlichen konsequent konfrontiert und kontrolliert, die Unterdrückten verstärkt unterstützt, die Neutralen animiert und die Positiven, also die, die sich sozial verhalten offen gelobt und belohnt. Die komprimierteste Form dieser ‚diamanten'orientierten Auseinandersetzung zwischen Mitarbeitern und 'peer group' habt ihr gerade kennengelernt: Die 'Guided Group Interaction' die täglich stattfindende Gruppen-Sitzung."

Dagmar führt fort: „In der 'GGI' wie auch in den alltäglichen Interaktionsbeobachtungen orientieren sich die Mitarbeiter an verschiedenen Kriterien, um Gruppenprozesse zu beobachten: In erster Linie beobachten sie die Gruppennormen. Im Glen Millschen Verständnis können die Normen einer Gruppe positiv oder negativ sein. Positive werden belohnt, negative konfrontiert. Sie beobachten, wessen Gedanken und Themen aufgegriffen werden - wer somit die Gruppe „kontrolliert". Sie beobachten, ob Jugendliche 'subgroups' bilden und sich gegen andere verbünden, ob die Gruppe kohäsiv oder nicht-kohäsiv ist, ob verdeckte, ungeteilte Gefühle bestehen, die den Gruppenprozeß blokkieren, welcher Vertrauenslevel innerhalb der Gruppe vorliegt und wie der Gruppenleiter die Gruppe leitet. Die Glen Mills Schools mißt der non-verbalen Kommunikation große Bedeutung bei. Sie vertritt die Meinung, daß diese Art die ehrlichste der Kommunikation ist. Insofern beobachtet sie, wer wo und neben wem sitzt, wer wem welche 'non verbals' (Gesten und Mimiken) „zuwirft", wer, wenn die Jugendlichen z.B. auf dem Gelände herumgefahren oder zur Bank, zum Einkauf, ins Kino etc. gefahren werden, auf dem Beifahrersitz, dem 'first seat', Platz nimmt oder, ob es immer die gleichen Jugendlichen sind, die in der 'Cafeteria' direkt neben den Saftmaschinen sitzen. Neben diesen und anderen Kriterien versuchen die Mitarbeiter, die Gruppe zu „lesen". Die Fähigkeit, individuelles Verhalten und eine Gruppe „lesen" zu können ist Voraussetzung für eine Tätigkeit in der Glen Mills Schools."

Tim: „Die Gruppe beziehungsweise die Gruppenprozesse zu „lesen", hört sich sehr gut an. Aber, was heißt nun eigentlich 'GGI'?"

Dagmar: „'GGI' heißt 'Guided Group Interaction', 'Geleitete Gruppeninteraktion'. Diese 'GGI' findet täglich von ca. 9.00 - 10.00 Uhr statt. Die 'Geleitete Gruppeninteraktion' stellt eine gruppendynamische Methodik dar, die zur Verhaltensmodifikation 'peer group pressure', Gruppendruck, nutzbar macht.

Dies macht sie, „um dem Individuum zu einer verbesserten Selbst- und Fremd-wahrnehmung, zu erhöhter Kommunikations- und Kooperationsfähigkeit und Verständnis für soziale Prozesse" (Dorsch 1998, 341) sowie 'prosozialem Ver-halten' (Grissom/Dubnow 1989, 47) zu verhelfen. In Anlehnung an den Kri-minalsoziologen Sutherland faßt die Glen Mills Schools delinquentes Handeln aus lerntheoretischer und verhaltenstherapeutischer Sicht auf. In seiner 'dif-ferentiellen Lerntheorie' geht Sutherland - einfach ausgedrückt - davon aus, daß eine Person dann delinquent wird, wenn sie Mitglied einer Gruppe ist, in der deviant-delinquentes Verhalten begünstigende Einstellungen diejenigen überwiegen, die deviant-delinquentes Verhalten negativ bewerten (1974, 397). In seiner 'Theorie der differentiellen Kontakte', d.h. Kontakte mit konformen bzw. deviant-delinquenten Verhaltenstandards, hebt Sutherland den Gruppen-druck der Peers hervor: „Kriminelles Verhalten wird hauptsächlich in inti-men persönlichen Gruppen gelernt" (1974, 397) sagt er. Diesen Lernprozeß und den ihm impliziten Gruppendruck macht die Glen Mills Schools in ihrer 'GGI' nutzbar, denn auch nach ihrem Verständnis stellt 'peer pressure' das wirkungsvollste Mittel zur Verhaltensänderung dar: „Peer pressure is so strong that most people will behave against their own value system because of peer pressure. This is the most powerful tool that social science have" (Bradford u.a. 1983, 14; Glen Mills Schools 4,14), oder, wie John, ein Mitarbeitertrai-ner, formulierte: „Peer pressure can be strong enough to let you jump from one building to another." Die 'GGI' basiert auf der Annahme, daß delinquente Jugendliche - solche also, mit denen es diese Einrichtung zu tun hat - in der Lage sind, ihre Situation real einzuschätzen und dementsprechend zu han-deln (Haskell/Yablonsky 1982, 520). Nach lern- und verhaltenstheoretischem wie auch psychoanalytischem Verständnis blockieren delinquente Jugendliche diese Realitätssicht durch 'Rechtfertigungs-/Neutralisierungstechniken' (Sykes/ Matza 1957, 1974) und 'Strategien zur Vermeidung von Schuldgefühlen' (Redl/Wineman 1979, 149 ff.). Ihr erinnert euch: Charles und Allen meinten, sie hätten Jerrys Konfrontation „nicht registriert" und Don 'neutralisierte' sein Verhalten damit, daß er „ja keine Leerkassette mehr gehabt hätte". In der 'GGI' gilt es, solche 'Strategien' nicht hinzunehmen, sondern aufzudecken und zu kritisieren. In Anlehnung an die Gruppentherapeuten Stephenson und Scar-pitti (1974,26) sowie die von der 'Rand Corporation' beschriebenen Kriterien (Mann 1976, Greenwood/Zimring 1985) fordert die Glen Millsche 'GGI' von den Jugendlichen nicht nur, daß sie diejenigen Denkprozesse erkennen, die negatives Verhalten 'rationalisieren'; ebenso fordert sie von den Schülern, daß sie ihren Peers helfen, alternative Handlungsmöglichkeiten zu erarbeiten. Dies soll durch Feedback realisiert werden."

Tim: „Genau darauf wollte ich eingehen. Wir haben heute morgen in der 'GGI' erfahren, daß die Jugendlichen Feedback geben. Gibt es, außer der Regel mit *dem Fragestellen, andere Regeln für das Feedback? Ich meine, Feedback kann auch ziemlich hart, verletzend sein. "*

Dagmar: *„Stimmt, Feedback kann hart sein; insbesondere, wenn der Betreffende es nicht annehmen will. Teilweise mischen sich die Jugendlichen auch in den 'GGIs' mit 'Rechtfertigungen'/'Neutralisierungen' auf, so daß es dann auch schon 'mal etwas gröber ausfällt. Verletzendes Feedback wird nicht geduldet. Grundsätzliche Intention dieses Rückkoppelungssystems ist, dem Jugendlichen zu helfen und nicht zu verletzen. Nach Anspruch der Glen Mills Schools soll das Feedback unmittelbar, spezifisch und in hilfreicher Weise gegeben werden. Zudem sollte es Lösungsmöglichkeiten beinhalten (vgl. Glen Mills Schools -5, 2). In der Regel ist das auch so. So hat z.B. Anthony, wenn ihr euch erinnern könnt, in der Gruppensitzung heute morgen Don vorgeschlagen, sich von seiner Familie Kassetten mitbringen zu lassen oder mit zum Einkauf zu fahren, um sich Leerkassetten zu besorgen. Aber: Ausnahmen bestätigen die Regel. Z.B. erhielt letztens Michael hartes Feedback. Michael war nicht zum 'Townhouse' anwesend - er saß auf der Veranda bei der Wohngruppe und war zu faul, den Berg zum Schulgebäude hochzugehen. Zudem wollte er sein Fehlverhalten nicht einsehen - er 'neutralisierte' sein Verhalten damit, daß er nicht gewußt hätte, wo 'Townhouse' sei; und das allein ist eigentlich schon ein „dickes Ding", denn dort wird die Vollzähligkeit bzw. Anwesenheit überprüft. In den meisten 'GGIs', denen ich beiwohnte, und das waren viele, wurde im Prinzip - wenn auch 'mal etwas angeregter - faires und konstruktives Feedback gegeben. "*

Harry: *„Okay, das muß ich erst 'mal alles sacken lassen. "*

Tim: *„Ich hab' da noch eine Frage. Auf dem Weg zum Nebenwohnhaus der 'unit' sagtest Du, daß es sich bei Edwards Gruppe um eine solche handele, die sich ausschließlich aus 'bulls' und 'execs' zusammensetze. Was sind 'bulls' und 'execs'?"*

Dagmar: *„'Bulls' und 'execs' sind Jugendliche, die sich - auf der Konzeption des Behandlungsprogrammes der Glen Mills Schools basierend - positiv verhalten. Positives Verhalten bedeutet im Glen Millschen Sinne nicht, sich neutral zu verhalten oder eben „nur" positiv. Es bedeutet in der Glen Mills Schools mehr. Es bedeutet ebenso, negatives, nicht- normkonformes Verhalten zu konfrontieren. Ziel der Glen Mills Schools ist, dem aggressiven, manipulativen Verhalten der Jungs 'gegenzuwirken'. Wie gesagt, um das „A & O" der Glen Mills Schools, die positive, normative Institutionskultur, aufrechtzuhalten, bedient sich die Einrichtung der Konfrontation nicht-normkonformen, 'grenzüberschreitenden', negativen, Verhaltens. Negatives Verhalten wird in dieser Institution nicht nur seitens des Personals konfrontiert. Die Glen Mills Schools setzt, und das ist sehr ungewöhnlich, auf die Mitwirkung beziehungsweise Wirkung ihrer eigenen Klientel. Die 'bull'- und 'exect'- Position* *hat jeder Jugendliche inne, der am gesamten Programm mitmacht und sich verstärkt zur Aufrechterhaltung dieser Institutionskultur einsetzt. "*

Tim: *„Das ist sehr interessant. Wie sieht das denn aus? Ich meine, wie setzen sich die Jugendlichen zur Aufrechterhaltung dieser Institutionskultur ein? Und wie bekommen die Mitarbeiter das zu spüren? Ich meine, wie kontrollieren sie das?"*

Dagmar: *„Es sieht so aus, daß diese Jugendlichen sich normkonform und prosozial verhalten. Und zwar in einem solchen Maß, daß sie jegliches negatives, normverstoßendes Verhalten konfrontieren. Kontrolliert wird es anhand der alltäglichen Interaktionsbeobachtungen der Mitarbeiter wie auch der Jugendlichen. Sie kontrollieren sich untereinander - üben also ständige 'soziale Kontrolle' aus. Im Verlauf seines Aufenthalts bekommt jeder Jugendliche ein sogenanntes 'bulls log'. Inhalte dieses Ordners sind Informationen darüber, wie der Jugendliche die 'bull'- Position erreichen kann, warum es überhaupt erstrebenswert ist, diese Position zu beziehen sowie ein 'confrontation log'. Die 'Konfrontationsmappe' umfaßt 15 Bögen, auf denen jeweils 15 Konfrontationen eingetragen werden. Diese Konfrontationen, z.B. „Ich habe ... konfrontiert, während des Unterrichts leise zu sein. ", werden von dem Konfrontierten gegengezeichnet. Ist die 'Konfrontationsmappe' innerhalb von zwei Wochen ausgefüllt und verhält sich der betreffende Jugendliche allgemein positiv - d.h. er macht in der 'unit', der Schule oder Ausbildung und dem Sport gut mit - erhält er den „Titel" des 'bulls'. Unterstützung bei diesem Prozeß erhält der Jugendliche von den Mitarbeitern, seinen Peers sowie insbesondere seinem 'big brother'. Zum 'big brother' sage ich später noch einmal etwas. "*

Harry: *„Das ist gut. Ich habe nämlich eine Frage. Und zwar: Warum ist es denn erstrebenswert, ein 'bull' zu werden?"*

Dagmar: *„Um Status inne zu haben. In der Glen Mills Schools werden delinquente Gangjugendliche betreut. Jugendliche, die im Sinne Millers (1974) 'These von der Unterschicht' bzw. seinem 'Kristallisationskonzept', Status haben wollen. In ihrem Herkunftsmilieu[12], zumeist den „Straßen von Amerika", in denen sie Bandendelinquenz ausübten, versuchten sie, wie Upchurch es ausdrückt: Status „um jeden Preis" (1997, X.) zu erlangen. Mittels ihrer Alltagsbeschäftigung „Where you hanging? Let's go banging" (Decker/van Winkle 1996, 117) erkämpfen sie sich in ihrer 'peer group' den 'Status', den sie in anderen Bereichen - z.B. Familie, Schule - nicht haben erreichen können. Die ihnen zugrundeliegende Philosophie verdeutlicht der ehemals Kriminelle und Glen Mills- Absolvent Upchurch, indem er davon spricht, daß seine „hereos" diejenigen waren, die schnell waren mit der Faust, dem Messer oder der Pistole; diejenigen, die im dealen, kämpfen oder betrügen Spitze waren. Das Bedürfnis nach Anerkennung und 'Status' dieser Jugendlichen ist immens. Es hat für sie handlungsleitende Funktion - u.U. eine solch ausge-*

prägte, die sie sogar dazu bringen kann, „über Leichen zu gehen". Upchurch war sogar bereit, primär für die Anerkennung einer seiner „heroes" und sekundär für $ 1.500 eine junge Frau zu töten. Upchurch berichtet davon, daß er „alles" getan hätte, um von seinen Peers anerkannt zu werden: Seinerzeit hatte eine junge Frau einem Typen, den er bewunderte, 25 Bündel Heroin gestohlen. „Vernichte die Schlampe!" sagte dieser und gab Upchurch 15 Hundert Dollar, um sie umzubringen. Ohne weiter zu überlegen nahm Upchurch noch in der gleichen Nacht seine 25er- Automatik, kletterte durch ihr Schlafzimmerfenster, stopfte ihr ein Kissen auf den Kopf und schoß fünfmal „auf das Kissen" - sprich: den Kopf der Frau - ein. Da sie nur eine Kugel im Kiefer traf, ist die Frau glücklicherweise nicht gestorben."

„Das Beispiel ist extrem, macht jedoch das Credo dieser Jugendlichen um so deutlicher: „To survive, to belong, and to get status" lautet es.[13] Dieses Motto, „Ich will „überleben", dazugehören und Status haben", dürfen die Jungs in der Glen Mills Schools gerne weiterleben - jedoch, und das ist sehr wichtig: im Sinne prosozialen Verhaltens (Lück 1974, 14 f.; Silbereisen/Schuhler 1993, 275). Sie „überleben, gehören dazu und kriegen Status" - ohne Ende - indem sie im Programm, d.h. in der Wohngruppe, der Schule oder Ausbildung und dem Sport mitmachen, sich der Institutionskultur entsprechend verhalten und negatives Verhalten konfrontieren. Dies machen die 'bulls' und 'exects'. Insofern haben sie höheren Status als andere Schüler. Sie erhalten Gratifikationen und Privilegien die andere Jugendliche nicht erhalten."

Tim: *„Genau an dieser Stelle wollte ich einhaken. Vorhin sagtest du, die Glen Mills Schools würde versuchen, eben dieses 'Rollengleichgewicht' herzustellen. Wenn aber nun Jugendliche, wie die 'bulls' und 'exects', höheren Status haben als andere Jugendliche, wie kann die Glen Mills Schools da von einem Rollengleichgewicht oder vom Knacken dieses 'Diamanten' sprechen?"*

Dagmar: *„Das ist eine gute Frage, denn da ist was dran. Die 'bulls' und 'exects' nehmen - im Sinne Banduras (1976) - die Rolle des 'Modells' ein. Sie 'modellieren' positives, prosoziales Verhalten und fungieren somit als 'Vorbilder', als weitere Vorbilder neben den Mitarbeitern. Insofern kann auch vom Vorhandensein einer Gang gesprochen werden - nämlich von einer prosozialen. Und genau diese ist die Stärke der Glen Mills Schools. Diese Gang verhält sich positiv und übt genau das aus, was die Jungs von der Straße her kennen: 'peer group pressure'. Diese bulls und exects stellen die 'positive peer group' (Allen u.a. 1970), das Gegenmodell zur 'Subkultur' dar."*

Tim: *„Das halte ich für eine gute Idee."*

Dagmar: *„Ja, so ging es schon einigen. Dazu sage ich zu einem späteren Zeitpunkt noch etwas."*

Tim: „Das ist gut, ich hab´ da nämlich noch eine Frage. Was für Belohnungen und Privilegien bekommen die Jugendlichen, die sich positiv verhalten wie z.B. diese 'bulls'?"

Dagmar: „Sie werden sowohl symbolisch als auch materiell belohnt. Die Organisationssoziologie spricht von 'remunerativer' und 'normativer power' (Etzioni 1975, 489). Die Belohnungen erstrecken sich vom öffentlichen Lob über spezielle innerinstitutionelle Aktivitäten wie z.B. Barbecues auf dem Campus, gemütliche „Pizzanachmittage" oder Videoabende mit Pizzen von außerhalb bis hin zu außerinstitutionellen Aktionen wie z.B. Kinobesuche, Besuche von Sportveranstaltungen, Auswärtsspielen etc. Ferner erhalten diese Schüler regelmäßige Wochenendurlaube sowie auch Gratifikationen."

Tim: „Lerntheoretisch gesehen versucht die Glen Mills Schools also institutionskonformes, positives Verhalten mittels 'positiver Verstärker' zu erzeugen und zu fördern."

Dagmar: „Ja, genau. Und unter diese positiven Verstärker sind auch die Privilegien zu subsumieren. Privilegierte Glen Mills-Schüler haben Vorrechte und Sonderstellungen. So hat ein Jugendlicher mit bull- Status z.B. das Vorrecht vor anderen, sich negativ oder neutral verhaltenden Jugendlichen, die besseren Plätze zu belegen, beispielsweise bei Wohngruppenversammlungen nicht auf dem Teppichboden, sondern auf der Couch oder in einem Sessel zu sitzen, oder sich - in der 'Student Union', dem Freizeitgebäude - in der 'bulls lounge' aufzuhalten. Ferner sichert der 'bull'- Status einen 'co-professionellen Status' während der Gruppentreffen. Er wird als ernstzunehmender Helfer respektiert und gewürdigt. An ihn werden Verantwortlichkeiten delegiert wie z.B. die Überprüfung der Vollzähligkeit bzw. Anwesenheit, das Anfertigen einer Aktivitätsliste."

Tim: „Okay, das kann ich nachvollziehen. Du erwähntest ja vorhin, daß diejenigen, die sich positiv verhalten, unterstützt werden. Weiter sagtest du, daß diejenigen, die sich negativ verhalten, konsequent konfrontiert werden. Das ist mir einigermaßen klar - das kann ich mir nun in etwa vorstellen, wie das abläuft. Was ich aber noch nicht so ganz verstehe, ist, was du damit gemeint hast, als du sagtest, daß diejenigen, die sich neutral verhalten, animiert werden. Wozu werden sie animiert? Zum Konfrontieren, oder wozu? Und: Was passiert, wenn ein statushoher Schüler, wie so ein 'bull', sich negativ verhält?

Dagmar: „Wenn sich ein statushoher Schüler negativ verhält, wird er seinen privilegierten Status verlieren. So hat z.B. William seinen 'bull'- Status verloren. William hat einem Mitschüler Zigarretten geschenkt. Solch ein Verhalten widerspricht der Glen Millschen Erwartungshaltung an einen statushohen Schüler, der als Modell fungieren soll. Es widerspricht der Campusnorm, nach der Dinge weder ge- oder verliehen noch verschenkt werden. Derartiges Ver-

halten ruft subkulturelle Strukturierungen hervor - also genau die Gruppen-
struktur, die die Glen Mills Schools ablehnt und vermeiden will. Also wurde
William - lerntheoretisch ausgedrückt - 'negativ verstärkt'. Das andere hast
du richtig verstanden: Die sich neutral verhaltenden Jugendlichen werden ani-
miert, sich am Programm stärker zu beteiligen und das schließt vor allem die
sofortige Thematisierung normenverstoßenden Verhaltens ein. Ferner schließt
es die aktive Beteiligung in den Gruppensitzungen ein, was heißt, daß sie sich
trauen ihren Peers verbal auch kritisches Feedback zu geben. So wurde Alex,
ein 16jähriger Jugendlicher, aufgefordert, sich stärker am Programm zu betei-
ligen: Alex war seit drei Monaten in der Glen Mills Schools untergebracht.
Er war ein unauffälliges, ruhiges, defensiv-distanziertes und verschlossenes
Gruppenmitglied. In den 'GGIs' sagte er nahezu „kein piep und pap"; teilte
seinen Peers also nicht mit, wie er über dieses oder jenes Verhalten denkt - sei
es bei kritischen Feedback-Sitzungen oder auch entspannteren Gruppensitzun-
gen, z.B. wenn Gruppenmitglieder ihre Ängste bezüglich ihrer ersten Heimat-
beurlaubung thematisierten. Um so bedenklicher jedoch empfanden die Mit-
arbeiter sein allgemeines Campusverhalten: Bereits einige Male schon nahm
Alex es hin, wenn er von seinen Peers gestichelt wurde, so daß Gefahr bestand,
daß er eine Laufjungenposition beziehen wird. Aufgrund dessen wurde Alex
zum einen aufgefordert, seinen Peers in den Gruppensitzungen Feedback zu
geben - mit dem Ziel der Integration in die Gruppe. Zum anderen wurde er
aufgefordert, seine Peers im Falle negativen Verhaltens zu konfrontieren, um
eine Laufjungenkarriere zu vermeiden."

Tim: *„Okay, das hab ich kapiert."*

Wir verlassen jetzt das Wohnhaus und begeben uns bergauf, zum Schulgebäude. Komfortabel, wie es in Glen Mills ist, fahren wir mit einer Golf-Elek-
trowagen. Es ist jetzt 10.00 Uhr. Am Schulgebäude angekommen fährt Tom
mit einer Gruppe von Jugendlichen zur Bank und zum Einkauf. Edward, Matt,
Dagmar, Harry und ich betreten einen der beiden Lincoln Hall- Klassenräume.
Edward teilt die Jugendlichen in zwei Gruppen auf: Eine verbleibt in seinem
Klassenraum und erhält Mathematikunterricht. Die andere geht in den dane-
ben liegenden Raum und wird von Matt und Dagmar im Lesen auf einen
bevorstehenden Metropolitan Achievement Test vorbereitet. Wir schauen uns
ein wenig um: Wir befinden uns in einem mit ca. 20 Einzeltischen, vier
Computertischen und einem Lehrerschreibtisch ausgestatteten Klassenraum.
In dem unter der Fensterbank gelegenen Regal befinden sich Lehr- und
Arbeitsbücher. Der Raum ist mit einem Fernseher und Videorekorder sowie
Telefon ausgestattet. Die Wände sind mit Schreib- und Magnettafeln versehen.

Die meisten Jugendlichen bereiten ihren Arbeitsplatz vor (Buchauswahl,
Anspitzen des Bleistiftes etc.), setzen sich an ihre Tische und beginnen,

zu arbeiten. Zwei Jugendliche überprüfen, ob der Klassenraum in einem ordnungsgemäßen Zustand ist. Ein Jugendlicher setzt sich an den Arbeitsplatz mit dem Telefon. Dieser Jugendliche wählt diverse Telefonnummern an, fragt nach der Anwesenheit verschiedener Jugendlicher und macht Eintragungen in einem dafür vorgesehenen Vordruck. Im Anschluß daran teilt er Edward und Dagmar mit, daß die Gruppe vollzählig ist. **Dagmar** erläutert uns, daß dies eine weitere Vollzähligkeit gewesen sei: *„Dieser Jugendliche, Shannon, führte eine weitere Vollzähligkeit durch. Nicht alle Wohngruppenmitglieder befinden sich, wir ihr ja mitgekriegt habt, in diesen beiden Klassenräumen. Die Lincoln Hall unterrichtet intermediate level, die Zwischenklasse. Viele der Jugendlichen sind in der Highschoolabschluß- und Collegevorbereitungsklasse. Einige nehmen vormittags an einer berufsbildenden Maßnahme oder auch am Sportunterricht teil, zwei sind zum resource meeting[14] und einige sind mit Tom unterwegs. Aufgrund dessen befinden sich die Wohngruppenjugendlichen an verschiedenen Aufenthaltsorten. Diese rief Shannon an, um sich ihre Anwesenheit bestätigen zu lassen. "*

Harry: *„Von wem läßt er sich das denn bestätigen, daß die Jungs dort anwesend sind?"*

Dagmar: *„Von anderen Jugendlichen. In jedem Klassen- und Ausbildungsraum ist jeweils ein Jugendlicher für die Überprüfung der Anwesenheit zuständig. "*

Tim: *„Du sagtest eben, daß einige Jugendliche in anderen Lernstufen, am Sportunterricht oder auch an einer berufsbildenden Maßnahme teilnehmen würden. Welche Schul- , Sport- und Ausbildungsarten bietet die Glen Mills Schools an?"*

Dagmar: *„Der Schulunterricht erstreckt sich vom Basisunterricht für Analphabeten über die Zwischenstufe und dem GED- Curriculum, d.h. der US- Hochschulreife, bis hin zum 'College Program', bei welchem Glen Mills-Jugendliche sowohl in der Einrichtung als auch im nahegelegenen Delaware County Community College unterrichtet werden. Die Glen Mills Schools verfügt über einen Herman Barcus Scholarship Fond, mittels dessen sie qualifizierte Jugendliche nach der Entlassung unterstützt. Die Sportarten umfassen 15 Disziplinen: Leicht- und Hallenathletik, Gelände- und Langstreckenlauf, Basketball, Hockey, Baseball, Volleyball, Lacrosse, Soccer, Tennis, Golf, Schwimmen, Ringen, Gewichtheben und American Football. Jeder Jugendliche ist verpflichtet, an mindestens einer Disziplin teilzunehmen. Die Sportteams der Glen Mills Schools treten gegen Highschoolmannschaften in Liga-, Kreis-, Bezirks- und Landes- wie auch Staatsmeisterschaften an. Die Meisterschaften finden also nicht nur lokal, sondern auch regional und national statt, so daß eine Teilnahme an diesen nicht selten mit einem außerinstitutionellen Aufenthalt verbunden ist. So ist z.B. das Footballteam nach Miami geflogen, um dort an einer Staatsmeisterschaft teilzunehmen. Die berufsbildenden Maßnahmen* *erstrecken sich von handwerklich- mechanische über kreativ- designerische bis hin zu tontechnisch- videoproduzierende Ausbildungsgängen. Die Jugendlichen können an einem Ausbildungsgang zum Tischler, Schweißer, KFZ-Mechaniker, Elektriker, Koch, Verkäufer, Keramikverarbeiter, Designer, Friseur, Fotograf, Journalist, Drucker, Tontechniker, Radiomoderator, Videoproduzent sowie Optiker aufnehmen. Insgesamt bietet die Glen Mills Schools also 16 ver-*

GMS Football Team

schiedene berufsbildende Möglichkeiten an.

Harry: *„Das ist beeindruckend. Wo befinden sich die Ausbildungsbetriebe?"*

Dagmar: *„Hier, auf dem 'Campus'. Wenn ihr Interesse habt, sie euch 'mal anzugucken, kann euch ein 'exect' oder 'bull' herumführen. Das sind die Jugendlichen gewohnt. Es kommen viele an der Einrichtung Interessierte, Lehrer und Schüler oder auch Studierende aus der Umgebung, um sich den Campus anzuschauen. Diese werden dann gewöhnlich von den Jugendlichen herumgeführt."*

Tim: *„Ja, gerne. Vielleicht morgen vormittag?"*

Dagmar: *„Morgen vormittag würde ich euch gerne das 'reps meeting' zeigen. Das ist ein Treffen der Wohngruppen-Repräsentativen."*

Tim: *„Was heißt das?"*

Dagmar: *„Jede Wohngruppe wählt zwei ihrer exects zu ihren Repräsentativen, die ihre unit auf diesem Treffen vertreten."*

Tim: *„Vertreten - womit?"*

Dagmar: *„Mit wohngruppenbezogenen Informationen, die für den gesamten 'Campus' relevant sind. Das 'reps meeting' ist ein den 'Campus' betreffender Informationsaustausch. Durchgeführt und moderiert wird es von den Jugendlichen selbst. Näheres würde ich euch gerne morgen mitteilen beziehungsweise erfahren lassen."*

Sie wendet sich einem Jugendlichen zu, der Unterstützung benötigt. Zwei Jugendliche helfen sich untereinander. „Sollte der Wissensstand der Jugendlichen nicht ausreichen, um sich gegenseitig zu helfen, erhalten sie Unterstützung seitens der Mitarbeiter" erläutert Dagmar. Wir setzen uns hin und lassen das Geschehen auf uns wirken: Die Jugendlichen sitzen an ihren

Tischen und arbeiten. Keiner (außer der beiden, die sich untereinander helfen) spricht, läuft oder albert herum. Alle wirken sehr konzentriert auf uns.

Es ist jetzt ca. 11.45 Uhr. Edward, Matt und Dagmar fordern die Jugendlichen auf, die Arbeit zu beenden und die Materialien wegzuräumen. Währenddessen treffen Jugendliche aus anderen Lernstufen/Ausildungsbetrieben und vom Sport sowie Tom mit seiner Bank- und Einkaufsgruppe ein. Nachdem die Anwesenheit erneut überprüft wird, begeben wir uns auf den Weg zur Student Union, dem Freizeitgebäude. Dort angekommen geben die Jugendlichen ihre Büchertaschen ab und entfernen die Schutzhüllen von den Billard- Tischen. Zwei Jugendliche kommen auf Edward zu und fragen ihn, ob sie in die Cafeteria gehen könnten. Edward fragt die beiden, ob genügend Jugendiche hier, im Freizeitgebäude seien, um den Service und die Aufsicht zu leisten. Die beiden informieren Edward über die Aufgabenverteilung: Zwei Jugendliche sind für die Garderobe (Empfang der Bücher- und Sporttaschen sowie eventueller Jacken), zwei für die Telefone und einige andere sind für diverse andere Aufgaben, z.B. Treppen- und Fluraufsicht, eingeteilt. Nachdem das geklärt ist, gehen die beiden in die Cafeteria, um dort Mittag zu essen. Edward geht in die snack bar. Dagmar erläutert uns, daß die Lincoln Hall jeden Montag für den Service und die Aufsicht in der Student Union zuständig sei. An den anderen Tagen hätten die Lincoln Hall- Jugendlichen auch die Möglichkeit zum Billard-, Tisch- Tennis-, Tischfußball- oder auch Flipper-Automat Spielen.

Es ist jetzt 12.00 Uhr. Sämtliche Jugendliche erscheinen in dem Freizeitgebäude, geben ihre Taschen ab, fangen an, zu spielen, gehen telefonieren etc. In der Student Union ist viel in Bewegung. Einige Jugendliche holen sich aus der snack bar etwas zu essen, setzen sich hin und essen Pizzen, Sandwiches etc. Wir auch. Währenddessen schießen Harry und mir ein paar Gedanken durch den Kopf, u.a. zur Rolle der Mitarbeiter:

Tim: *„Du sagtest, daß die Glen Mills Schools von jedem Mitarbeiter und Jugendlichen erwarten würde normenverstoßendes Verhalten zu konfrontieren und daß die statushohen Schüler und die Mitarbeiter eine Vorbildrolle einnehmen. Ist das so? Ich mein´ jetzt eher die Mitarbeiter."*

Dagmar: *„In der Regel ja. Ihrer lerntheoretischen Grundlage entsprechend, fordert diese Einrichtung von ihren Mitarbeitern die Modellierung der Verhaltensweisen ab, die von den Schülern erwartet werden - jederzeit und -orts auf dem Glen Mills- Campus. Wenn ihr jetzt z.B. aus dem Fenster gucken würdet, würdet ihr evtl. sehen, daß alle Mitarbeiter wie auch die Kinder des leitenden Schuldirektors in der Menschenschlange, die sich nahezu jeden morgen, mittag und abend vor der Cafeteria bildet, anstehen."*

Tim: *„Und wenn nicht, ich mein', wenn sich die Mitarbeiter nicht 'vorbildlich' verhalten - was ist dann?"*

Dagmar: *„Dann werden sie selbst Subjekte kritischer Feedbacks. Wie z.B. im Falle Eds."*

Tim: *„Was war los mit Ed?"*

Dagmar: *„Ed, ein langjähriger Wohngruppenmitarbeiter, wurde aufgefordert, sich in die Schlange vor dem Speisesaal einzureihen. Ed war sehr hungrig und in Eile. Um möglichst schnell in den Speisesaal zu gelangen, ging er an den davor anstehenden Personen vorbei und drängelte sich vor. Das gab Anlaß zur Konfrontation, denn sein Verhalten entsprach nicht dem Modellierungsanspruch der Glen Mills Schools."*

Tim: *„Das ist sehr interessant."*

Dagmar: *„Ja, und um so interessanter verhält es sich mit Curtis, einem anderen Mitarbeiter. Curtis wurde nämlich gemahnt und vom Wohngruppendienst in den Tischlereibetrieb versetzt."*

Tim: *„Was hat Curtis gemacht?"*

Dagmar: *„Curtis hat einen Jugendlichen Sammelpunkte aus Zigarrettenschachteln für sich sammeln lassen. So ein Verhalten entspricht nicht der Erwartungshaltung der Glen Mills Schools, nach der weder unter den Jugendlichen noch unter den Jugendlichen und Mitarbeitern Dinge ge- und verliehen, getauscht oder geschenkt werden. Curtis´ Verhalten entspricht einer Fraternisation (Goffman 1996, 61), d.h. einer Verbrüderung mit der Klientel. Würde es sich bei Curtis um einen Schüler handeln, würde von gegenläufigem, subkulturellem Verhalten gesprochen werden - also genau dem Verhalten, welches diese Einrichtung total ablehnt und zu unterbinden sucht. Also erhielt Curtis Feedback in Form einer Mahnung und Versetzung."*

Es ist jetzt 12.45 Uhr. Edward fordert die Jugendlichen auf, ihre Spiele zu beenden und aufzuräumen. Anschließend wird die Vollzähligkeit erneut überprüft. Einige Jugendliche müssen in ihren Ausbildungsbetrieb, zum Sport oder in eine andere Klasse. Jeweils in Zweiergruppen formiert begeben sie sich auf ihren Weg. Wir begeben uns in Richtung Bibliothek. Die Bibliothek ist in der ehemaligen Kirche untergebracht. Dieses ansprechende Gebäude ist aus grauem Granit errichtet und mit Bleiglasfenstern versehen. „Edel" denken Harry und ich: Marmorstatue des Stifters im Foyer, kunstvolle romanische Deckenkonstruktion, großes Aquarium, stilvolle Einrichtung: große Lesetische, noble Lampen, bequeme Stühle wie auch Sessel, mehrere Computer und sehr viele Bücher. Zwei Jugendliche sind für den Verleih und die Rückgabe der Bücher zuständig. Diese sitzen an einem dafür vorgesehenen Arbeitstisch. Bei Titelangabe des gewünschten Buches schauen sie im Computer nach, machen die Signatur ausfindig, holen es aus dem entsprechenden Regal und verbuchen es. Einige der Lincoln Hall-Jugendlichen schauen sich in der Bibliothek um, um ein neues Buch auszuwählen. Der Großteil sitzt und liest. Harry und ich entspannen uns in der Sitzecke.

Währenddessen erläutert uns **Dagmar:** *„Jeden montag nachmittag, in der Zeit von 13.00 - 15.00 Uhr, ist die Lincoln Hall in der Bibliothek. Hier sitzen die Jugendlichen und lesen. Bildung erachtet die Glen Mills Schools als sehr wichtig. Ihr erinnert euch:*

GMS-Students mit Bildungsabschluß

Eine Basis- Norm heißt „Klassenräume und Bildung sind heilig". Und ihr könnt euch sicher noch daran erinnern, wie konzentriert die Jugendlichen heute vormittag im Klassenraum gearbeitet haben. Die Glen Mills Schools formuliert zwei Basis- Mandate für ihre Schüler: 1. Die Veränderung von antisozialem Verhalten zu prosozialem. und 2. Das Entwickeln von life skills, von Fähigkeiten, die helfen, diese Veränderung auch aufrechtzuerhalten (vgl. Glen Mills Schools - 6, 1). Unter diese 'life skills' subsumiert die Glen Mills Schools soziales, akademisches, berufliches und sportliches Wachstum, wobei akademisches Wachstum ebenso allgemeinbildende, lebenspraktische Elemente, wie z.B. das Eröffnen eines Kontos, Haus- und Wirtschaftsplanung, Planen einer Reise beinhaltet. Dieser recht umfassende Zielkatalog leitet sich aus kriminalsoziologischer Theoriebildung ab: Ausgehend von anomischen Gesellschaftsverhältnissen (Durkheim 1966) und auf der Grundlage der Mertonschen Diskrepanztheorie (Merton 1974) und der Clowardschen Gelegenheitstheorie (Cloward 1974) begreift die Glen Mills Schools ihre Aufgabe darin, ihre Schüler mit legitimen Mitteln auszustatten und ihnen die Chance zu eröffnen, im Anschluß an den Glen Mills-Aufenthalt in der freien Wirtschaft konventionellen statt deviant- delinquenten Beschäftigungen nachgehen zu können. Sie sieht ihre Aufgabe darin, ein geeignetes Milieu bereitzustellen, in dem eine Lernstruktur und eine Struktur von Zugangschancen für legitime Mittel (Cloward 1974, 321) sichergestellt ist. Die Erfolgsquote nach mindestens einem Jahr nach der Entlassung aus der Glen Mills Schools liegt bei ca. 65-70 %, d.h. die Rückfallquote liegt bei nur ca. 30-35 %.

Um 14.45 Uhr fordert Edward die Wohngruppe auf, sich startklar zu machen. Wir verlassen die Bibliothek und begeben uns wieder in Richtung Student Union. Dort angekommen geschieht ungefähr das Gleiche wie gegen Mittag. Die Uhr zeigt jetzt 15.45 Uhr an. Fast alle Mitarbeiter des Lincoln Hall-Teams sind in der Student Union versammelt. Ray, der Teamleader, begrüßt uns und beginnt, das Team über die Inhalte des Leitungstreffens (resource meetings) zu informieren. Z.B. informiert Ray darüber, daß die exects morgen, Dienstag um 11.00 Uhr Jobgespräche durchführen würden. Er merkt an, daß Ike, ein Jugendlicher der Lincoln Hall, seine Bewerbung für einen Job in der Cafeteria bei den campus exects einreichen könne. Anschließend tauschen die Mitarbeiter sich über die Vorkommnisse des Wochenendes und heutigen Tages aus. Die Frühschicht hat nun Feierabend und verabschiedet sich. Die Jugendlichen werden aufgefordert, sich startklar zu machen. Für das Dinner. Da gehen wir doch mit, denken Harry und ich uns. Zusammen mit der unit gehen wir in die Cafeteria. Dort angekommen nehmen wir uns ein Tablett, bekommen Essen zugereicht und begeben uns auf die Suche nach der Kasse. Erfolglos - eine Kasse können Harry und ich nirgends finden. „Alle Mitarbeiter wie auch Besucher werden in der Glen Mills Schools verpflegt", erläutert Dagmar. „Also greift zu und laßt es euch schmecken", fügt sie hinzu. Diesen Rat befolgen wir und lassen es uns schmecken. Und dabei sind wir nicht die einzigen - etliche Jugendliche begeben sich ein zweites, teilweise sogar ein drittes Mal auf den Weg, um „Nachschub" zu holen, denn ‚ein voller Magen schlägt nicht gern', so ein bestechend pragmatisches Glen Mills Motto !

Was für ein Tag. So viele Eindrücke, so viel Neues, das wir erst einmal sacken lassen müssen - wie das gute Essen. Wir sind fürs Erste informationsgesättigt, auch ein wenig müde. Damit geht's uns nicht anders wie den Jugendlichen. Insofern beschließen wir diesen Tag und sehen mit Spannung entgegen, was uns morgen erwartet: „Lasst es uns hier jeden Tag ein bisschen besser machen", hatte uns der Direktor mit auf den Weg gegeben. Wir fangen an, daran zu glauben.

Anmerkungen

1 Die Verfasserin hat die „Sicherheit" dieser Maßnahmen in Anführungsstriche gesetzt, da nachgewiesen wurde, daß derartige ab- und einsperrende Mittler lediglich „äußere", nicht jedoch „innere" Sicherheit zu gewährleisten vermögen (vgl. Goffman 1996*, 78; Müller- Dietz 1993, 513; Weidner 1986, 37 f.; s. dazu auch Schäfer 2000, 70 ff.).

2 Der Terminus „Eintauchen" ist in diesem Zusammenhang sowohl symbolisch als auch im Sinne des forschungsmethodischen Vorgehens der Verfasserin (vgl. Schäfer 2000, 19 ff.) zu verstehen: In der Tradition der 'Chicagoer Schule' (vgl. Trasher 1936, Whyte 1981, für den Bereich der institutionellen Analyse Polsky 1987*, Goffman 1996*), die in ihrer „Verstehensperspektive" in die Welt derer eintauchen, die es zu verstehen gilt.

3 Vgl. Grissom/Dubnow 1989, 112.

4 S. auch Guder 1997, 132; Schäfer 2000, 56 f.

5   S. dazu etwa Weidner 1986, 14 ff.; Ottmüller 1988, 45 ff.; Grissom/Dubnow 1989, XX; ff.; Ireson 1998, 6 ff. oder Schäfer 2000, 22 ff.

6   S. dazu Ottmüller 1988, 86 ff.

7   S. dazu auch Ottmüller 1988, 76; Schäfer 1999, 35 f.

8   Vgl. auch Ferrainola 1984; Ottmüller 1988, 76 ff.; Grissom/Dubnow 1989, 52 ff.; Schäfer, 1998

9   S. auch Weidner 1998.

10 Charles nimmt an einer anderen 'GGI' teil.

11 In den Gruppensitzungen ist es den Jugendlichen erlaubt, sich derart - in Glen Millscher Terminologie: „disrespektierlich" - auszudrücken. Nach Erfahrung der Einrichtung ermöglicht dies eine freiere und authentischere Assoziation.

12 S. dazu Schäfer 2000, 26 ff.

13 Vgl. die Ausführungen des ehemaligen Glen Mills- Schülers Upchurch 1997, X, 23, 35

14 'Resource meeting': Mitarbeiterkonferenz des leitenden Schuldirektors mit den leitenden Bereichsdirektoren und Wohngruppenleitern.

Literatur:

Allen, R. F./Dubin, H. N./Pilnick, S. u. a.1970: Collegefields. From Delinquency to Freedom. Seattle: Special Child Publications.

Allen, R. F./Pilnick, S. 1973: Confronting the Shadow Organization: How to Detect and Defeat Negative Norms, in: Organization Dynamics, Spring, P. 3-18.

Bales, R. F. 1975: Die Interaktionsanalyse. Ein Beobachtungsverfahren zur Untersuchung kleiner Gruppen, in: König, R. (Hrsg.): Beobachtung und Experiment in der Sozialforschung. Köln: Kiepenheuer & Witsch (Orig. 1956), S. 148-167.

Bandura, A. 1976: Lernen am Modell. Ansätze zu einer sozial- kognitiven Lerntheorie. Stuttgart: Klett (engl. Orig. 1971).

Becker, H. 1981: Außenseiter. Zur Soziologie abweichenden Verhaltens. Frankfurt a.M.: Fischer (engl. Orig. 1963).

Blumer, H. 1973: Der methodologische Standpunkt des symbolischen Interaktionismus, in: Arbeitsgruppe Bielefelder Soziologen (Hrsg.): Alltagswissen, Interaktion und gesellschaftliche Wirklichkeit. Reinbek: Rowohlt, S. 80-146.

Bradford, L. P./Stock, D./Horwitz, M. 1983: How to Diagnose Group Problems. Glen Mills (Typoscript).

Breen, L./Allen, M. M. 1983: Gang Behavior. Psychological and Law Enforcement Implications, in: FBI Law Enforcement Bulletin, No. 2, P. 19-24.

Brüggen, F. 1987: Normenprobleme: Zur Theoriegeschichte, in: Eyferth, H./Otto, H.-U./ Thiersch, H. (Hrsg.): Handbuch der Sozialarbeit/ Sozialpädagogik. Eine systemische Darstellung für Wissenschaft, Studium und Praxis. Neuwied, Darmstadt: Luchterhand.

Cloward, R. A. 1974: Illegitime Mittel, Anomie und abweichendes Verhalten, in: Sack, F./König, R., a.a.O., S. 314-338.

Dainty, W. J. 1997: The Influence of Selected Variables on the Recidivism Rate of Secondary School Aged Males in a Residential School Setting. Widener University (Diss.).

Decker, S. H./van Winkle, B. 1996: „Where You Hanging? Let's Go Banging." What Gang Members Do, in: Decker, S.H./van Winkle, B. (Eds.): Life in the Gang. Family, Friends, and Violence. Cambridge: University Press, P. 117-123.

Dorsch, F. 1998: Gruppendynamik, in: Häcker, H./Stapf, K. H. (Hrsg.): Dorsch Psychologisches Wörterbuch. Bern: Huber, S. 341.

Drosdowski, G. 1990: Duden. Das Fremdwörterbuch. Mannheim, Leipzig, Wien, Zürich: Dudenverlag.

Durkheim, E. 1966: Über die Anomie, in: Mills, C. W. (Hrsg.): Klassiker der Soziologie. Eine polemische Auslese. Frankfurt a. M.: Suhrkamp, S. 394-436.

Eisenbach- Stangl, I. 1978: Über den Begriff der totalen Institution: zu seinem Inhalt und zu seiner Geschichte, in: Österreichische Zeitschrift für Soziologie, H. 2, S. 4-16.

Etzioni, A. 1975: A Comparative Analysis of Complex Organizations. On Power, Involvement, and Their Correlates. New York: The Free Press (Orig. 1961).

Etzioni, A. 1978: Soziologie der Organisationen. München: Juventa (engl. Orig. 1967).

Ferrainola, C. D. 1984: Regarding Levels of Confrontation Dealing with Student Behavior. The Glen Mills Schools. Glen Mills (Typoscript).

Ferrainola, C. D. 1999: Zur Notwendigkeit einer effektiven Veränderung stationärer Behandlungsmodelle delinquenter Jugendlicher, in: DVJJ- Journal, H. 3, S. 321-324 (engl. Orig. 1993).

Flitner, A. 1996: Gegenwirken - Mitwirken, in: ders.: Konrad, sprach die Frau Mama ... . Über Erziehung und Nicht- Erziehung. München: Piper, S. 98-115 (Orig 1985).

Freigang, W. 1986: Verlegen und Abschieben. Zur Erziehungspraxis im Heim. Weinheim, München: Juventa.

German Mills Student Exchange Program e.V. o. J.: German Mills Student Exchange Program. Lüneburg (Manuskript).

Glen Mills Schools 1995: Glen Mills Schools Education. Glen Mills (Typoscript).

Glen Mills Schools - 1: Norms Training Notes. Glen Mills (Typoscript).

Glen Mills Schools - 2: The Five Behavioral Norms that are the Foundation of the Glen Mills Schools. Glen Mills (Typoscript).

Glen Mills Schools - 3: Eight Points of Group Process Observation. Glen Mills (Typoscript).

Glen Mills Schools - 4: Guidelines for Starting a Guided Group Interaction Group. Glen Mills (Typoscript).

Glen Mills Schools - 5: Conditions of Feedback. Glen Mills (Typoscript).

Glen Mills Schools - 6: Glen Mills Schools. Service to Youth since 1826. Glen Mills (Typoscript).

Goffman, E. 1996: Asyle. Über die soziale Situation psychiatrischer Patienten und anderer Insassen. Frankfurt a.M.: Suhrkamp (engl. Orig. 1963).

Grissom, G. R./Dubnow, W. L. 1989: Without Locks and Bars. Reforming our Reform Schools. New York: Preager Publishers.

Grissom, G. R. 1991: The Glen Mills Schools Research Project. Summary Report. Philadelphia: University Science Center.

Guder, P. 1997: Ohne Schloß und Riegel - Eine offene Alternative auch für den Umgang mit deutschen jugendlichen aggressiven Mehrfachtätern zwischen Jugendhilfe und Justiz?, in: DVJJ- Journal, H. 2, S. 123-13

Haskell, M. R./Yablonsky, L. 1982: Juvenile Delinquency. Boston.

Ireson, R. A. 1998: A Case Study: Interagency Cooperation and Collaboration in Providing a Continuum of Services to Incarcerated Juvenile Delinquents from Replacement to Transition and Beyond. Widener University (Diss.).

Kaiser, G./Kerner, H.-J./Sack, F. u.a. 1993: Kleines Kriminologisches Wörterbuch. Heidelberg: C.F. Müller Juristischer Verlag GmbH.

Kelly, G. A. 1986: Die Theorie der persönlichen Konstrukte. Paderborn: Junfermann-Verlag (engl. Orig. 1955).

Lamnek, S. 1993: Theorien abweichenden Verhaltens. München: Fink (Orig. 1979).

Lewin, K. 1951: Field Theory in Social Science. New York: Harper.

Lück, H. E. 1975: Prosoziales Verhalten. Empirische Untersuchungen zur Hilfeleistung. Köln: Kiepenheuer & Witsch.

Mead, G. H. 1995: Geist, Identität und Gesellschaft aus der Sicht des Sozialbehaviorismus. Frankfurt a.M.: Suhrkamp (engl. Orig. 1934).

Merton, R. K. 1974: Sozialstruktur und Anomie, in: Sack, F./König, R. (Hrsg.), a.a.O., S. 283-313.

Miller, W. B. 1974: Die Kultur der Unterschicht als ein Entstehungsmilieu für Bandendelinquenz, in: Sack, F./König, R., a.a.O., S. 339-359.

Miller, W. B. 1982: Youth Gangs. A Look at the Numbers, in: Children Today, No. 3, P. 10-13.

Müller- Dietz, H. 1993: Strafvollzug, in: Kaiser, G./Kerner, H.-J./Sack, F. u.a., a.a.O., S. 507-523.

Ottmüller, C. O. 1988: Glen Mills Schools. Ein Modell der Jugendkriminalrechtspflege in den USA. Pfaffenweiler: Centarus.

Polsky, H. W. 1987: Cottage Six. The Social System of Delinquent Boys in Residential Treatment. Malabar (FL): Krieger Publishing Company (Orig. 1962).

Redl, F. 1987: Erziehung schwieriger Kinder. Beiträge zu einer psychotherapeutisch orientierten Pädagogik. Bearbeitet und hrsg. v. R. Fatke, München: Piper (engl. Orig. 1966).

Redl, F./Wineman, D. 1979: Kinder, die hassen. Fehlfunktionen des Ichs bei milieugeschädigten Kindern. München: Piper (enl. Orig. 1951).

Rollo, N./Adams, L. W. 1993: A Map Through The Mind. A Guide to Surviving the Criminal Justice System. Dallas: OPEN, INC.

Sack, F. 1972: Definition von Kriminalität als politisches Handeln: der labeling approach, in: Kriminologisches Journal, H. 1, S. 3-31.

Sack, F./König, R. 1974: Kriminalsoziologie. Frankfurt a. M.: Akademische Verlagsgesellschaft (engl. Orig. 1956).

Schäfer, D. 1998: Let's sail into an ocean of opportunity - Oder: Glen Mills Schools, ein ganz besonderes Modell der Jugendkriminalrechtspflege. Eine Einladung zu einem Segeltörn durch ein Programm „ohne Schlösser und Riegel". FH Hamburg (Kolloquiumsarbeit).

Schäfer, D. 1999a: Betroffenenbeteiligung in der Jugendhilfeplanung. Eine theoretische Darstellung und ein Praxistransfer am Beispiel der Glen Mills Schools, USA. FH Hamburg (Manuskript).

Schäfer, D. 1999b: Let's sail into an ocean of opportunity! - Oder: Glen Mills Schools, ein ganz besonderes Modell der Jugendkriminalrechtspflege. Eine 'sozionautische Reise', in: standpunkt: sozial, H. 2, S. 33-41.

Schäfer, D. 2000: Möglichkeiten und Grenzen der Glen Mills Schools für straffällige Jugendliche in den USA - Eine Institutionsanalyse auf der Grundlage von 'Totaler Institution' und 'Therapeutischem Milieu'. FH Hamburg (Dipl.-Arbeit).

Schellhoss, H. 1993: Resozialisierung, in: Kaiser, G./Kerner, H.-J./Sack, F. u.a., a.a.O., S. 429-432.

Silbereisen, R. K./Schuhler, P. 1993: Prosoziales Verhalten. Bedingungen und Verläufe der Entwicklung, in: Markefka, M./Nauck, B. (Hrsg.): Handbuch der Kindheitsforschung. Neuwied, Kriftel, Berlin: Luchterhand, S. 275-288.

Stephenson, R. M./Scarpitti, F. R. 1974: Group Interaction as Therapy. The Use of Small Groups in Corrections. Westport (CT): Greenwood Press.

Sutherland, E. H. 1974: Die Theorie der differentiellen Kontakte, in: Sack, F./König, R. (Hrsg.), a.a.O., 360-371.

Sykes, G. M./Matza, D. 1957: Techniques of Neutralization. A Theory of Delinquency, in: American Sociological Review, Vol. 22, No. 1, P. 664-670.

Sykes, G. M./Matza, D. 1974: Techniken der Neutralisierung. Eine Theorie der Delinquenz, in: Sack, F./König, R. (Hrsg.), a.a.O., S. 360-371.

Trasher, F. M. 1936: The Gang. A Study of 1313 Gangs in Chicago. Chicago: The University of Chicago Press (Orig. 1927).

Upchurch, C. 1997: Convicted in the Womb. One Man's Journey from Prisoner to Peacemaker. New York: Bentham Books.

Watzke, E. 1997: Äquilibristischer Tanz zwischen zwei Welten. Neue Methoden professioneller Konfliktmeditation. Bonn: Forum-Verlag.

Weidner, J. 1986: Analyse des Behandlungskonzeptes der Glen Mills Schools, USA, und die Möglichkeit der Übertragung einzelner Programmpunkte in die Praxis der Jugendkriminalrechtspflege in der BRD. Philadelphia, Lüneburg (Dipl.- Arb.).

Weidner, J. 1995: Anti- Aggressivitäts- Training für Gewalttäter. Ein deliktspezifisches Behandlungsangebot im Jugendvollzug. Bonn: Forum- Verlag Godesberg (Diss.). (Orig. 1990).

Weidner, J. 1996: Das schwierige Geschäft. Grenzen ziehen, in: Sozialmagazin, H. 1, S. 33-37.

Weidner, J. 1997: Über Grenzziehung in sozialer Arbeit und Psychologie. Die sieben Levels der Konfrontation, in: ders./Kilb, R./Kreft, D. (Hrsg.): Gewalt im Griff. Neue Formen des Anti- Aggressivitäts- Trainings. Weinheim, Basel: Beltz., S. 62-72.

Weidner, J. 1998: Nähe suchen, bis es schmerzt. Schwerkriminelle brauchen jemanden, der ihnen Grenzen setzt, notfallls durch Zwang, in: Deutsches Allgemeines Sonntagsblatt v. 24.07.1998.

Weidner, J. 1999: Soziale Arbeit und Grenzziehung. Über sinnvolles Alltagshandeln mit Mehrfachauffälligen, in: standpunkt: sozial, H. 2, S. 101-103.

Whyte, W. F. 1981: Street Corner Society. The Social Structure of an Italian Slum. Chicago: The University of Chicago Press.

》 **Dagmar Schäfer** (32 J.), Diplom-Sozialpädagogin. Vorher: 7-jährige Tätigkeit als Erzieherin im Kindertagesstätten- und Wohngruppenbereich bei der 'Vereinigung' und der 'Großstadt Mission' in Hamburg. Anschließend: Studium der Sozialpädagogik an der FH-Hamburg, Studienschwerpunkt: 'Soziale Arbeit mit Straftätern und Opfern'. 1997-1998: Studienbegleitendes Praktikum in der Sozialtherapeutischen Abteilung der Jugendanstalt Hameln, Niedersachsen. Schwerpunkt: 'Anti- Aggressivitäts- Training für Gewalttäter'. 1998: Auslandsstudium in der Glen Mills Schools, Pennsylvania, USA. Zur Zeit tätig als Leitung des teiloffenen Jugendtreffs der Gemeinde Horst in Holstein. **《**

Thomas Darnstädt

Alles wird gut ?

Gesucht: Ein Rezept gegen die Jugendgewalt
Gefunden: Das US-Internat Glen Mills Schools

Eine bissig-journalistische Reise*

In der Schule für Musterknaben gibt es Regeln für alle Fälle.

»Wir stecken hier das Hemd in die Hose«
»Wir tragen hier unseren Kamm in der Brusttasche«
»Wir halten hier beim Sprechen Blickkontakt«

Niklas, 17, hat das Hemd in der Hose, den Kamm auf dem rechten Fleck – und wenn einer über den Rasen geht, blickt er ihn an und sagt freundlich: „Wir gehen hier auf den Wegen." Ein Jahr haben sie gebraucht, bis sie den stämmigen Blonden aus Dortmund soweit hatten. Nun steht er da, ein Siegertyp, alles um ihn ist aufgeräumt. In Dortmund wartet eine Lehrstelle als Koch auf ihn, er hilft den Damen aus dem Mantel und, wenn sich die Gelegenheit bietet, alten Mütterchen über die Hauptstraße. Niklas, dieser Gangster. Ein gutes Jahr ist es her, da saß er im Jugendknast von Iserlohn bei den hoffnungslosen Fällen, weil er mit seiner Gang 16 Raubüberfälle durchgezogen hatte. Solchen Leuten geben die Jugendhelfer keine Chance: Über 90 Prozent ist die Rückfallquote. Verlorene Kinder.

Wo also ist er gewesen? Kann man Menschen so verwandeln? Die Frage beschäftigt die ganze Branche. Sozialarbeiter, Jugendrichter, Experten aus dem Bonner Justizministerium haben sich auf den Weg gemacht, das Institut zur Verbesserung ‚kleiner Monster' zu besuchen.

---

* Der Artikel basiert auf dem SPIEGEL-Beitrag „Angriff auf die bösen Jungs", 12/1999. Eine kritische Würdigung des Beitrages findet sich in diesem Band in den Ausführungen des Jugendrichters und Leiters der Bundesarbeitsgemeinschaft Justiz und Anwaltschaft der Deutschen Vereinigung für Jugendgerichte und Jugendgerichtshilfen, C. Scholz.

Mit dem Auto über die Dörfer aus weißen Holzhäuschen, durchs milde Hügelland hinter Philadelphia im US-Bundesstaat Pennsylvania, einen Kontinent entfernt vom Muff deutscher Jugendämter: Da geht es nach Glen Mills. Backsteinernes Traditionsgemäuer, Jugendstil, alles ist tipptopp wie frisch ausgepackt, als wäre es für die Kinder reicher Leute. Haben sie hier das Rezept gefunden für die erfolgreiche Behandlung hoffnungsloser Fälle, für den richtigen Umgang mit jugendlichen Gewalttätern? Das ferne Internat für Nachwuchsverbrecher bietet auch einigen deutschen Jungs Plätze an. Zu Tagessätzen, die deutlich unter denen deutscher Jugendhaftanstalten liegen, werden hier böse Buben friedlich gemacht. Die Rückfallquote, wirbt Glen Mills, betrage allenfalls ein Drittel der deutschen. Besucher verlassen die Anstalt dennoch mit gemischten Gefühlen. Pädagogen und Juristen schwanken zwischen Faszination und Empörung. „Unbedingt nachmachen", empfiehlt der Bielefelder Gewaltforscher und Pädagogikprofessor Klaus Hurrelmann. „Gehirnwäsche", warnen Jugendschützer, sei das Geheimrezept von Glen Mills, jedenfalls sei es bedenklich, wenn nicht gar verfassungswidrig, junge Delinquenten einfach umerziehen zu wollen. Seelen-McDonald's für kleine Menschen, giften Sozialarbeiter. Die feine Firma in Pennsylvania gibt es seit Jahren. Und ihr Chef, Sam Ferrainola, früher selbst ganggefährdet und aus Pittsburgh, hat Vorträge über seine Methoden überall in der Welt gehalten: wie er den haßerfüllten Kids „ihr Lächeln zurückgibt". Gute Zähne, guter Umgang, gutes Benehmen, gute Ausbildung, ganz einfach. Die Deutschen hören erst hin, seit die Jugendgewalt hierzulande amerikanische Ausmaße angenommen hat. Nun gibt es sogar einen Verein, der Zöglinge wie Niklas zu Ferrainola vermittelt. Und unter umständlichen deutschen Bezeichnungen – „Anti-Aggressivitäts-Training" – machen Glen-Mills-Methoden in deutschen Städten Schule.

Was hilft noch gegen die Saat der Gewalt in den Städten, auf deutschen Schulhöfen, die Gangs, die raubend und prügelnd durch die Vorstädte ziehen? Bedenken zählen neuerdings nur noch die Hälfte, keine Reise scheint zu weit auf der Suche nach neuen Rezepten. So offenkundig hilflos sind die traditionellen Instanzen der deutsche Jugendhilfe. Die Schule? Wird plattgemacht. Sozialarbeiter? Werden ausgelacht. Jugendrichter? Sollen früher aufstehen. Die Zahl der Gewalttäter unter Kindern und Jugendlichen hat sich seit 1985 verdreifacht. Selbst auf dem platten Land in Schleswig-Holstein sind 60 Prozent der Räuber jünger als 21. Ein harter Kern von mittlerweile 15 Prozent der Kids zwischen 10 und 17, so schätzt Forscher Hurrelmann, werde „mit schweren Formen der Gewalt" auffällig. Die Übergriffe, sagt der Experte, hätten immer öfter „filmreife Qualität". Soziale Desintegration, Massenarbeitslosigkeit, Langeweile als Lebensperspektive: „Die Fieberkurve der Gesellschaft", sagt der hannoversche Kriminologe Christian Pfeiffer, zeichne sich im rapiden Anstieg der Kinder- und Jugend-Delinquenz ab. Die Gewaltkurve

wird immer steiler. Um fast 20 Prozent stieg die Zahl der deutschen Raubver-
dächtigen unter 18 in den alten Bundesländern allein 1997. Der Staat, der sich
die Sorge für Schutz und Erziehung seiner Jüngsten ins Grundgesetz geschrieben hat, gibt schwierige Kinder und Jugendliche mittlerweile auf wie alte
Autos. Die kaputten Kids bleiben am Straßenrand liegen, als Straßenkinder
bevölkern sie die Bahnhofsviertel. Oder die Obrigkeit setzt sie, wenn sie keinen
deutschen Paß haben, in der Fremde aus, wie im vergangenen Jahr den kriminellen Münchner Jungtürken Mehmet, damals 14.

„Wir stehen hilflos da", räumte der liberale Justizminister Edzard Schmidt-
Jortzig ein, als er noch im Amt war. Die Nachfolger sind nicht klüger. „Wir
haben zu lange über die Ursachen der Kriminalität nachgedacht und zuwenig
über deren Bekämpfung", sagt Kanzler Gerhard Schröder. Seine SPD hat ein
„Bündnis gegen Gewalt" angekündigt. Um bitte was in etwa zu tun? Das Land
mit der größten Richterdichte der Welt hat weder Methoden noch Ideen, was
etwa mit Heitem geschehen soll, der über Monate mit Raubüberfällen, Gewalttaten, Messerstechereien die Kölner Polizei in Atem gehalten hat. Heitem hat
das Schicksal vieler Großstadtkinder. Seine Mutter muß arbeiten, seinen Vater
kennt er nicht. Er lebt praktisch auf der Straße. Die Polizei, die den Knaben
allenfalls ein paar Stunden festhalten kann, wandte sich, weil er noch nicht
mal 14 war, hilfesuchend ans Jugendamt. Doch die Jugendhelfer wissen auch
nicht, wohin mit rabiaten Kindern. Geschlossene Heime gibt es kaum noch.
Also wandte sich das Jugendamt hilfesuchend an die Kinderpsychiatrie. Die
Kölner Kinderpsychiatrie ist keine Verwahranstalt, schon weil die Wände viel
zu dünn sind: „Der tritt einmal gegen unsere Rigipswand, dann ist der wieder
draußen", erläuterte ein Pfleger in der „Frankfurter Rundschau". Die Jugendpsychiatrie in Viersen hat dickere Wände. Und der Jugendamtmann in Köln
beschloß, dem Terrorknaben „endlich eine Grenze" zu setzen. Das Kind wurde,
an Händen und Füßen angeschnallt, in einen Rettungswagen geschoben und
per Sondereinsatz nach Viersen gefahren. Und endlich, endlich hatten die
Grenzensetzer vom Jugendamt ihr Ziel erreicht: Heitem, das böse Kind, heulte.
Einen Tag später war er wieder draußen, kurz darauf überfiel er mit seiner
Bande einen Zwölfjährigen und schlug ihn zusammen.

*„Wir kämpfen hier nicht." – „Wir lügen hier nicht." – „Wir nehmen hier nie-
mandem seine Würde." – „Wir geben hier zu, wenn wir etwas falsch gemacht
haben." – „Wir rauchen hier nicht im Büro der Krankenschwester."*

Glen Mills, Lektion eins: positiv sein – der amerikanische Traum

Große Tafeln, eine Spalte für jeden Schüler, registrieren in den Wohnblocks
der Jungs den Stand der Dinge. Positivpunkte und Negativpunkte für jeden
Zögling. Positiv ist grün, negativ ist rot, rote Punkte fressen grüne Punkte.

Es gibt hier keine Gitter, keine Schlösser oder Zäune auf dem elf Hektar großen Areal von Glen Mills, auch keine richtigen Strafen. Aber es gibt ein dichtes Geflecht von Normen für gutes Leben, Normen, wie sie ein halbwegs glücklicher US-amerikanischer Mittelstandsbürger in einem der vielen kleinen Holzhäuschen schon immer hochgehalten hat. Den Normen entkommt keiner. Die Gruppe sorgt für ihre Durchsetzung. Die Kids verkünden bei Normbruch die Strafen: Tausendmal schreibst du „Wir verleihen und leihen hier keine Sachen." Und wenn du das nicht pünktlich lieferst, verdoppelt sich die Strafe. Die Gruppe ist positiv: Das ist der Trick. „Die Jungs sind ja nicht schlecht", sagt Sam Ferrainola, der alte Patriarch mit dem vergnügt-tyrannischen Kinderblick, „sie waren nur in schlechter Gesellschaft und haben sich darum falsch entschieden." Ferrainola hat seine Erfahrungen als Bandenmitglied weiterverarbeitet als Dozent Dr. hc. für Pädagogik an der Uni, und nun zwingt er seinen Jungs eine Gegengesellschaft auf: „Um akzeptiert zu werden, befolgen sie die Normen und Anforderungen ihrer Gruppe. Und das tun sie, seien die Anforderungen nun kriminell oder legal." Die Gruppen, das sind Wohneinheiten in den Häusern mit den klingenden Namen amerikanischer Erfolgsmenschen wie Abraham Lincoln. Die Gruppe verleiht Macht und Ansehen wie im richtigen Leben: Wer positiv ist, kann Rang und Privilegien in der Gruppenhierarchie erlangen, Mitglied im „Bulls-Club" werden oder gar als ‚Oberbulle' eine Art Schulsprecher. Manche ‚Studenten' kommen so positiv drauf, daß sie anfangen zu dichten. In der Schulzeitung werden die schönsten Ergebnisse gedruckt. Student William schreibt:

> *Die Idee unserer Liebe*
> *bleibt in meinem Herzen*
> *und ich habe schon gebetet*
> *daß du mich niemals verlassen wirst.*

Der amerikanische Traum, alles wird gut. Der Glaube an die Machbarkeit des guten Lebens wird Ferrainolas Kindern den ganzen Tag lang nahegebracht. So ein Tag beginnt morgens um halb sieben und endet um 23 Uhr, wenn alle ganz fertig von den guten Lehren in ihre Betten fallen. Glen Mills bietet Schulabschlüsse auf jedem Niveau – für die meisten Zöglinge geht es darum, erst mal lesen und schreiben zu lernen. Die Sportmannschaften des Internats kassieren überall im Lande bei Wettkämpfen die begehrtesten Trophäen. In den Lehrwerkstätten der Schule wird so präzise gearbeitet, daß New Yorker Modefirmen hier fertigen lassen. „Alles, was ich im Leben Gutes erfahren habe, verdanke ich Glen Mills. Es war der erste Platz, an dem ich mich sicher fühlte": Das Bekenntnis des Ferrainola-Schülers Robert Rivera veröffentlichte die „New York Times". Und René aus Bremen, der auch in Glen Mills landete, redet nicht viel anders: „Wir sind hier alle auf einem Weg, den wir nicht mehr verlassen." René ist auch als „student of the month" im Bulls-Magazin abgebildet. Er hat seine Lehre in der Töpferwerkstatt mit einer Lehmbüste von Papa Ferrainola gekrönt. Die Büste bleibt da, der Zögling ist zurück in Bremen. Der beglückte Patriarch spendierte ihm ein Steinmetzstipendium. Ein bißchen dicke ist das schon. Aber die Büste dient nun als Beweisstück für Ferrainolas Credo: „In den Jungs steckt alles drin." Dichter oder Bildhauer – „man muß es nur herausholen". Seine „ressourcenorientierte" Erziehung hält Ferrainola dem traditionellen Erziehungskonzept der Alten Welt entgegen, das er bissig das „klinische Modell" nennt: Die Jugendhilfe stelle auf die delinquente, defizitäre Persönlichkeit der kleinen Gangster ab. Das erfordere „den teuren Einsatz von Sozialarbeitern und Therapeuten, geschlossenen Einrichtungen, Aufsicht und Zwang". „Diese Leute", schnaubt der Alte, „zerstören unsere Kinder."

Die Zerstörung läuft systematisch und mit großem Einsatz an Personal. Die dunklen Regeln, die der Klientel im Laufe vieler Jahre hineingeprügelt worden sind, betet der Gefängnisdirektor Hans-Jürgen Eger aus Hameln mit leiser, erbitterter Stimme herunter:

> *„Kannst nichts. Taugst nichts.*
> *Wollen dich nicht. Brauchen dich nicht.*
> *Lieben dich nicht."*

325 Leute braucht Eger, um die 630 delinquenten Kids hinter der sechs Meter hohen Mauer bewachen zu lassen. Um es ordentlich zu machen, sagt Eger, müßte er etwa 170 Leute mehr haben – „aber wenn ich das in meinem Ministerium erzähle, erklären die mich für verrückt". Was kann Eger denn seinen Oberen auch anbieten fürs Geld? Jeder weiß, daß der Knast gewalttätige Jugendliche gewalttätiger, nicht friedlicher macht. „Die Jugendstrafe erzieht nicht zum rechtschaffenen Lebenswandel, sondern sie verstärkt abweichendes Verhalten", lehrt der Jugendkriminologe Horst Schüler-Springorum. Darum ist es eine richtige Drohung, was Eger hervorstößt: „Alle Insassen werden entlassen." Irgendwann. Trotzdem: Egers Knast, der sich rühmt, der modernste Europas zu sein, brummt. Es ist viel zu voll hier. Die Welle der Neueingänge ist kaum zu verkraften. „In der Gesellschaft gibt es halt einen Bewußtseinswandel zugunsten härterer Maßnahmen – und der setzt sich in den Köpfen der Richter fort", sagt der Direktor. Den Trend zur Härte bekam Christian, 14, zu spüren. Er ist der Jüngste hinter der Sechs-Meter-Mauer und nur als Untersuchungshäftling hier. Die Sonne wirft durchs Fenster ein kariertes Muster auf den weißen Teller mit Essensresten in seiner Zelle. Als U-Häftling wird man viel herumgeschoben. Drum hat er keine bunten Mädchen an den Wänden. Aber ansonsten: „Gar nicht so schlecht hier." Enten paddeln im Wassergraben an der Gefängnismauer, und vor dem Fenster aalen sich Katzen in der Sonne. Man kann sie beim Freigang sogar streicheln. Bis er 14 war, also strafmündig wurde, haben sie ihn gewähren lassen – jahrelang. Körper-

verletzung, Raubüberfälle, Straßenkarriere. Draußen mußte er vor niemandem Angst haben, nicht mal vor den Russengangs: „Ich bin mit den Türken verbündet." Bei den gängigen Auseinandersetzungen zwischen Türken- und Russengangs bleiben die Türken meistens Sieger. Christian kann sich nicht an seine Eltern erinnern, „sie sind tot", sagt er. Aufgewachsen ist er unter der Obhut von Jugendbeamten und Pflegeeltern. Die Schule ist mit ihm nicht fertig geworden, die Sozialarbeiter haben ihn aus den Augen verloren, irgendwann ist er am Bahnhof in Hannover untergetaucht. Nun sitzt er, endlich 14, das karierte Muster der Sonnenstrahlen durchs Gitterfenster auf dem Kindergesicht. Ein Richter hat „Härte gezeigt". Und für Christian ist klar, wie es hier drinnen jetzt weitergeht: „Ich bin hier mit denTürken verbündet." Es ist gar nicht gesagt, daß Christian wirklich eine Haftstrafe bekommt. Ratlose Richter stecken die Wiederholungstäter in U-Haft, um denen endlich mal einen Schrecken einzujagen. Und wenn man den Wissenschaftlern folgt, die seit Jahren die Wirkungen des Jugendstrafrechts auf die Delinquenten untersuchen, dann ist es auch ganz egal, welche Strafe Christian schließlich bekommt.

Kriminologen wie der Tübinger Professor Jürgen Kerner vertreten die These von der „Gleichwirkung" der Sanktionen. Was auch immer man mit einem jugendlichen Delinquenten anstelle, so die kurze Zusammenfassung, es bringe alles gleich viel. Nämlich: nichts, ergänzen manche von Kerners Kollegen. Kerners Zahlen jedenfalls sind entmutigend. Von denen, die unter 20 schon einmal eingesperrt waren, so das schwarze Fazit, sind 92,2 Prozent binnen fünf Jahren nach der Entlassung rückfällig geworden. 76,6 Prozent langten erneut so schwer zu, daß sie wieder in den Bau mußten. Christian, der kleine Blonde mit den bösen Fäusten, kann tun, was er will: Vor Kerners Statistik ist er verloren. Verlorene Kinder – daß es so etwas geben könnte, hat manche Kriminologen nicht etwa entsetzt, es hat sie beflügelt. Wenn man die unverbesserlichen Übeltäter, die Früchtchen, rechtzeitig heraussuchen und wegsperren könnte, so die Idee, würde die Welt vielleicht besser. Die Früchtchen-Theorie hat ihren Ursprung nahe Glen Mills, in Philadelphia. Da untersuchten Kriminologen die Verbrechenskarrieren von fast 30 000 Jugendlichen und kamen in den Siebzigern zu einem verblüffenden Ergebnis: Fast drei Viertel aller Raub- und Tötungsdelikte wurden von einem kleinen harten Kern von sechs Prozent der jugendlichen Täter begangen, Früchtchen wie Christian eben, den „chronic offenders". In bundesdeutschen Landeskriminalämtern machten sich Experten auf die Suche nach „Intensivtätern" und nach Rastern, sie rechtzeitig herauszusieben. In Großbritannien entwickelten Kriminologen alsbald ein Computerprogramm fürs Kinderscreening, um schon unter den Siebenjährigen die künftigen Berufsverbrecher entdecken zu können. Das Problem: Ob einer sich zum Intensivtäter entwickelt, weiß man erst, wenn er es schon ist. Bis heute haben die Kriminologen keine seriöse Theorie anbieten können, die

es erlaubt, einem Kind anzusehen, ob es ein Früchtchen wird. Und international renommierte Experten wie der Tübinger Kerner sind sicher, daß das auch
nicht geht. Die Früchtchen-Theorie ist in den Köpfen all derer, die – wozu es
auch immer gut sein soll – fürs Einsperren plädieren. In den USA entstand
daraus das größte Einsperr-‚Programm‘ der zivilisierten Geschichte. ‚Selective
incapacitation‘ heißt das Rezept, Jugendliche auf Dauer wegzusperren, die als
Wiederholungstäter ihr Verbrecher-Ich geoutet haben. Parole:"Three strikes
and you are out." Die Münchner CSU-Regierung plant eine „flächendeckende
Erweiterung bestehender Einrichtungen um eine geschlossene Abteilung" für
Minderjährige. In ihrem „Positionspapier zur inneren Sicherheit" schlug auch
die SPD schon „geschlossene Heime" für Jugendliche vor, „die durch hoch-
gradig kriminelles Verhalten auffallen". Doch wen will man wann dahinschik-
ken – und vor allem: wie lange? Ob einer ein Früchtchen wird, ob er wie
der Darmstädter Jugendamtsschreck Christopher 160 Raubtaten begeht, bevor
er zum teuren Abenteuerurlaub nach Argentinien geschickt wird, entscheidet
sich von Fall zu Fall neu. Und wie es sich entscheidet, hängt von den Leuten
ab, die mit ihm zu tun haben. Das sind selten seine Eltern, meistens seine
Freunde; und fast immer eine experimentierfreudige Anzahl von Sozialarbeitern, Pädagogen und Jugendrichtern.

Hardcore-Jugendliche", sagt Petra Guder, 38, seien ihr Geschäft. Und sie habe,
natürlich, „auch Totschläger im Programm". Dafür ist sie in ganz Deutschland
unterwegs, erreichbar überhaupt nur im Auto über Handy, ständig auf Achse
für die schwierige Kundschaft. Die Sozialarbeiterin wirbt, vermittelt und
betreut in Deutschland schwere Jungs für Glen Mills. Petra Guder sieht mit
gegelten schwarzen Haaren, grellroten Lippen und ihrem dynamisch schwarzen Hosenanzug jedenfalls nicht so aus, wie sich die Amerikaner deutsche
Sozialarbeiter mit ihrem Helferlook vorstellen. Und sie redet auch nicht so.
Jugendämter, sagt sie, sollten wie jede anständige Firma mal „ordentliche
Zielvereinbarungen" machen, Maßeinheiten für den Nutzen der eigenen Aktivitäten entwickeln und mit den Kosten vergleichen, die sie verursachen. „Total
quality management" eben. Zielgruppenorientiert macht sich die Sozialarbeiterin Guder, im Schlepptau Experten aus Glen Mills, in die deutschen Jugend-
knäste auf und wählt aus: Mehrfachauffällige, gruppenorientierte Gewalttäter
mit brauchbarem Intelligenzquotienten können sich melden, keine Psycho-
pathen, keine Sexualtäter, keine Heroinsüchtigen. „Wenn wir kommen", sagt
Frau Guder, „stehen die Jungs auf der Matte und fragen: Kann ich mit?" Jeder
Bewerber muß einen etwa zweistündigen Test bestehen. Und die Besten unter
den Bösen werden, wenn der Richter es genehmigt und die Justiz es bezahlt,
von Frau Guder an die Hand genommen und in der Holzklasse nach Amerika geflogen. „Am Anfang muß man sich um die Kandidaten kümmern, die
können ja meistens kein Wort Englisch."

Er habe „erst mal kein Wort verstanden", sagt Niklas, als er die Neue Welt von Glen Mills betrat. Im Fernsehraum mußte er am Anfang mit dem Rücken zum TV-Gerät sitzen. Dafür sagten ihm jeden Abend die Mitschüler geduldig einer nach dem anderen die Normen auf, auf englisch natürlich. Die erste Norm, die er verstand, erzählt Niklas, war: „No graffiti."

„Wir gehen hier nicht ohne Erlaubnis in das Administrationsgebäude." – „Wir lachen hier nicht in der Gruppe." – „Wir stellen hier die Fernseher vor dem Schlafengehen aus." – „Wir haben hier unsere Betten um 8.30 Uhr fertig." – „Wir schreiben hier nicht auf Möbeln ohne Unterlage." – „Wir reden hier nicht, mwenn wir Schlange stehen."

Glen Mills, Lektion zwei: der Apparat – Menschen statt Mauern

Es macht Spaß, Direktor zu sein. Ferrainola schnürt durch die Waschräume und kontrolliert die Spiegel über den Waschbecken: „Ein Wasserfleck genügt", sagt er fröhlich, „und ich flippe aus." Ferrainola flippt nicht aus, es gibt keine Flecken in Glen Mills. Die Tische in der Bibliothek sind 14 Jahre alt. Sie sehen aus, als wären sie noch nie benutzt worden. Alle blicken allen in die Augen und heben, wenn sie einander begegnen, die Hand zum Gruß: „Hi, how do you do?" Alles ist wie aufgezogen, alles klappt. In weißen Elektrowagen, wie man sie vom Golfplatz kennt, fahren die 350 Angestellten auf dem Riesenareal zwischen den rund 1000 Studenten herum, abrupt bremsend, wenn es gilt, eine widernatürliche Zigarettenkippe vom Weg aufzulesen. Die Angestellten haben mit ihren Familien in einer eigenen Siedlung auf dem Internatsgelände ihr Zuhause mit Schwimmbad und Bowlingbahn. Sie verdienen wenig und sind praktisch immer im Dienst. „Total quality management", würde Petra Guder sagen, die hier auch ein Apartment besitzt. Und tatsächlich hat sich Ferrainola Unternehmensberater und Wirtschaftsmanager ins Haus geholt. Das Management des charismatischen Direktors bestand am Anfang im wesentlichen aus Rausschmeißen: „Ich habe, als ich das Institut übernahm, alle Sozialarbeiter weggeschickt und alle Security-Leute auch." Glen Mills war, bevor Ferrainola kam, eine Kinderquälanstalt. Die Wohnhäuser und Schulgebäude waren mit unterirdischen Tunnels verbunden, durch die die Gefangenen gebückt von Haus zu Haus getrieben wurden. So bekamen sie zwar keine frische Luft ab, dafür aber sparte man sich eine Mauer um die Anlage. Menschen statt Mauern: Heute können sich die Schüler völlig frei bewegen. Aber es kommt nur ganz selten vor, daß der diensthabende Erzieher nicht weiß, welchen Schritt ein Schützling gerade tut.

Ferrainola reißt die Klassentür auf, 30 ‚wilde' Kerle sitzen da und buchstabieren die amerikanischen Bundesstaaten.

„Welches ist die schönste Schule der Welt?"
fragt der Alte in den Klassenraum mit leiser, listiger Stimme.
„Glen-Mills-School."
„Lauter..."
„Glen-Mills-School!"
„Lauter."
„Glen-Mills-School!!!"

„Ich bin der Direktor. Ich kann hier machen, was ich will. Denn jeder weiß: Ich liebe meine Jungs." Er tätschelt sie tatsächlich am Kopf. Direktors Löwendressur.

Die Leute von Glen Mills sind keine Sozialarbeiter, keine Wachleute, keine Pädagogen und schon gar keine Juristen. Sie sind irgendwie alles zusammen. Die Stellenbeschreibung lautet: „Sportlich, hilfsbereit, zuverlässig, nicht einzuschüchtern". Die Hälfte der Mitarbeiter sind Handwerker, manche waren Profisportler, auch ehemalige Gangleader aus Chicago finden sich hier. Sie alle müssen sich der Erziehungs-Philosophie bedingungslos unterwerfen. Ferrainola sagt: „Warum soll ich Leute beschäftigen, die alles kritisieren?" Hier geht keiner so raus, wie er reinkommt. „Wir schieben hier den Stuhl unter den Tisch, wenn wir aufstehen", lautet die Norm. Nur drei Monate habe es gedauert, berichtet Gruppenleiter Jack, bis er auch zu Hause beim Aufstehen den Stuhl unter den Tisch geschoben habe. Ferrainolas Firma ist eine Art Großversuch über Unternehmenskultur. Frau Guder, die auch noch Betriebswirtschaft für öffentliche Unternehmen studiert hat, drückt das so aus: „Ziel ist die Kongruenzvon formeller und informeller Normstruktur." In jeder Firma gibt es ein Set von Normen, an denen sich die Mitarbeiter orientieren, ohne daß sie in irgendeinem Arbeitsvertrag stehen. Diese Normen entstehen von selbst in der Kantine, in den Klos und auf den Gängen. Und je stärker die informellen Normen von den offiziellen Regeln der Geschäftsführung abweichen, desto schlechter läuft der Laden. Alles klar? Ferrainolas Apparat basiert auf einem totalen Normensystem: Es gilt für alle, es gilt von selbst, und es gibt nichts außer den Normen, die es gibt. Alles, was geeignet wäre, Gegennormen wachsen zu lassen, ist strengstens verboten. Gruppenbildung außerhalb des offiziellen Bulls-Club ist verboten. Schmuck und Kleidung, die Zugehörigkeit zu Cliquen signalisieren könnten, sind verboten. Alles Zwischenmenschliche ist suspekt. Glen-Mills-Norm:

„Wir können hier keine Freundschaften durch dick und dünn gebrauchen."

Sam Ferrainolas Neue Welt ist ein menschlicher und sozialer Reinraum: „Klinisch subkulturfrei." Wer aus der Firma wieder herauskommt, ist im Idealfall ein total ordentlich tickender Durchschnittsmensch. Das „Marketingprodukt", sagt Frau Guder, sei „Entstigmatisierung und Habilitation delinquenter Jugendlicher". Das Uhrwerk läuft so glatt, daß es wenig braucht. Verglichen mit deutschen Heimen ist der Personaleinsatz bescheiden, in den Gruppen schnurrt die Selbstkontrolle. Die guten Jungs produzieren im internen Wettbewerb (Internatsziel: „beste Schule der Nation") hochwertige Produkte, die sich gut verkaufen lassen. Die Einnahmen fließen so reichlich, daß Ferrainola eine perfekt ausgerüstete Sporthalle und die schickste Arena weit und breit bauen lassen konnte: „Das haben wir alles selbst verdient", sagt der Chef. „Die erwirtschaften ein Vermögen in Glen Mills", weiß Dagmar Vieten-Groß, Jugendrichterin aus Dortmund. Und natürlich drängt sich da für Petra Guder „der Gedanke geradezu auf, ob sich das Modell nicht auch auf deutsche Gegebenheiten übertragen läßt". German-Mills hat es immerhin schon geschafft, Ferrainola die Ehrendoktorwürde der niedersächsischen Universität Lüneburg zu verschaffen. Und die Aktiven schauen gespannt auf die Niederlande, wo in der Nähe von Deventer mit staatlicher Förderung auf einem ehemaligen Militärgelände das erste europäische Glen Mills entsteht.

In Deutschland ist so etwas vorerst nicht drin. So totalitär, blauäugig und hemdsärmelig, würde man in Glen Mills sagen, „machen wir hier in Deutschland keine Jugendarbeit". Die deutsche Streitmacht zur Rettung gewalttätiger Jugendlicher und verwahrloster Kinder sitzt verteilt in den ärmlichsten Ecken der deutschen Rathäuser, in den Hinterzimmern karitativer Einrichtungen, in den Wohnbüros gutwilliger Selbsthilfeinitiativen. Dazwischen wieseln geschäftstüchtige Privatunternehmer mit Blitzangeboten fürs Familienmanagement herum. Keiner weiß, was der andere macht, was das Ganze kostet, was es bringt – oder schadet. Das größte gesellschaftliche Problem an der Schwelle zum dritten Jahrtausend ist nicht die Mafia, sind nicht die Ausländer, es sind die verlorenen, hilflosen, brutalen Kinder und Jugendlichen und ihre meist gleichaltrigen Opfer. Seine Lösung wurde herunterdelegiert auf die unterste Ebene, zu den Kommunen und freien Trägern der Wohlfahrt, dorthin, wo es weder politische Verantwortung noch Geld gibt. Was Forscher der Uni Tübingen, ausgestattet mit Geld aus dem Bundesfamilienministerium, in den Aktenschränken von Jugendämtern entdeckten, ist entmutigend. 284 Jugendamtsakten, eine Stichprobe aus drei alten Bundesländern, filzten die Experten. Die Bilanz: Nur in gut der Hälfte der Fälle trafen die Prüfer auf „Mindeststandards" fachlicher Jugendarbeit.

Sie stießen auf Akten wie die über einen Jungen, der 13 Jahre lang in einem Heim untergebracht war. Über die ersten 8 Jahre findet sich überhaupt nichts in den Behördenunterlagen. Dann einige Aktenvermerke, dann das Kündigungsschreiben der wirtschaftlichen Jugendhilfe, das war's. Die Wurstelei der Jugendhelfer, kritisiert der Bremer Professor für Sozialpädagogik

Jürgen Blandow, „reproduziert das, was sie zu bekämpfen vorgibt". Im hilflosen Wunsch, zu helfen, „vernachlässigen sie vitale Bedürfnisse von schwierigen Kindern und Jugendlichen: nach Sicherheit, Eindeutigkeit und Überschaubarkeit". Das Netz öffentlicher Fürsorge ist ein Gestrüpp, das Kinder verschlingt. Je heftiger sie zappeln, desto mehr verstricken sie sich. „Mangelhaft ausgestattete und schlecht funktionierende Jugendhilfeeinrichtungen", kritisiert der Leipziger Sozialpädagogikprofessor Christian von Wolffersdorff, wüßten sich nur dadurch zu helfen, daß sie die schwierigen Jugendlichen in Heime abschieben, wo sie auf noch schwierigere Jugendliche treffen. Dort sind die Experten dann ebenfalls schnell überfordert und wissen sich nur dadurch zu helfen, daß sie die schwierigsten Fälle weiter abschieben in wieder andere Einrichtungen, wo die Bräuche noch härter sind und zufällig ein Platz frei ist. So geht das immer weiter, die Opfer landen schließlich in der Psychiatrie oder auf der Straße. Hanna Permien vom Deutschen Jugendinstitut in München ist monatelang Berliner Straßenkindern hinterhergestiegen, um ihre traurigen Geschichten zu rekonstruieren. Die Expertin kommt zu dem Ergebnis, daß ein großer Teil der Kinder durch die Schuld der Jugendämter auf der Straße ist. Mit ihrem Hin und Her hätten die Behörden die Kinder ganz verrückt gemacht: „Einer Phase der Verharmlosung" ihrer Probleme sei nicht selten „eine Phase massiver Intervention" gefolgt – und umgekehrt: ein „fatales Ineinandergreifen unzureichender Hilfsangebote". Außer „guter Absicht" sei da nichts gewesen: „Konfliktlinien zwischen den Fachkräften", „segmentierte Verantwortlichkeiten in den Abteilungen" hätten verhindert, daß den Kindern, die oft schon im Kindergarten, dann in der Schule aus der Bahn geworfen worden seien, geholfen werde. Bis zu 15 Fachleute, so stellte Permien fest, doktern an einem Straßenkind herum, oftmals ohne voneinander zu wissen.

Von Glen Mills lernen: Die Spielregeln der Mehrheitsgesellschaft

Die deutsche Jugendhilfe, sagt der Bielefelder Gewaltforscher Hurrelmann, müsse sich als Dienstleistungsapparat vollkommen neu organisieren: streng zweckrational und ergebnisorientiert. „Das Chaos der obrigkeitlichen Fürsorge" müsse ein Ende haben. Das Versagen der Jugendhilfe wiegt um so schwerer, weil die beiden anderen Hilfstruppen der Gesellschaft sich hilflos zeigen: die Lehrer und die Juristen. Die Schulen ruhen sich großenteils noch immer auf einer Tradition der Unzuständigkeit aus. Fürs Wissen, nicht fürs Wohl der Kinder seien die Lehrer da. Dieser ignorante Lehrsatz fußt in Deutschland auf der Bildungseuphorie der siebziger Jahre. Die Idee, gleiche Lernchancen für Kinder aller Schichten zu organisieren, war faszinierend genug, alle Ressourcen der Schule fürs Lernen zu binden. Die Schulgesetze der Länder wurden seitdem so umgeschrieben, daß selbst erziehungsbewußte Pädagogen kaum noch über Mittel verfügen, aufsässige Schüler zur Räson zu bringen. Der Pauker, der zur Hofaufsicht eingeteilt ist, wurde zur Lachnummer. In einer Bremer Schule haben sie schon für die große Pause bewaffnete Beamte vom nahe gelegenen Polizeirevier für den Ordnungsdienst bestellt. Doch auch zu Hause fand sich immer seltener jemand, der die Erziehung der Kinder übernehmen konnte. Massenarbeitslosigkeit und soziale Not ließen Familien zerbrechen. „Die Eltern als Instanz zur Vermittlung gesellschaftlicher Spielregeln fallen immer häufiger aus", registriert der Pädagoge Hurrelmann. Die Kinder, die das nicht beherrschen, was Hurrelmann „die Spielregeln fürs normale Leben" nennt, die schließlich aggressiv und gewalttätig werden, sortiert das Schulsystem aus. Erst kommen sie in die Sonderschule, wenn sie dort zuviel stören, werden sie, wie das in den modernen Schulgesetzen heißt, vom „weiteren Schulbesuch dauerhaft beurlaubt". Von Glen Mills lernen: „Die Spielregeln der Mehrheitsgesellschaft", sagt Hurrelmann, werden Ferrainolas Jungs beigebimst, das sei die Kompensation für kaputte Elternhäuser. Das sei „das amerikanische Geheimnis": Normen setzen und darüber reden.

Als Agentur der Gesellschaft zur Durchsetzung der Regeln des richtigen Lebens fungiert hierzulande allein die Justiz. Und das sei auch gut so, sagt Jürgen Fröhlich, 54, Jugendrichter am Amtsgericht in Frankfurt am Main: „Den Pädagogen fehlt die Verbindlichkeit, wir aber können anordnen." Erziehung ist nicht. Fröhlich, ein Jurist, der von Anwälten wie Richterkollegen gleichermaßen als vorbildlicher Richter anerkannt ist, beharrt darauf: „Früher wollten Richter bessere Menschen machen. Aber man muß sich darauf zurücknehmen, die Jugendlichen von weiteren Straftaten abzuhalten." Rechtsstaatlichkeit, Verhältnismäßigkeit, Tatangemessenheit – das seien, sagt Fröhlich, seine Maximen. Heribert Ostendorf, Jugendstrafrechtler und ehemals Generalstaatsanwalt in Schleswig-Holstein, sieht es so ähnlich: „Wir bestrafen nicht, um zu resozialisieren, sondern wenn wir bestrafen müssen, versuchen wir auch zu resozialisieren." Doch da die Resozialisierung fast nie gelingt, stellt sich die Frage, wozu dann die Jugendjustiz gut sein soll. Es bleiben allein Sühne und Abschreckung. „Normverdeutlichung" nennt Fröhlich das: „Wir, die Gesellschaft, sagen dir: Das lassen wir nicht zu, was du da machst." Die Justiz ist ein Riese mit dicken Fingern: Der droht, aber macht nichts deutlich. Für schnelle Reaktionen gegen die Attacken der jungen Gewalttäter ist der Apparat viel zu groß. „Es stellt sich die Frage nach dem Sinn des Unternehmens", gibt Ostendorf zu bedenken, „wenn sechs Monate und später erst die Reaktion auf die Tat folgt." Mit der eigenen Langsamkeit plagt sich die Jugendjustiz allerorten. „Unterbesetzung", klagt der Hamburger Jugendrichter Joachim Katz, sei schuld.* Doch es gibt in Deutschland im Vergleich zu anderen Ländern zu viele Richter, nicht zu wenige. Nach Ansicht von Fröhlich liegt es an der Konstruktion des Ermittlungsapparats. Von der Staatsanwaltschaft in Frankfurt zum Amtsgericht kann man sich notfalls mit lautem Rufen verständigen, es steht da alles dicht beisammen. Doch manchmal dauert es mehr als zwei Monate, bis eine Akte für Fröhlich diesen kurzen Weg genommen hat.

Erfolgreicher, weil schneller, ist da oft die Polizei mit eigenen Konzepten. Der Kölner Polizeipräsident Jürgen Roters etwa bot nach New Yorker Vorbild als erster „Mitternachtsbasketball" für gelangweilte Jugendgangs an. Hamburgs Polizeiinspekteur Wolfgang Sielaff verblüffte die Justiz der Hansestadt mit einer altmodischen Art von Selbstjustiz: Polizisten klingeln schon am nächsten Tag bei den meist ahnungslosen Eltern raubverdächtiger Jungen und machen richtig Stunk. Diese Art der „Normverdeutlichung" hilft offenbar. Im Herbst 1998 meldete Sielaff, die Zahl der Raubüberfälle unter Jugendlichen sei gegenüber dem Vorjahr um fast die Hälfte zurückgegangen. In Stuttgart plant die Polizeiführung ein „Haus des Jugendrechts". Vorbild ist der Midtown Community Court in New York. Kleine Rechtsbrecher, die ihre Taten zugeben, werden in Manhattan durch eine Art gesellschaftlicher Schnellwaschanlage geschoben. Gleich nach der Festnahme geht es zum Computer. Alle Sozial-, Gesundheits- und Justizdaten des Delinquenten werden abgerufen, abgeglichen, aktualisiert. Welche Behandlung für den Täter die richtige ist, ergibt sich so meist schon am Bildschirm. Zwei Räume weiter, im Gerichtssaal, gibt es schnell ein Urteil, dann ab zur Arbeitsvermittlung, aus der Suppenküche zwischendrin eine Hühnersuppe, bei Bedarf eine Mütze voll Schlaf oder auch Akupunktur. Mediziner, Sozialberater, Juristen, alle stehen bereit. Die Schnellstrafe wird noch am selben Tag vollstreckt: Putzdienst im Gericht, Heckenschneiden im Park, Graffiti-Beseitigung auf der Straße – egal was, nur: sofort. Mancher Kleinkriminelle kommt da, abends verurteilt, verarztet, geläutert und mit einem neuen Job nach Hause.

Ganz und gar unmöglich.

Rechtsstaat, Datenschutz, Gewaltenteilung, das halbe Grundgesetz steht solchen fixen Lösungen in Deutschland entgegen. Aber ein bißchen Manhattan könnte es schon sein. Der ehemalige Stuttgarter Polizeichef Volker Haas, der das „Haus des Jugendrechts" initiiert hat, verspricht sich viel davon, Richter, Staatsanwälte, Polizisten und Jugendhelfer für die schnelle Allround-Behandlung junger Krimineller zusammenzuspannen. Ein Urteil, ein Arbeitsplatz, eine Therapie, eine Entschuldigung beim Opfer der Tat. „Binnen weniger Tage", so Haas, müßte das auch in Deutschland zu schaffen sein. Der Charme solcher Experimente liegt im Bruch mit einer traditionellen Gewalten-

---

* Katz hat dazu in einem Leserbrief (auch auf seiner homepage: www.der jugendrichter.de) deutlich gemacht, daß er nicht eine Unterbesetzung im richterlichen Bereich gemeint habe, sondern die personale Ausstattung im nichtrichterlichen Bereich am Bezirksjugendgericht in Hamburg

teilung. Die Schule bildet, die Fürsorge erzieht, die Richter bestrafen. Jeder für sich, ohne Rücksicht auf das Ergebnis. Doch diese Gewaltenteilung dient nicht dem Schutz der Bürger, sie schützt die Protagonisten vor ihren eigenen Mißerfolgen, sie ist Voraussetzung für das Spiel von Unzuständigkeit und Verantwortungslosigkeit. Mühsam, aber immerhin versuchen die Mutigen der Branche traditionelle Grenzen zu überwinden. Der Versuch, randalierende Schüler mitsamt ihrer Klasse und ihrem Klassenlehrer zu behandeln, wird in München vorangetrieben. Für knapp über tausend Mark bietet dort das erzbischöfliche Jugendamt mehrtägige Seminare im Grünen – Schüler und Lehrer aus Problemklassen lernen da, warum es bei ihnen knallt und wie sich das gruppendynamisch verhindern läßt. Die Kirchenleute bieten zudem Kurse für Konfliktschlichter unter den Schülern an. Konfliktschlichtung versuchen auch andere Schulen mittlerweile: Ältere Mitschüler werden trainiert, in der großen Pause für Deeskalation zu sorgen. Nach dem Vorbild des niederländischen Jugendhilfeprogramms „Instap" planen Sozialhilfeexperten vom „Rauhen Haus" in Hamburg in mehreren Städten eine Art Jugendhilfe-SEK: Professionelle Helferteams stürzen sich für ein paar Monate auf Problem-Kids und organisieren für sie vor Ort ein selbsttragendes Netzwerk von Fachleuten aus Jugendhilfe, Sozialverwaltung, Justiz, Schule und Polizei.

Die Welt ist voller Ideen, läßt man nur einmal die asketische These auf sich beruhen, daß der Zweck staatlicher Strafe nicht die Erziehung sein dürfe und der Zweck der staatlichen Erziehung nicht die Verbesserung des Menschen. Glen Mills, sagt der Pädagogikprofessor Hurrelmann, erinnere nicht zufällig „an ein sehr gutes Internat". Dabei ist es ja eigentlich ein Knast ohne Mauern. Oder nicht doch eher eine Art nach innen geschlossenes Heim für Schwererziehbare? Glen Mills, das ist das Unheimliche an dieser Firma, ist nichts von dem – und dient zugleich der Erziehung, der Strafe und der Menschenverbesserung. Das Amerikanische daran: Kein Mensch hat sich darüber je Gedanken gemacht.

„Wir spielen hier nicht mit den Händen, wenn wir Feedback kriegen." – „Wir machen hier keine Gesten und Grimassen in der Gruppe." – „Wir akzeptieren hier Konfrontation." – „Wir bilden hier keine Subgruppen." – „Wir gehen nicht durch die Mitarbeitertür."

Glen Mills, Lektion drei: die Methoden – Konfrontation als Konflikttraining

Wer etwas werden will in Glen Mills, muß sich umtun. 14 Tage lang täglich mindestens 17 Normverstöße monieren, registrieren und vom Übeltäter gegenzeichnen lassen. So wird man „Bull". Der Arbeitszettel des Studenten Crawford sah beispielsweise so aus:

7.15   Colley flucht – konfrontiert

7.40   Daniels duscht zu lange – konfrontiert

7.47   Fuller reinigt seine Kommode nicht – konfrontiert

7.59   Samkins lacht ihn aus – konfrontiert

8.07   Muniz zieht seine Schuhe nicht aus – konfrontiert.

Auf Schnitzeljagd nach Normbrechern ist hier jeder. Konfrontation, die Ermahnung des Normverletzers, gehört zum Tagesgeschäft, ja, es ist Norm: „Wir konfrontieren hier Normbrüche unserer Mitschüler konsequent." Und auch diese Norm ist konfrontationsfähig, nein: konfrontationspflichtig. Konfrontationen sind ungefährlich auch gegenüber Stärkeren und Respektspersonen. Denn es gilt die Norm:

„Wir akzeptieren hier jede Konfrontation, egal ob berechtigt oder unberechtigt. "

Die „sieben Stufen der Konfrontation" gehören zum Grundgesetz der Anstalt, von der „freundlichen Geste" bis zum ‚touch for attention‘, der Berührung, um Aufmerksamkeit zu erzeugen. Sie könnten das Leben auf manchem Schulhof und in mancher Familie schlagartig verändern. Jeden Morgen zwischen neun und zehn Uhr gibt es wahre Konfrontationsgewitter – da ist GGI, guided group interaction, ähnlich dem deutschen heißen Stuhl. Alle Sünden, Fehlverhaltensweisen müssen raus. Einer aus der Gruppe muß seine Geschichte erzählen, wie er lebt, was er angestellt hat, was er erreichen möchte. Die anderen, etwa 10, die um ihn sitzen, machen ihn ein bißchen fertig: „Erzähl doch keine Scheiße, lüg hier nicht rum. Was bildest du dir ein, wer bist du eigentlich? Das kannst du doch nicht machen. „Der Gruppenleiter, ständiger Betreuer und meist auch Trainer der Wohngruppe, moderiert und provoziert, darf aber nicht befragt oder gar beschimpft werden. Am Schluß kann die Gruppe eine Sanktion beschließen, die der Gruppenleiter genehmigen muß. Das kann der Verlust von Privilegien sein oder eine Strafarbeit. Niklas aus Dortmund hatte zugeben müssen, daß er Zigaretten verschenkt hatte *(„Wir verschenken hier nichts")*. Das kostete ihn den Rang als „Bull". Die Stunde von neun bis zehn – Tag für Tag –, das, sagt Niklas, sei „voll das Härteste in Glen Mills". Soll es ja auch.

Die wilden Kerle von der Frankfurter Ahornstraße galten mal als die gefährlichsten der Republik. Raubende Jugendbanden, brennende Autowracks, Steinhagel auf Polizeiwagen, schließlich ein erschossener 19jähriger: Szenen, die das Bild der „Frankfurter Bronx" prägten, eines sozialen Brennpunkts im Kleinbürger-Stadtteil Griesheim. Seit sich Polizei und Sozialarbeiter intensiv um die Bewohner in den Schlichtwohnungsblocks kümmern, ist es immerhin friedlicher geworden. Gartenzwerge zieren manche Vorgärten, einer herzt eine Ente, einer spielt Ziehharmonika. Doch die grinsende Keramik täuscht nur notdürftig darüber hinweg, daß die Stimmung in der Gegend um die Ahornstraße instabil ist. Fast 40 Prozent der Bewohner leben von der Sozialhilfe, mehr als 70 Prozent der Jugendlichen hier haben keinen deutschen Paß, fast ein Drittel sind Fälle für die Jugendgerichtshilfe. Gegen das häßliche Gewerbegebiet kommen tausend Gartenzwerge nicht an. Von den Höfen der Speditionsunternehmer dröhnen und pesten die rangierenden Lastzüge. An den Straßenrändern gammeln Autowracks. Es gibt mehr Schrottplätze hier als Spielplätze. Wer sich an dem Bürobau aus tristem Waschbeton vorbeidrückt und über den Hof spaziert, gelangt in einen weißgetünchten Schuppen. Da steht es groß an der Wand:

„Wir sprechen hier höflich und ruhig miteinander." – *„Müll gehört in den Behälter."* – *„Keine Gewalt."* – *„Niemand wird ausgelacht."* Und: *„Akzeptiere immer die Konfrontation."*

Insgesamt 20 Normen stehen an der Wand, und auch: „Sechs Stufen der Konfrontation", von „freundlicher Geste" bis „Support", unterstütze ! Glen Mills in Frankfurt-Griesheim. Es gibt auch eine Punkte-Liste: rote Punkte für Normverstöße, grüne für gute Leistungen. Ein roter frißt drei grüne, jeden Tag Punktebesprechung. Der Schuppen auf dem Hinterhof gehört der Caritas, die hier, am sozialen Brennpunkt, mit Methoden aus der Neuen Welt Frieden bringen will. Der Pädagoge Stefan Schanzenbächer, 33, betreut Jungs aus der Gegend um die Ahornstraße, die mehrfach als Gewalttäter verurteilt wurden. Mit Go-Karts, den kleinen kinderleichten Rennwagen, lockt Schanzenbächer die Kids in seinen Schuppen, dann werden Verträge gemacht: Wer hier mitmacht und regelmäßig kommt, darf Go-Kart fahren. Wer sich den Gruppennormen unterwirft, bekommt Schulunterricht, etwas zu essen. Die Besten dürfen in der Werkstatt unter Aufsicht von Kfz-Mechanikern an kleinen Rennwagen herumbasteln. Die Jungs aus der Ahornstraße sitzen im Kreis, ein paar Sozialpädagogen dabei, ebenso „Co-Trainer", das sind ehemalige Gewalttäter, die nun auf der guten Seite mithelfen dürfen. Einer aus der Runde der Delinquenten muß auf den „heißen Stuhl" in der Mitte. Die um ihn herum haben die Aufgabe, ihn auf die Palme zu bringen. Dazu konfrontieren sie den Gewalttäter mit seinen eigenen Gewalttaten, mit seinen Fehlern, machen sich über seine Ausreden lustig, über seine Rechtfertigungsversuche fallen sie her: ein Generalangriff auf das „delinquente Ich". Der Täter bekommt einen Mordsschreck vor sich selbst. Wie war das, als du zugestochen hast? Hast du den Türken rechts geschlitzt oder links? Was war das für ein Geräusch, als ihm das Messer in den Leib fuhr? Hat er geschrien? Was hat er geschrien? Kam gleich Blut? Los, gib's zu, du kannst kein Blut sehen. Dir ist übel geworden. Sag was, Mensch. Du stinkst aus dem Mund. Lüg doch nicht. Also: Hat er geschrien? So etwa, zwei geschlagene Stunden lang. Der Kreis rückt immer enger zusammen. Der Delinquent wird angefaßt, die Brille wird ihm von der Nase gerissen. Wenn einer es nicht mehr aushält, kann er „stopp" sagen. Dann ist sofort Ruhe. Aber er ist dann ein Verlierer. Der Caritas-Mann, ein Verfechter der neuen „konfrontativen Pädagogik", ist selber in die Ahornstraße gezogen. Nun wohnt er, wie Ferrainola, mitten unter seinen Jungs, zählt die Zwerge in den Vorgärten („Es werden immer mehr") und sammelt Erfolge von der Straße auf. Ermahnt ein Türkenjunge den anderen:

„Wir reden hier ruhig und freundlich miteinander."

Die Ideen von Glen Mills hat Jens Weidner in Deutschland eingeschleppt, ein Sozialpädagoge und Kriminologe mit Lehrstuhl in Hamburg. Der blonde, sanfte Gewaltexperte hat selbst eine Lehrzeit bei Ferrainola verbracht und gilt mittlerweile in Deutschland als der Guru vom heißen Stuhl. Der Professor ist ständig unterwegs, den Kollegen die Methoden fürs Anti-Aggressivitäts-Training beizubringen. Beim Frankfurter Institut für Sozialarbeit gibt er Kurse, wo Psychologen und Sozialpädagogen wie Schanzenbächer das Einmaleins der Provokation lernen: „Wir bieten den Schlägern die Konfrontation, die sie immer gesucht haben." Weidners heiße Stühle stehen mittlerweile nicht nur in Frankfurt-Griesheim. Überall machen sich freie Träger der Jugendhilfe auf und organisieren das Training nach Weidners Rezept. Am Bodensee, in Rüsselsheim, in Hamburg. Sogar in einer Bochumer Schule haben sie es schon versucht. Und der Professor spornt seine Trainer an: „Es muß richtig krachen."

„So'n Scheißgelaber, was du hier von dir gibst, das ja da Hamma." So klingt das in Elmshorn, einem gewaltgeplagten Städtchen im Kreis Pinneberg. Auf dem heißen Stuhl sitzt Kai, 22, Punkfrisur, zwei Katzen, Ringe in der Nase, Jugendstrafe wegen versuchten Totschlags. Die Angriffe der Trainer richten sich gegen Punk-Kai, weil der soeben eine eher dümmliche Nummer gebracht hat. Kai hat aus dem Entschuldigungsbrief vorgelesen, den er im Auftrag der Gruppe an sein Opfer schreiben mußte. Der reuige Kai schrieb: „Nichts für ungut, hätte ja schlimmer für Dich ausgehen können." Hätte schon. Kai hat den 14jährigen – „weil der meine Freundin angemacht hat" – auf dem Jahrmarkt verprügelt und ihn dann mit dem Kopf dermaßen gegen eine Hauswand geknallt, daß die Ärzte um sein Leben fürchten mußten. „Ich habe ihm eine geditscht", heißt das in Kais Sprache. Der Junge widerspricht den Beschimpfungen nicht. Er duckt sich auf dem Stuhl, unter den Sätzen des Teams, dann der entscheidende Vorstoß: Ein Trainer packt Kai am Arm. „Ja nicht anfassen", hatte der Kandidat die Trainer im Elmshorner Jugendhilfeverein extra gewarnt. Anfassen ist für ihn das schlimmste. „Da knall' ich euch eine", da fliegt die Faust ins Gesicht des Gegenüber schneller, als er denken kann. Kai geht nicht hoch. Er weiß, nein, er fühlt: Er kann alles sagen, und niemand wird es ihm übelnehmen. Nur darf er seine Faust nicht erheben. Er will da durch. „Man wird da schon richtig niedergemacht", sagt er hinterher, „aber ich halte das aus." Wenn er ein Jahr gewaltfrei war, darf er selbst konfrontieren: als Co-Trainer sogar für ein paar Mark Honorar.

Die kleine Mansardenwohnung ist holzgetäfelt, Polster überall, Polster auf dem Sofa, selbst der Klodeckel ist bunt gepolstert. Nippes in den Regalen, Zitronenbonbons auf dem Tisch. „Willste ,n Karamalz?" fragt Mario. Danke. Lieber die Geschichte, wie du die Spielhalle überfallen hast. Also: „Kurz vor elf war ich der letzte Kunde. Mütze übern Kopf, mit der Waffe rumgefuchtelt." Was hast du gesagt? „Na, was sagt man, Hände hoch, Klappe halten, Geld her." Eine Stunde später schon hatten sie ihn. Neun Monate U-Haft, dann fünfeinhalb Jahre Jugendstrafe. Nur noch die Tätowierungen erinnern an Marios unbürgerliche Vergangenheit. Heute lebt er in dem Städtchen am Rande des Harz in einem Fachwerkhaus unterm Dach mit Freundin und Hund und Malzbier. Er lernt Kraftfahrer – „damit mein Sohn mal sagen kann, mein Vater ist Berufskraftfahrer". Alles wird gut, im wesentlichen wegen Jens Weidner. Dem Professor verdankt Mario, daß er „diese Wut los ist". Eine Art Jähzorn sei das gewesen, „ich spüre noch heute, wenn das kommt". Und dann? „Totlabern statt totschlagen." Das ist einer von Weidners smarten Sprüchen, und Mario kann labern ohne Ende. Er kann so gut reden, daß er schon bei Margarete Schreinemakers im Fernsehen aufgetreten ist. Der ideale Kandidat für Talkshows: „Man merkt, daß man die Leute mit Labern auf die Palme bringen kann." Mario hat Weidners Anti-Aggressivitäts-Training im Jugendknast von Hameln mitgemacht. Dort probierte der Wissenschaftler seine Glen-Mills-Erfahrung erstmals aus. „Der heiße Stuhl", erinnert sich der junge Mann, „das ist die Katastrophe. Die können einen da verrückt machen." „Die fassen dir ins Gesicht, die ziehen dich an der Nase."

Manchen Jugendrichtern wie dem Hamburger Joachim Katz geht so etwas zu weit. „Der Persönlichkeitskern", sagt Katz, werde von solcher Pädagogik angekratzt.* Ach was, sagt Mario, es sei ja alles freiwillig. „Und hinterher gab es immer Kaffee und Kuchen." Kaffee und Kekse gibt es im Hamelner Knast immer noch. Da treffen sich in dem mit Sofas und Sesseln möblierten Gruppenraum dienstags ab 16 Uhr lauter nette Jungs, um über ihre Schandtaten zu reden. Da sitzt Kerem, 20, den Kaffeetopf in der Hand: Die Belegschaft einer ganzen Getränkefirma hat er als Geiseln genommen, um an den Tresor

---

* Katz hat dazu in einem Leserbrief (auch auf seiner homepage: www.der jugendrichter.de) deutlich gemacht, daß sich seine Kritik an dem „Anti-Aggressivitäts-Training" nicht in erster Linie dagegen richte, daß damit „der Persönlichkeitskern angekratzt" würde, sondern vielmehr gegen die schon missionarische Vorstellung, man könne damit - also mit einer durch Verhaltenstraining herbeigeführten Persönlichkeitsveränderung bei einigen Jugendlichen - die Gewaltproblematik unserer Gesellschaft ändern.

mit dem Lohngeld zu kommen. Mit dem MEK haben sie ihn herausgeholt, wie einen Terroristen. Kekse knabbernd: Stefan, 19, aus Vechta. Ein milder blonder Schmalhans. Seine Opfer hat er mit dem Schraubenzieher niedergestochen. Kerem, er fungiert in der Gruppe als Tutor, macht Toast im Toaströster vor: hopst immer hoch, weil er schön braun geröstet ist. Stefan und ein Mithäftling bedienen – Jiep-jiep-Geräusch – die quietschende Drucktaste des imaginären überdimensionalen Toaströsters. Knackis am Rande des Nervenzusammenbruchs. Das Psychologenteam Michael Heilemann und Gabriele Fischwasser-von Proeck rollen Direktor Egers Haftanstalt von innen auf: „Jeder Tag, an dem hier nichts passiert", sagt Heilemann selbstbewußt, „ist für die Gesellschaft ein verlorener Tag." Die Knacki-Knacker machen in Hameln Furore, die Kandidaten für das Training stehen hinter Gittern Schlange. Anti-Aggressivitäts-Training haben Heilemann und Fischwasser-von Proeck zu einem Allround-Programm für Gewalttäter ausgebaut. Von Glen Mills gelernt? Die Psychologen wollen alles anders machen, als es immer gemacht wurde: „Nicht die Veränderung der Lebensumwelten ist der Hauptauftrag der Prävention, sondern die Veränderung des Machtanspruchs des Täters." Der Täter, so Heilemann, soll einen „Ekel vor Gewalt" bekommen, souverän werden und schließlich in Freiheit Streit schlichten. Die wöchentlichen Sitzungen mit meist acht Teilnehmern beginnen mit Lockerungsübungen wie etwa einem „Antiblamier-Training" – dazu gehört auch das Toaster-Spiel. In der „Konfrontationsphase" geht es dann auf den obligatorischen heißen Stuhl. Weiter im Programm: Heilemanns Agenten nehmen Kontakt mit den Opfern oder ihren Angehörigen auf. Die sollen den Tätern Aufgaben stellen oder auf Tonband sprechen, wie es ihnen heute geht. Totschlägern unter seinen Klienten gibt Heilemann schon mal auf, den Freigang für Grabpflege zu nutzen. In inszenierten Provokationen sollen die Jungs lernen, auch bei ungerechtester Behandlung richtig zu reagieren: weglaufen statt zuschlagen. Zwei, drei Brutalos unterm Arm, erscheinen die Gewaltexperten immer häufiger bei Fernsehdiskussionen, sogar beim Bundespräsidenten waren sie neulich. Dort – auch das gehört zum Programm – geben die Ex-Schläger öffentlich Bekenntnisse gegen Gewalt ab. Der Kurs dauert acht Monate, maximal 8 der 630 Knackis von Hameln können daran teilnehmen. „Gerne drei oder vier Kurse", sagt Gefängnischef Eger, würde er veranstalten. Aber so viele Heilemänner gibt es eben nicht. Der einzige Heilemann arbeitet an ständig neuen Konzepten. Der ganze Jugendstrafvollzug, strahlt der Psychologe, sei „ein großer Irrtum": Das Personal sei der Meinung, es leiste Dienst am Täter. In Wahrheit gehe es um „Dienst am Opfer".

Niklas, der Netteste der Harten, ist wieder da. Die schönen Tage von Glen Mills sind vorüber. Es regnet, und es ist kalt in Dortmund. Frau Guder, nicht das Jugendamt, nicht das Arbeitsamt, hat ihm eine Lehrstelle als Koch beschafft. Sie hat einen Restaurant-Führer genommen und die Läden einfach durchtelefoniert, bis es klappte. Die Lehrstelle ist er schon wieder los. Dafür hat er jetzt einen großen Hund und einen tiefergelegten Manta, „damit ich auch mit 90 durch die Kurven komme". Wir fahren hier nicht mit 90 durch die Kurven. Niklas zieht zum Schutz gegen den Regen den Kopf zwischen die Schultern und rettet sich ins Trockene, Warme, Helle zu McDonald's im Bahnhof. Hier ist das Leben beleuchtet, klar und freundlich und eindeutig. Bei McDonald's wird alles quadratisch, praktisch eingepackt. Wir werfen hier keine Cola-Becher in die Ecke, wir werfen sie hier in die bereitstehenden Müllboxen. Wir rauchen hier nicht an den Nichtraucher-Tischen. Alle Flecken werden hier pausenlos weggewischt.

Glen Mills, wenn man es nur sucht, ist überall.

» **Dr. Thomas Darnstädt** (Jahrgang 1949), Journalist und Jurist (Befähigung zum Richteramt), verheiratet, 2 Kinder, staatsrechtliche Promotion, seit 16 Jahren beim Nachrichtenmagazin DER SPIEGEL, u.a. als Ressortleiter Politik. Spezialgebiet: Nationale und internationale Rechtsthemen. «

Horst Schawohl

Von Glen Mills lernen

Vom Interventionsrecht zur Interventionserlaubnis
im deutschen Anti-Aggressivitäts-Training®

Das Phänomen „Jugendgewalt und Jugendkriminalität' weist seit Jahren eine beständige Medienpräsenz auf. Dabei ist festzustellen, dass der massenmediale Umgang mit dieser Thematik oftmals das erforderliche Maß an Objektivität vermissen läßt. Strafrechtler und Kriminologen weisen darauf hin, dass der tatsächliche (unerfreuliche) Anstieg der Jugendkriminalität und –gewalt weit hinter seiner aktuellen Dramatisierung zurücksteht, so dass nicht ausgeschlossen werden kann, dass eine politische Instrumentalisierung des Phänomens erfolgt, die fragen lässt: „Wird das Thema Jugendgewalt dramatisiert und dazu genutzt, sich zu profilieren und auf Stimmenfang zu gehen?" (Pfeiffer u.a.1998:4f). Festzustellen bleibt, dass sich seit Mitte der 80er Jahre in zehn europäischen Ländern folgende Entwicklung herauskristallisiert hat: „Während sich in den meisten Ländern zu den Erwachsenen fast durchweg eine stabile oder nur leicht ansteigende Kriminalitätsentwicklung abzeichnet, haben die Zahlen der Tatverdächtigen bzw. verurteilten Jugendlichen fast durchweg stark zugenommen und dies besonders bei den Gewaltdelikten" (Pfeiffer u.a.1998:15). Ostendorf (1998), Leiter der Forschungsstelle für Jugendstrafrecht und Kriminalprävention an der Universität Kiel, konzediert entsprechend pragmatisch: „Wenn die Gesellschaft am Verbrechen leidet, muß sie auf den Fachmann hören und darf sich nicht auf Kurpfuscher verlassen". Diesem Selbstverständnis möchte sich der Verfasser anschließen: Basierend auf den praktischen Erfahrungen aus durchgeführten, respektive aktuellen Anti-Aggressivitäts-Trainings (AAT) in Schleswig-Holstein (Verein für Jugendhilfe Pinneberg e.V. seit Oktober 1997) und Hamburg (Nordlicht – Verein für soziale und kulturelle Arbeit e.V. seit November 1998) soll ein Einblick in dessen professionelle Praxis gegeben werden.

Das Anti-Aggressivitäts-Trainings (AAT), das 1987 in Deutschland begründet wurde, hat eine seiner Wurzeln in der Praxis der Glen Mills Schools: Weidner (1990:129f.), einer der AAT-Initiatoren, wurde nach seinem Glen Mills Praktikum 1984/85 (vermittelt durch Prof. Colla, Universität Lüneburg) in die interdisziplinäre Arbeitsgruppe der niedersächsischen Jugendanstalt Hameln berufen (unter Leitung von Dr. Heilemann, vgl. 1994), um Glen Mills Erfahrungen in die Entwicklung des AAT's einfließen zu lassen. Dieses gelang, weil der Direktor der JA Hameln, Dr. Bulczak, sowie der Projektleiter durch eigene Praxis- und Therapieerfahrungen dem Gedanken von ,Konfrontation als Hilfe' sehr positiv gegenüberstanden (Heilemann 1986).

Mittlerweile wird das Anti-Aggressivitäts-Training® (justizieller Bereich) bzw. Coolness-Training® (schulischer-, Jugendhilfe-Bereich) in über 20 deutschen Städten im ambulanten und stationären Bereich praktiziert. In diesen Jahren wurde es umfangreich evaluiert, sowohl testpsychologisch (pre-post-Test Design, Weidner/Wolters 1991) wie auch durch eine 10-jährige Rückfallstudie durch das Kriminologische Forschungsinstitut Niedersachsen (Ohlemacher u.a. 2000):

Danach wurden 63% der in der Zeit von 1987–1997 behandelten Mehrfach-Gewalttäter nicht wieder als Schläger rückfällig. Von den 37% Rückfälligen wurde die Hälfte ,nur noch' gewaltdelikt-schwächer auffällig. Diese Zahlen stimmen hoffnungsvoll und kommen den positiven Rückfallquoten der Glen Mills Schools sehr nahe (um 33%, Grissom 1984).

Konfrontative Arbeit zeigt im Umgang mit Mehrfachauffälligen Wirkung. Wie sieht dies aber praktisch aus ? Am Beispiel des Anti-Aggressivitäts-Trainings sollen die pädagogischen Arbeitsmöglichkeiten verdeutlicht werden. Das Motto lautet: ,Wer Gewalttäter ändern will, muss ihnen sprechen beibringen – in Konfliktsituationen.' Ein Motto, dem auch Glen Mills in seiner Interaktions- und Kommunikationsvielfalt folgt!

Vom Interventionsrecht zur Interventionserlaubnis: Die Motivationsarbeit

Zunächst muss der Professionelle die jungen Gewalttäter allerdings zur Mitarbeit motivieren. Ein anspruchsvoller Prozess, denn kaum ein Aggressiver ist primär motiviert, sein abweichendes Verhalten zu reduzieren, denn es sichert ihm vordergründig Durchsetzungsstärke und Respekt !

Wie fördert man aber die Bereitschaft dieser Zielgruppe zur Teilnahme an einem durch Konfrontation bestimmten Setting? Erfolgreiche Behandlung erfordert die Zustimmung des Konfrontierten – eine Gratwanderung, kann doch der Klient „in der Regel nicht gezwungen werden, sich physisch oder psychisch an der Leistungserbringung zu beteiligen. Deshalb ist die Qualität der Leistung in hohem Maße mitbedingt durch die Kooperationswilligkeit des Klienten, aber auch durch seine Kooperationsfähigkeit" (Badura/Gross 1976:69). Die TrainerInnen sind „auf die aktive und bewußte Mitarbeit des Klienten zwingend angewiesen" (Galuske 1999:144). Aufgabe des AAT-Teams ist es, Motivationsarbeit zu leisten, um von der sekundären Behandlungsmotivation (in den meisten Fällen richterlicher Druck aufgrund einer Weisung gem. § 10 JGG) zur primären Behandlungsmotivation zu gelangen, gleichsam den Wandel vom Interventionsrecht zur Interventionserlaubnis durch den Betroffenen zu vollziehen (Kraußlach 1981).

Selten ist die Begegnung zwischen Proband und AAT/Coolness-TrainerIn für den Jugendlichen der erste Kontakt mit im Bereich Sozialarbeit/Sozialpädagogik tätigen Personen oder Institutionen; oftmals ist die Weisung zur Teilnahme an einem sozialen Trainingskurs, in dem ein „Anti-Aggressivitäts-Training" durchgeführt wird, das Ende einer langen Etappe diverser Kontakte mit sozialen Einrichtungen. Das hat zur Folge, dass der Jugendliche der Maßnahme sowie den TrainerInnen suspekt, befremdet, indifferent oder genervt begegnet, denn „Sozialarbeit und ihre Institutionen werden mehr als Kontrolleure denn als Helfer wahrgenommen. Dies geschieht weitgehend ohne persönlichen Vorwurf und kennzeichnet den Realitätsbezug der Probanden" (Maelicke 1988: 93).

So erschien der Jugendliche S. (17) mit der Erwartung: „Ich dachte, dass wäre hier alles so'n Psychogelaber oder so was" und K. (18) trat gar mit dem Vorbehalt an „das sind alles Polizeispitzel, die uns nur aushorchen wollen." Vorgefasste Denkschemata feiern zunächst Triumphe. Der 18jährige K. erwartete nichts Neues von dieser Maßnahme: „Hören Sie: ich war letzte Woche gerade bei meiner Bewährungshelferin – die hat genauso geredet wie Sie. Das ist doch sowieso überall dasselbe". Und B. (18) konstatierte ohne Umschweife, seine Teilnahme erfolge ausschließlich, „weil es mir vom Gericht aufgezwungen wurde".

Ist es da nicht ein aussichtsloses Unterfangen, gemeinsam mit diesen Jugendlichen arbeiten zu wollen? Besteht überhaupt die Möglichkeit? Und das über einen Zeitraum von 16 - 25 Wochen? Vermeintlich gegen den erklärten Willen der Probanden? Obwohl es sich um gewaltbereite und gewalttätige Mehrfachtäter handelt? Als ambulante Maßnahme? Und dann auch noch konfrontativ? Niemand wird überrascht sein, wenn ich sage: Ja, es ist möglich! Basis für den Erfolg ist eine gelingende Arbeit während der Integrationsphase sowie der sorgsam abgewägte Übergang zur ersten Sitzung, in der eine „heiße Stuhl"-Sequenz durchgeführt wird. Der Übergang zu weiteren Phasen (Konfrontation, Provokation/Coolness) ist fließend.

Sozialpädagogische Grundlagen der AAT Einzel- und Gruppenarbeit

Zunächst erfolgt im Training die Umsetzung basaler sozialpädagogischer Forderungen, die sich an Lattkes (1961:319f.) zehn Geboten der Sozialarbeit festmachen lassen: „Du sollst

1. jeden Klienten als ganzen Menschen behandeln, d.h. als Leib-, Seele- und Geist-Einheit;
2. seine Selbsthilfekräfte entdecken und fördern;
3. ihn zum Partner am Hilfsvorgang werden lassen;
4. jeden Klienten so akzeptieren, wie er ist, und ihm Grenzen setzen, die er braucht;
5. nicht voreingenommen urteilen;
6. mit jedem Klienten dort anfangen, wo er steht;
7. mit seinen Stärken arbeiten;
8. es jedem Klienten ermöglichen, sich frei zu äußern;
9. ihm helfen, sein Recht auf Selbstbestimmung und seine Pflicht zur Selbstverantwortung zu verwirklichen;
10. ihm helfen, sich selbst und seine Lage besser zu verstehen".

Bei der Umsetzung dieses tradierten ethisch–normativen Kodes lässt sich fragen, inwieweit den Jugendlichen dadurch die Integration in das Programm erleichtert werden kann. Dieses gilt es – orientiert an den o.g. Geboten – praktisch zu präzisieren:

1. Den Klienten als ganzen Menschen behandeln verlangt vom Team, den jugendlichen Gewalttäter nicht auf die begangenen Delikte zu reduzieren, die zur Teilnahme am AAT geführt haben. Es gilt zu berücksichtigen, dass die bisherige Lebensbiographie des Probanden mehr als jene deviant–delinquenten Aspekte bietet. „Man, as man, supercedes the sum of his parts" (Bugental 1964, S. 23), was während der Kursdauer in Einzelgesprächen, durch Implementierung von Inhalten des Sozialen Trainings (vgl. Otto 1988) und Elementen der Einzelbetreuung Beachtung findet. Beabsichtigt ist dabei eine Nutzung vorhandener Ressourcen der AAT-Kursteilnehmer, also das Erkunden und Freilegen eventuell brachliegender Stärken, um durch deren (Re-)Aktivierung einen aus der Sicht der Jugendlichen und jungen Heranwachsenden intrinsischen Motivationsschub auszulösen; sei es durch Betonung eloquenter Kapazitäten, Hervorhebung sportlicher Leistungen oder schulischer oder beruflicher Qualifikationen, expliziter Benennung charakterlicher Vorzüge, eindeutiges Signalisieren der Akzeptanz der Person des Anderen, Respektierung des ‚Soseins', seines Menschseins. „Der Blickwinkel richtet sich hier gezielt auf die Ressourcen und Stärken der Menschen, auf ihre Potentiale zur Lebensbe-

wältigung und -gestaltung – auch unter den eingeschränkten Bedingungen des Mangels oder vor dem Hintergrund vielfältiger persönlicher und sozialer Defizite" (Stark 1996, S. 108). Nota bene: die Tatkonfrontation ist dabei nicht etwa widersprüchlicher, sondern komplementärer Bestandteil. Die gelungene Berücksichtigung dieses Faktums kommentiert S. (18) so: „Ihr seid schon ganz in Ordnung – nur beim ‚heißen Stuhl' seid ihr Scheiße!" Hier ist es somit gelungen, die curriculare Umsetzung der Theorie des AAT (Weidner 1997) zu gewährleisten sowie die ethisch-normative Komponente zu implementieren.

2. Ohne vorhandene Selbsthilfekräfte wäre die Teilnahme am AAT wenig sinnvoll. Bei den meisten Jugendlichen kann von deren Vorhandensein ausgegangen werden, so dass Förderung möglich ist; problematischer verhält es sich mit dem Entdecken, dem Freilegen dieser Ressourcen. Hilfreich sind einige von Farrelly/Matthews (1983) formulierte Thesen, wonach das Potential von Klienten zur Erlangung adaptiver produktiver sowie sozialisierter Lebensweisen größer ist als gemeinhin angenommen wird. Weiterhin erfolgt zumeist eine Überschätzung der psychischen Fragilität der Klienten, so dass ein heilsamer „Energiewirbel" vorhandene Ressourcen in Bewegung bringen kann, denn „als Reaktion auf eine Herausforderung ändern und entfalten sich die Menschen" (ebd.:960). Teilnehmer P. (19) erkennt nach mehreren Sitzungen den Sinn und Wert erduldeter Provokationen: „Ich bin doch schon ruhiger geworden, zumindest ruhiger als noch vor einigen Wochen. Ich muss noch an mir arbeiten, aber es ist schon besser geworden. Und das Training ziehe ich durch!"

3. Der Proband ist unterzeichnender Vertragspartner eines Kontraktes, der den Rahmen des AAT-Settings absteckt und exakt definiert. Partnerschaftlichkeit meint hier auch die Hinterfragung zentraler Leitlinien des Lebensweltkonzeptes oder Prinzipien parteilicher Jugendsozialarbeit (vgl. Bericht der Enquete-Kommission „Jugendkriminalität" 2000, S. 221 ff.; Haußmann 1996, S. 360 ff.), da diese lediglich in Anlehnung von Gültigkeit sein können. Nach Weber (1996, S. 49) sähe ein Bild für partnerschaftliches Verhalten sowie partnerschaftliche Haltung so aus: „Im therapeutischen Gespräch habe ich den gleichen Stuhl wie mein Partner [...], wir sitzen auf gleicher Höhe, ich fühle mich also weder überlegen noch untertänig"; dies gilt analog für das beim AAT geführte Vorgespräch vor einer ‚heißen Stuhl'-Sequenz. Dies erfolgt gleichwohl inklusive verbaler Attacken, inklusive zu verifizierender/falsifizierender Standortbestimmungen der Probanden, inklusive des dialogisch orientierten Versuchs, „etwas verstehen zu wollen, was auf den ersten Blick unverständlich und fremd ist. Empathie meint eione Haltung, die eine andere Person und deren Weltsicht kennenlernen will. das schließt ein, die Grenzen des eigenen Erfahrungshorizonts überschreiten zu wollen, um sich der Denk- und Erlebniswelt eines Gegenübers annähern zu können" (Emme 1999, S. 9). Dieser

Aspekt hat interdependente Gültigkeit: sowohl eine Bereitschaft zur Authentizität seitens des Probanden als auch der TrainerInnen muss vorhanden sein, wird die Person doch „in dialogischer Form gewonnen" (Rogers/Schmid 1991, S. 121). Dieses Klientel in Bezug auf die konfliktauslösenden Situationen sich selbst zu überlassen, wäre inkonsequent und indifferent – gleichsam fernab jeglicher sozialpädagogischer Verantwortlichkeit. Für die Probanden besteht die Möglichkeit zur jederzeitigen Beendigung der Trainingsteilnahme. Die daraus resultierende Konsequenz ist zunächst die Rückmeldung an das zuständige Jugendgericht sowie an die Jugendgerichts- respektive Jugendbewährungshilfe. Auch diese Konsequenz wird den Jugendlichen vorab verdeutlicht und in den meisten Fällen – nicht unbedingt froh gestimmt, aber eben dennoch – akzeptiert, wie Trainings–Absolvent C. (19) belegt: „Mit 18 bin ich volljährig, darf wählen und Auto fahren, aber bestraft werde ich immer noch wie ein Jugendlicher – das ist doch Schwachsinn!" Respekt und Sympathie ermöglichen erstaunliche Offenheit und Ehrlichkeit – auf beiden Seiten. Und nur so kann es funktionieren, denn „Aushandeln gelingt im Takt" (Thiersch 1986: 249).

4. ‚Jeden Klienten so akzeptieren, wie er ist, und ihm Grenzen setzen, die er braucht' berührt einen der heikelsten Punkte sozialpädagogischer Arbeit, da eher ‚Akzeptanz' propagiert und konkludiert wird, Grenzsetzung wäre nicht möglich, ohne das Vertrauen der jugendlichen Probanden zu verlieren. Dies ist „ein tief greifendes Mißverständnis in sozialen Berufen: Man verwechselt Wertschätzung mit Zurückhaltung von Kritik und Übernahme der Weltsicht und Erklärungsansätze des Klienten" (Stiels–Glenn 1997:252), so dass einer verdeckten Permissivität (Bandura 1979:115) Vorschub geleistet wird.

5. ‚Nicht voreingenommen urteilen' bedeutet in diesem Setting einen sachlichen Umgang mit den gewaltbereiten und gewalttätigen Jugendlichen sine ira et studio. Was unter der Überschrift ‚Respekt und Sympathie' subsumiert wird, darf mit angebrachtem Pathos in Schleicherts Worten formuliert werden: „Eine humane Behandlung ist etwas, das den Menschen nicht erst aufgrund besonderer Verdienste zugebilligt werden darf; das ist der Sinn des Wortes Menschenrechte" (1997:59). Also: keiner der jugendlichen Probanden wird per se herabgewürdigt oder despektierlich behandelt, vielmehr wird von vornherein transparent gemacht: hier geht es um Tatkonfrontation, nicht um die Verunglimpfung Deiner Person. Diese Akzeptanz drückt A. (18) aus: „Das ist so, als ob man einen kaputten Zahn hat und alle drücken immer weiter auf dieser Stelle herum. Das ist gut so, was gemacht wird. So macht man sich wenigstens Gedanken darüber, was man gemacht hat. Viele haben solche wie uns abgeschrieben und meinen, uns könnte man nie wieder im Leben helfen. Die meinen, das einzige, was man mit uns machen kann, ist, in den Knast sperren

und am besten nie wieder rauslassen. Aber [...]: Es gibt auch einige, die sind auch froh über Hilfe und wollen wieder ordentlich werden."

6. Gruppendynamik ist gewollt und notwendig, ohne die Einzelbetrachtung der Individuen zu vernachlässigen. Entsprechend der im Team erarbeiteten Anamnese soll für jeden Jugendlichen die passgenaue Vorgehensweise für das Training gefunden werden, so dass bei gelungener Umsetzung das Feedback sehr pointiert ausfallen kann: „Das war schon gut wie Du nachgefragt hast. Du hast die Sachen auch immer wieder auf den Punkt gebracht" (K., 18 Jahre). Ein anderes Statement lautete: „Es werden einem die Augen geöffnet". Ohne intensive Vorbereitung auf jede Sitzung und auf jeden Teilnehmer, können die Möglichkeiten des Trainings kaum ausgeschöpft werden.

7. Das Arbeiten mit den jeweiligen Stärken ermöglicht die authentische und faszinierende Nähe zu konfliktbelasteten Situationen der Alltagsrealität der Probanden. Denn die Jugendlichen wollen sich nicht die Blöße geben, auf dem „heißen Stuhl" zu versagen – gilt es doch, einen Ruf zu beweisen. ‚Durchhalten' ist angesagt, zeigen, was in einem steckt. Allerdings: hier können die gewaltbereiten jungen Männer zeigen, dass sie wahre Stärke besitzen, auch Schwächen erfassen und so einzugestehen, dass sie dafür nicht mit dem Image eines Loosers behaftet werden. Die Sitzungs–Praxis zeigt, dass es kaum möglich ist, die eigene Betroffenheit – gerade während der „heißen-Stuhl"- Sequenzen – zu überspielen. „Indem Personen auch in inszenierten Arrangements in irgendeiner Weise und wie begrenzt auch immer als authentische Personen zu handeln vermögen, ermöglichen sie in actu einen lebensweltlichen Bezug" (Hamburger 1996:70). Hier geben sie – manchmal zu ihrem eigenen Erstaunen – zu erkennen: ich kann auch anders, wenn ich will und wenn ich die Chance dazu sehe. Es bietet die Möglichkeit, „das Selbst zu sein, das man in Wahrheit ist" (Kierkegaard 1953:17). AAT–Teilnehmer C. (20) gibt beim Feedback offen zu, „draußen wären längst die Fäuste geflogen!" Wenn den Jugendlichen ihr Durchhaltevermögen bewusst wird, bleibt das nicht ohne Wirkung: „Manche Kollegen beneiden mich darum!", reflektiert T. (19) gegen Ende des Kurses.

8. Die Möglichkeit der freien Äußerung ist ganz wesentlicher Bestandteil des AAT's. Nicht totschlagen, sondern totlabern könnte eine in Kurzform formulierte Zielvorgabe lauten. ‚Frei' bedeutet in diesem Fall sowohl die Eröffnung eines weitreichenden Redeforums für die Jugendlichen als auch die Zusicherung der Verschwiegenheit seitens des Teams. Dem Probanden soll – geisteswissenschaftlich formuliert – verständlich werden, „man will dich nicht werben für eine Partei, für eine Kirche, auch nicht für den Staat, sondern [...] diese Hilfe gilt zunächst und vor allem dir, deinem einsamen Ich, deinem verschütteten, hilferufenden Menschentum" (Nohl 1927:13). Wird diese Ein-

sicht bei den Teilnehmern motiviert, ist die Bereitschaft, oftmals sogar der Wunsch nach offener Mitteilung frappierend – so wie bei dem Feedback von A. (19): „Warum sagst Du nicht einfach die Wahrheit, Alter? Ich sage Dir jetzt schon: wenn ich da sitze, sage ich die Wahrheit, was soll's, Alter?"

9. Das Selbstbestimmungsrecht sowie die Pflicht zur Selbstverantwortung impliziert die Teilnahme an sich, denn die Alternative für viele der Jugendlichen ist eine weitaus größere Übelzufügung: Haftstrafe oder nach erfolgter Androhung Arrest. Werden Sinn, Zweck und Bedeutung von AAT oder Coolness-Trainings dem Jugendlichen verdeutlicht, kann das die Motivationsarbeit unterstützen. Reift diese Überzeugung während des Trainingskurses, resultiert daraus eine hohe Akzeptanz zur Mitarbeit und ein verändertes Einsichtsvermögen, wie bei dem 18jährigen M.: „Warum gibt es so etwas eigentlich erst, wenn einer schon mal gesessen hat? Warum muss es erst soweit kommen? Ich wäre froh gewesen, wenn man mir so etwas schon früher angeboten hätte".

10. Hilfe zum besseren Selbstverständnis und der persönlichen Situation bietet der stark kommunikative Charakter des Trainings: das gesprochene Wort, der in schonungsloser Offenheit angewandte Klartext soll den jugendlichen Gewalttätern neue Handlungsstrategien eröffnen helfen. Ihre bisherige Einstellung lautete ‚Gewalt ist normal, um Konflikte zu ‚regeln'. Das Gespräch als Lösungsmöglichkeit wurde abgelehnt. Vor allem: Gewalt ist eindeutig (Stikkelmann 1996: 37/38). Das AAT fördert Handlungsalternativen: Verbal Einhalt gebieten, deutliches ‚Nein!'-Sagen, das Ignorieren von Provokationen, das Entziehen durch Aufstehen und Verlassen des Raumes. Dieses konfliktentschärfende Entziehen ist für den aggressiven Jugendlichen nicht einfach, aber notwendig, denn „Belastungsgrenzen werden ausgelotet, aber nicht überschritten" wie der Projektleiter des AAT's beim Verein Nordlicht ‚G. Schomaker, betont (Neugebauer 1999:12). Trainingsteilnehmer T. (19) resümiert, es hätte seit Beginn des AAT's „schon viele Situationen gegeben, wo ich früher ausgeflippt wäre. In der S-Bahn, wenn mich jemand zutextet, oder in der Disco, wenn mich jemand schief anguckt. Früher wäre ich sofort mit dem raus gegangen und hätte ihm gezeigt, was los ist. Doch jetzt ist mir vieles scheißegal. Meinetwegen können die von mir denken, was sie wollen – ich denke an meine Zukunft".

Die Orientierung an dem aus der Einzelhilfe entliehenen Ethik-Kode – einem „Grundwert der Sozialarbeit" (Konopka 1971:79) – wird durch die Prinzipien der sozialen Gruppenarbeit ergänzt. Für die Gruppenarbeit formuliert Schiller (1963:139 ff.) fünf grundlegende Prinzipien:

1. Individualisieren;

2. Anfangen, wo die Gruppe steht;

3. Sich entbehrlich machen;

4. Hilfen durch Programmgestaltung;

5. Erzieherisch richtige Grenzen setzen.

Trotz gewollter – weil erforderlicher – Gruppendynamik geht der AAT Teilnehmer nicht mit seiner biographischen Individualität unter, denn das Team hat „die Gesamtgruppe wie auch die einzelnen Mitglieder im Auge zu behalten" (Kelber 1965:7). Eine Möglichkeit bieten ‚Patenschaften': die TrainerInnen übernehmen für bestimmte Probanden eine individuelle Betreuung, die über das unmittelbare AAT/Coolness–Training hinausgehen kann.

Die Einbeziehung der Individualbiographie, die Vermittlung von Respekt und Sympathie sowie Transparenz und Konsequenz bei der praktischen Umsetzung dieser Maßnahme generieren jene Atmosphäre, in der die Jugendlichen die Interventionserlaubnis erteilen. Respekt und Sympathie sowie Transparenz sind gleichsam dogmatische Termini. Bei all der Intensität und Dynamik, die dem Setting innewohnt, darf nicht in Vergessenheit geraten, dass hier eine verbale Auseinandersetzung von Mensch zu Mensch stattfindet. Zu dieser Konstellation formuliert Lay: „Ihr Gegner in einem Konflikt hat eine Geschichte (...). Wenn Sie sich das klarmachen, werden Sie ihn als Mensch achten. Und wer dem anderen auf der Ebene der Achtung begegnet, macht es ihm sehr schwer, weiterhin einen Konflikt aufrechtzuerhalten" (Handelsblatt vom 08./09. 01,1999: K 2). Das bedeutet, dass der Ton, der den **Takt** zum Aushandeln angibt, zunächst von Seiten der TrainerInnen vorgegeben wird, was im Widerpart mit den jugendlichen Probanden Miss- und Fehltöne nicht ausschließt. Hier heisst es : taktvoll die gewünschte Tonart halten und Dissonanzen zu vermeiden versuchen. Und wer trotz aller Anstrengung und Empathie jegliche Harmonie vermissen lässt, dem droht der Ausschluss aus der Gruppe. Die **Transparenz** ermöglicht das gemeinsame Miteinander, die Kooperation. Dieser „Umgang miteinander will erprobt sein. Gelingende Kooperationen benötigen eine gemeinsame Vertrauensbasis. Die Schaffung dieser hängt wiederum von gruppendynamischen Entwicklungen ab. Erst über die Herstellung von Transparenz einerseits und einer präzisen Definition von Grenzen und Möglichkeiten in die Zusammenarbeit kann eine Vertrauensbasis entstehen" (Kilb 1999:48).

Konfrontation ohne Kooperation ist nicht möglich. Kooperation verlangt Transparenz, so dass von einer curricular–immanenten **Triade (Transparenz - Kooperation - Konfrontation)** gesprochen werden kann, deren Wohlklang schließlich Intervention erlaubt.

Folgendes Beispiel soll den Fortschritt vom Interventionsrecht zur Interventionserlaubnis verdeutlichen: Auszüge aus zwei „heißen Stuhl"-Sequenzen sollen den eingetretenen Wandel wiedergeben. Zwischen den beiden Sequenzen liegt ein Zeitraum von acht Wochen. Während des ersten Vorgesprächs hat der 18jährige Jugendliche (J.) die Arme vor dem Oberkörper verschränkt, gibt nur widerwillig, einschränkend oder gar nicht Antwort – er gibt also nonverbal und verbal eindeutig zu verstehen: ich will (noch) nicht! Diese Haltung findet auf dem „heißen Stuhl" ihre Fortsetzung: Obstruktion („Was wollt ihr eigentlich?"), Neutralisierungstechniken („Ich stand unter Schock") und Rechtfertigungen („Ich wurde bedroht und mit einem Messer angegriffen") versucht J. als Taktik der Konfrontation entgegenzusetzen. In Auszügen verläuft die Konfrontation zwischen dem Team (T.) und J. folgendermaßen:

T.: *Wie sind die Verletzungen Deines Opfers am Gesäß und am Rücken zustandegekommen?*

J.: *Wir haben miteinander gekämpft und plötzlich stand ich hinter ihm.*

T.: *Wie sah der Kampf denn aus?*

J.: *Wie soll der Kampf ausgesehen haben?*

T.: *Habt ihr euch geschlagen oder getreten – was genau hat stattgefunden?*

J.: *Was eben so stattfindet, wenn man sich prügelt.*

T.: *War der Typ betrunken?*

J.: *Was heißt betrunken?*

T.: *Zumindest hattest Du vorhin gesagt, er hätte Schwierigkeiten beim Sprechen gehabt, also war er doch wohl nicht mehr nüchtern.*

J.: *Nee, nüchtern war der ganz bestimmt nicht mehr.*

T.: *Ist das nicht feige, sich einen Besoffenen als Opfer für einen Messerangriff zu suchen?*

J.: *Was heißt hier ‚zu suchen'? Der hatte zuerst ein Messer in der Hand. Soll ich mich abstechen lassen?*

T.: **Wollte** *er Dich mit dem Messer angreifen oder* **hat** *er Dich mit dem Messer angegriffen?*

J.: *Er ist mit dem Messer auf mich zugekommen.*

T.: *Und dann?*

J.: *Hab ich mein Messer gezogen.*

T.: *Wieso bist Du denn unverletzt geblieben?*

J.: *Sein Messer lag dann auf der Straße.*

T.: *Ach was. Und dann hast Du Deinen Teleskoparm ausgefahren und ihn von hinten verletzt?*

J.: *Quatsch! Was glaubt ihr denn, wie das abläuft? Ihr habt ja überhaupt keine Ahnung, was da abläuft!*

T.: *Lag der nicht am Boden, als Du mit dem Messer auf ihn losgegangen bist?*

J.: *Blödsinn – der ist doch weggelaufen!*

T.: *Wie bitte? Der ist weggelaufen?*

J.: *Was?*

T.: *Du hast gesagt: ‚Der ist doch weggelaufen‘ und dann bist Du hinterher und stichst mit dem Messer auf ihn ein.*

J.: *Moment: der hat mich angegriffen...*

T.: *Du hast ihn von hinten mit dem Messer angegriffen! Ziemlich feige Nummer, Junge!*

Beim anschließenden Feedback äußert einer der teilnehmenden Jugendlichen: „Der redet da ständig rum, ohne auf die Fragen zu antworten, das gibt es doch gar nicht. Gleich am Anfang kann der noch nicht mal seinen Namen sagen – was soll denn sowas? Der hat es sich selbst schwer gemacht." Zum Schluss des Feedbacks vergibt J. ein Plus und ein Minus, ein Plus für ‚gute Fragen‘ (aus Sicht des Befragten), ein Minus für ‚störende‘ Fragen. Das Minus erhält einer der Trainer mit folgender Begründung: „Du nervst mich. Das ist ja nicht mehr normal. Bei den anderen ging das ja noch, aber Du nervst mich total! Da wird man von vorne gefragt, dann kommt hier eine Frage und Du kommst auch noch dazu."Acht Wochen später findet für J. die zweite „heiße Stuhl" – Sequenz statt. Im Vorgespräch gibt er sich abwartend, gleichwohl gesprächiger als beim ersten Mal. Obwohl er um Lockerheit bemüht ist („Heute bring ich das hier ganz entspannt über die Runden"),lässt sich eine Verunsicherung ob der bevorstehenden Konfrontation durch die Gruppe vermuten, da er ständig mit den Beinen wackelt. Nachfolgend die auszugsweise Darstellung des „heißen Stuhls":

T.: *Wieso seid ihr überhaupt von der Polizei erwischt worden? Zu dumm gewesen?*

J.: *Weil uns jemand verpfiffen hat.*

T.: *Natürlich. Und warum hattest Du danach immer wieder Stress mit der Polizei?*

J.: *Weil ich da Scheiße gebaut hatte.*

T.: *Wie bitte? Das höre ich hier aber zum ersten Mal. Dann bist Du also doch nicht das unschuldige Opfer, das immer wieder zu Unrecht unter den subtilen Methoden dieses Überwachungsstaates zu leiden hat?*

J.: *Natürlich, Mann!*

T.: *Lass gut sein, Junge! Diese Äußerung werde ich genießen. Das wirst Du nicht mehr ändern können. Und ich weiß doch, dass Du mich respektierst; musst Du hier auch gar nicht zugeben. Jedenfalls hast Du Respekt vor mir.*

J.: *Auf eine gewisse Weise schon – nur hier auf dem heißen Stuhl seid ihr Scheiße!*

Erneut wird der Tathergang thematisiert, der bereits in der erste Sitzung angesprochen worden ist:

J.: *Soll ich euch mal die Wahrheit sagen, wie das wirklich abgelaufen ist? Ich sag euch das jetzt mal, und das ist die Wahrheit: Der Typ ist nach der ersten Auseinandersetzung weggelaufen. Und dann hat der sich zwischen den parkenden Autos versteckt, und ich habe ihn dann gesucht, indem ich unter die Fahrzeuge geguckt habe, um seine Füße sehen zu können. Und als ich ihn dann entdeckt hatte, habe ich mich von hinten mit dem Messer angenähert – so ist es gewesen. Aber ich weiß bis heute nicht, wie der seine Verletzungen am Rücken bekommen hat – die können nicht von mir sein!*

Das Feedback des Jugendlichen, der oben bereits zitiert wurde, lautet zu diesen Äußerungen: „Du warst besser als beim ersten Mal. Damals hast Du zuviel gelogen. Ich hab gesagt, ich sag hier die Wahrheit, und das solltest Du auch tun. Aber war schon besser heute."

Deutlich wird: J. hat im Verlauf des Trainingskurses dem AAT-Team die Interventionserlaubnis, die Erlaubnis zur Konfrontation erteilt. Damit wird die Umsetzung des Curriculums in die Praxis ermöglicht. Zu diesem zählen: Aggressivitätsauslöser, Aggressivität als Vorteil (Gewalt-Kosten-Nutzen-Analyse), das Selbstbild zwischen Ideal- und Realselbst, die Neutralisierungstechniken, die Opferperspektive sowie die Provokationstests.

Die Qualitätsstandards

Um „Kurpfuscherei" bei der curricularen Umsetzung zu vermeiden und eine professionelle Durchführung der Trainingskurse zu gewährleisten, gelten die explizit für Anti-Aggressivitäts- und Coolness -Trainings (CT) formulierten Standards. Diese werden seit 1994 in Deutschland durch das Institut für Sozialarbeit und Sozialpädagogik (ISS) in Frankfurt/M. als Ausbildung vermittelt (vgl. Weidner/Kilb/Kreft 1997), denn, wo AAT draufsteht, soll auch AAT drin sein!

1. Das AAT ist im Bereich der tertiären Prävention bei der Bewährungs- und Jugendgerichtshilfe, beim § 10 JGG und in den unterschiedlichen Formen des Strafvollzugs anzusiedeln. Der Behandlungsbeginn bei gewalttätigen Wiederholungstätern unter Zwang wird als Einstiegs-Sekundärmotivation akzeptiert. Das Coolness-Training orientiert sich am Bereich der sekundären Prävention und setzt in Schule, Peer-group, Streetwork und Jugendhilfe auf Freiwilligkeit.

2. Zur Zielgruppe zählen Jugendliche, Heranwachsende und junge Erwachsene, die sich gerne und häufig schlagen, die selbstbewusst auftreten und Spaß an der Gewalt haben. Sie müssen kognitiv und sprachlich dem Programm folgen können, das auf einem lerntheoretisch-kognitiven Paradigma basiert. Diese Trainingsprogramme sind nicht geeignet für Suizidale, für Grenzfälle zur Kinder- und Jugendpsychiatrie, für vorherrschend Alkohol- und Heroinabhängige und für Mitglieder der organisierten Kriminalität. Zur Zielgruppe zählen vielmehr stadtbekannte Schläger, Hooligans, Skin-Heads und Schläger aus multiethnischen oder monoethnischen Gangs.

3. Der zeitliche Rahmen der Programme umfasst bei einer Gruppengröße von 5 Teilnehmern zirka 60 Stunden (z.B. 1x pro Woche 3 bis 5 Stunden Sitzungsdauer).

4. Die Gruppenleitung umfasst in der Regel zwei MitarbeiterInnen mit abgeschlossenem Hochschulstudium in Sozialer Arbeit, Sozialpädagogik, Erziehungswissenschaften, Psychologie oder Kriminologie, davon eine mit qualifizierter Zusatzausbildung zur Anti-Aggressivitäts-TrainerIn, inclusive Selbsterfahrung auf dem ‚heißen Stuhl'.

5. Der Trainingseinstieg umfasst die Motivationsarbeit durch Tätergespräche, erlebnispädagogisches, beziehungsaufbauendes ‚Locken' sowie eine interessante, spannende, konfrontative Gesprächsführung und Sitzungsgestaltung, z.B. mit Co-Trainern (Ex-Schläger, friedfertige Kampfsportler). Sekundäre Behandlungsmotivationen, wie richterlicher Druck, drohender Schulverweis, drohender Widerruf oder anstehende Gerichtstermine sollen idealtypisch nach den ersten vier Sitzungen einem primären Interesse weichen. Kraußlach (1981) spricht in seinem Klassiker ‚Aggression im Jugendhaus' vom Wandel vom Interventionsrecht (der Instanzen sozialer Kontrolle) zur Interventionserlaubnis durch den Betroffenen.

6. Die Trainingsinhalte umfassen folgende curriculare Eckpfeiler: Einzelinterviews im Beisein der Gruppe (1:1), Analyse der individuellen Aggressivitätsauslöser, Tatkonfrontation und Provokationstest auf dem heißen Stuhl, Opferperspektive, Distanzierungsbrief an die alte (delinquente) Clique.

7. Das optimistische Menschenbild des Anti-Aggressivitäts (AAT) – und Coolness-Trainings (CT) signalisiert: Die Professionellen sollen den Täter als Person mögen, bei gleichzeitiger massiver Ablehnung seiner Gewaltbereitschaft, denn ‚there is no bad boy' (Ferrainola 1984).

Auf dieser Qualitäts-Grundlage wurden die Begriffe AAT und CT mit Datum vom 7.4.1999 beim Deutschen Patent- und Markenamt in München geschützt. Damit sollen in Zukunft unseriöse Entwicklungen frühzeitig ausgebremst werden. Ein Beispiel: Ein sicher wohlmeinender Kollege aus der Jugendhilfe fragt telefonisch an: Er habe Gelder für zwei Wochenend-AATs erhalten. Samstag wolle er erlebnispädagogisch Kanufahren und Sonntag sollten alle auf den ‚heißen Stuhl'. Er wolle nun wissen, wie er das am besten bewerkstelligen könne... (vgl. Kilb/Weidner 1998, S. 30f.). Genau diese oberflächliche Arbeit gilt es zu vermeiden !

Die methodischen Grundlagen

Auf der Grundlage der praktischen Erfahrungen des ehemaligen Geschlechtsrollen-Seminars für sexuelle Gewalttäter der Jugendanstalt Hameln (Heilemann 1986) und der Glen Mills Schools für Gangschläger wurde ein sozialpädagogisch-psychologisches Trainingsprogramm für aggressive Wiederholungstäter konzipiert. Methodisch orientiert sich dieses am Psychodrama (Moreno), der Gestalttherapie (Perls) sowie der Provokativen- (Farrelly) und Konfrontativen Therapie (Corsini).

Moreno prägte bereits 1915 den Begriff des „leeren Stuhls", mit dessen Hilfe der Klient einen Konflikt im Rollenspiel darstellt, wobei der imaginäre Widersacher auf dem „leeren Stuhl" sitzt. Der Gestalttherapeut Perls entwickelte als Fortführung dieser Arbeit den „heißen Stuhl". Darauf sollte die Person „Platz nehmen, die an ihrer Psyche arbeiten will" (Kriz 1985:193; Perls 1976). Die Wirkung der Provokativen Therapie konstatierte Farrelly als paradox, da „sich die Patienten durch diese Form des Umgangs auf die Dauer mehr akzeptiert fühlen, als durch eine stets ‚rücksichtsvolle-sensible' Behandlungsweise. Dieser ‚frische Wind', der alles Pathos hinwegfegt, wird als belebend für den therapeutischen Prozeß empfunden" (Farrelly/Brandsma 1986, S. V), gerade auch von delinquenten Jugendlichen. Diese therapeutische Aufgabe sieht Corsini in der Freisetzung des individuell vorhandenen Potentials, da er davon ausgeht, „daß jeder einzelne das Potential zur Besserung oder Heilung oder Veränderung in sich selbst trägt" (Corsini 1983:558). Während der Therapie kommt „es zu einer Konfrontation zwischen den Vorstellungen der Person und der Wirklichkeit" (a.a.O.:560). Deren Widerspruch (kognitive Dissonanz, Festinger 1957) erschüttert das althergebrachte Denkmuster mit dem Resultat einer „Umstrukturierung des Denkens"(a.a.O.:560).Vor diesem Hintergrund versucht das AAT bei gewalttätigen Jugendlichen einen Prozess der Reflexion und Verhaltensänderung einzuleiten: Die Jugendlichen sollen lernen, sich in die Position des Opfers zu begeben sowie ihr eigenes Verhalten zu reflektieren. Ihnen wird individuell und praxisnah verdeutlicht, wann für sie persönlich der Punkt erreicht ist, an dem Gewalt unabwendbar zu sein scheint. Dabei erfahren sie nicht nur, dass dieser Kulminationspunkt situativen und individuellen Bedingungen unterliegt, sondern sie verstehen auch, welch primitiven Rollenerwartungen sie damit entsprechen. Im nächsten Schritt wird verdeutlicht, wie entsprechende Situationen durch prosoziales Verhalten bestanden werden können (vgl. Schomaker 1997:1)

Das Curriculum: Behandlungsinhalte und Kommunikationsbeispiele

Die zentralen curricularen Eckpfeiler des AAT's für jugendliche Mehrfachgewalttäter in der Praxis sind:

1. Aggressivitätsauslöser,
2. Aggressivität als Vorteil,
3. Selbstbild zwischen Ideal- und Realselbst,
4. Neutralisierungstechniken,
5. Opferkommunikation/ -perspektive
6. Provokationstests.

I. Aggressivitätsauslöser

Aggressivität wird nicht als unberechenbare, explosive, spontane Reaktion angesehen, sondern als eine durch Hinweisreize aus der Umgebung regulierte. Nach Bandura (1979: 139) „verhalten sich Menschen (nur selten) blind und wahllos aggressiv. Viel eher treten aggressive Handlungen zu bestimmten Zeiten, in bestimmten Situationen, gegenüber bestimmten Gegenständen oder Personen und als Reaktion auf bestimmte Formen der Provokation auf." Diese Faktoren werden in dem zwischen TrainerIn sowie Probanden vorab geführten Einzelgespräch herausgearbeitet:

„Wann genau bist Du kurz vor der Explosion?"

„Was bringt Dich hoch?"

„In welchen Situationen hast Du besonders Stress?"

„Wer muss Dir begegnen, damit Du zuschlägst?"

„Wie muss sich jemand verhalten, um Dich bis aufs Blut zu reizen?"

Der Dialog des Vorgesprächs zwischen Trainingteilnehmer A. (17) und dem Trainer (T) verlief beispielsweise folgendermaßen:

T: *A., nenn mir doch mal irgendetwas, was Du besonders gut kannst, etwas, bei dem Du meinst, ‚da bin ich besser als andere‘.*

A: *Wie meinen Sie das?*

T: *Irgendetwas, von dem Du sagst: ‚Das ist eine Stärke von mir‘, bei dem Du sagst: ‚Toll, dass ich das kann!‘*

A: *Ich hab ne große Schnauze. Das kann ich gut. Also, wenn mich einer anmacht, dann kann ich das gut, dann sag ich was dazu.*

T: *Was sagst Du denn zum Beispiel?*

A: *Na ja, dass er aufhören soll eben.*

T: *Und wann fühlst Du Dich angemacht?*

A: *Wenn z. B. jemand sagt: Fick Deine Mutter!*

T: *Die Äußerung ‚Fick Deine Mutter‘ bringt Dich hoch?*

A: *Ja klar, Mann! Würden Sie das gut finden, wenn jemand zu Ihnen sagt: ‚Fick Deine Mutter!‘?*

T: *Wie reagierst Du denn auf ‚Fick Deine Mutter!‘?*

A: *Ich hau in die Schnauze.*

T: *Das heißt also, wenn ich zu Dir sage: ‚Fick Deine Mutter‘, dann würdest Du mir in die Schnauze hauen?*

A: *Ja.*

T: *Ist das davon abhängig, wie jemand gebaut ist? Also, wenn der 2 Köpfe größer ist als Du – würdest Du dem auch in die Schnauze hauen, wenn er zu Dir sagt: ‚Fick Deine Mutter!‘?*

A: *Das macht nichts. Der würde auch was kriegen.*

Das vorab geführte Einzelgespräch mündet über die Provokationsphase des „heißen Stuhls" in die systematische Desensibilisierung, „bis die Gefühle von Erregung und Anspannung einer Entspannung gewichen sind" (Weidner 1997: 148) und dem aggressiven Jugendlichen die Möglichkeit eröffnet wird, „starke Abwehrmechanismen gegen aggressionsauslösende Reize oder Stimuli zu entwickeln" (Ellis 1987:110, a.a.O.:149).

2. Aggressivität als Vorteil

Die jugendlichen Delinquenten erkennen in ihrer Aggressivität zunächst einen positiven und nützlichen Aspekt, denn sie erfahren Respekt und Anerkennung

(Weidner 1997:153); das Opfer dient „als Tankstelle des Selbstbewußtseins" (a. a.O.:146). So meinen sie, Leute und Umfeld im Griff zu haben oder in den Griff zu bekommen, denn „Gewalt ist eine direkte, unkomplizierte, überzeugende und ökonomische Form der sozialen Kontrolle (Polsky 1977: 57).

So hatte der Trainingsteilnehmer K. (22) eine Schlägerei mit dem jüngeren Jugendlichen M. (15), der nach K's. Auffassung zu engen Kontakt zu seiner Freundin gehabt hätte, woraufhin er M. zur Rede stellte und seinen Worten dadurch Nachdruck verlieh, indem er M. die Faust ins Gesicht schlug und mit dem Knie in den Magen trat. Zweieinhalb Monate später trafen die beiden erneut aufeinander, da sich nach K's. Auffassung nichts an dem Kontakt zwischen M. und seiner Freundin geändert hätte. Diesmal forderte K. den jüngeren M. zum Mitkommen auf. K. äußerte, dass M. hier nicht mehr lebend davonkommen und er ihm Arm sowie Rippen brechen würde. Daraufhin nahm er Ms. Kopf, zog ihn herunter und stieß ihm das Knie ins Gesicht. Anschließend schlug er M. mit dem Kopf gegen die Wand, so dass dieser bewusstlos wurde. Aussage K: „Dann wollte ich ihm noch einen Tritt mit dem Springerstiefel ins Gesicht versetzen, sah davon ab und zog den Stiefel nur dicht übers Gesicht." Im Anschluss an diesen Vorfall ging K. in eine Kneipe und prahlte damit, er hätte M. das Nasenbein und den Kiefer gebrochen.

Anhand der Kosten–Nutzen–Analyse soll den Teilnehmern die Erkenntnis nahegebracht werden , dass „das Risiko einer bleibenden körperlichen Verletzung ein zu hoher Preis für vergänglichen Ruhm oder für eine zeitweilige Erhöhung der Selbstwertachtung ist; dass es viel klüger ist, einem Gegner mit Hilfe des Verstandes als mit Hilfe der Fäuste standzuhalten, und das übereilte Kämpfe leicht manipulierbar werden, sobald andere entdecken, wie sie einen zu tollkühnen Handlungen provozieren können" (Bandura 1969, S. 283 f.).

3. Selbstbild zwischen Ideal- und Realselbst

Die aggressiven Jugendlichen erleben eine Dissonanz, da ihr Ideal- und Realselbst überproportional auseinanderklafft. Mit dem Begriff „Idealselbst" wollen Joffe/Sandler (1967:162) „die besondere individuelle Form der Selbstrepräsentanz bezeichnen, die gefühlsmäßig [...] für die Verkörperung des Idealzustandes gehalten wird." Statt hart und unbeugsam, cool und gnadenlos, ist das Realselbst der AAT-Teilnehmer oftmals „leicht kränkbar, wenig selbstbewußt und als Versager ‚abgestempelt'" (Weidner 1997:146). Sie bekunden Bewunderung für Typen wie Sobota oder van Damme oder Figuren wie Rambo oder Terminator, die konsequent ihren Weg gehen, während sie ihre eigenen biographischen Daten eher wenig oder gar nicht mit Erfolgsmomenten anreichern können:

So berichtet Trainingsteilnehmer S. (19), dass er bisher drei Lehren abgebrochen und seitdem verschiedene Jobs angenommen hätte. Für die Zukunft hoffe er auf eine Umschulung. Seine Wohnung werde von der Oma und der Mutter finanziert, da er durch seinen Job nicht genügend verdienen würde. Mit Kraft- und Fitnesstraining halte er sich fit. Sein Vorbild sei Jean-Claude van Damme. S. berichtet über regelmäßigen Alkoholkonsum, insbesondere am Wochenende; seine bisherigen Körperverletzungsdelikte (3 Anzeigen) fanden alle unter Alkoholeinfluss statt. Auch Trainingsteilnehmer K. (18) deutet sich als besonders männlich, wenn er wiederholt durch Schlägereien und dadurch verursachte Körperverletzungen auffällt. K. verschafft sich Respekt gegenüber seiner Freundin und vermeintlichen Nebenbuhlern:

T: *Erzähl mal, weshalb Du hier bist, K.!*

K: *Körperverletzung.*

T: *Komm, ein bisschen mehr! Was ist da genau passiert?*

K: *S. (Person, die von K. zusammengeschlagen worden ist) hat an meiner Freundin rumgeleckt, als wir auf 'ner Party waren. Und als die beiden rausgegangen sind, bin ich hinterher.*

T: *Und dann?*

K: *Dann hab ich S. 'n paar gezogen.*

T: *Wie gezogen? Genauer! Was ist da passiert?*

K: *Ich hab ihn zusammengeschlagen.*

T: *Das war alles? Oder ist es noch weitergegangen?*

K: *Ja.*

T: *Wie? Wie ist es weitergegangen?*

K: *Ich hab ihn getreten.*

T: *Wann? Als S. am Boden lag?*

K: *Ja.*

T: *Du hast ihn getreten, als er schon am Boden lag? Wohin hast Du ihn getreten?*

K: *In den Magen.*

T: *Und was hat Deine Freundin dazu gesagt?*

K: *Das ich aufhören soll.*

T: *Und hast Du dann aufgehört?*

K: *Ja.*

Explizit nach Stärken befragt, äußert K. allerdings eine eher dürftige Bilanz:

T: *Was für Stärken hast Du?*

K: *Weiß nicht.*

T: *Was denn, keine einzige Stärke? Das kann doch nicht angehen! Na los, überleg' mal!*

K: *Weiß nicht, keine Ahnung.*

T: *Wie alt bist Du?*

K: *18.*

T: *18 Jahre lebst Du jetzt schon, und dann willst Du mir erzählen, dass Du nicht eine einzige Stärke hast – das gibt es doch gar nicht! Eine Stärke von mir: ich kann gut schnacken. Komm, irgendwas musst Du können!*

K: *Weiß ich nicht.*

Das Idealbild ist heldenhaft, das Realselbst von einem Mangel an Stärke geprägt – eine kognitive Dissonanz, die diesen 18–jährigen reizbar stimmen kann !

4. Neutralisierungstechniken

Mit Rechtfertigungen wird der Versuch der Tatentschuldigung unternommen, denn „das Individuum kann moralische Schuld für seine kriminellen Handlungen vermeiden, wenn es beweisen kann, daß kriminelle Absicht fehlte" (Sykes/Matza 1979:365). Die gewalttätigen Jugendlichen versuchen ihre Taten verbal zu legitimieren. Dabei gelingt den aggressiven Probanden so mancher terminologischer salto mortale, mit dessen Vollzug Neidharts Formulierung Bestätigung findet: „Definiere den Gewaltbegriff einerseits so weit, daß das Verhalten deines Gegners als Gewalt erscheint, andererseits so eng, daß eigenes Verhalten als gewaltlos erscheint" (1986, S. 127 a.a.O., S. 151) Rechtfertigungsstrategien sowie Legendenbildungen und Neutralisierungstechniken sollen aufgebrochen, statt dessen Schuld– und Schamgefühl geweckt werden. Die Jugendlichen sollen die eigenverantwortlichen Anteile ihrer Taten erkennen und verstehen lernen. „Während der Sitzungen wird die Diskrepanz zwischen der persönlichen Legende und der realen Tat aufgedeckt. Auffällig sind dabei die fast stereotypen Rechtfertigungsmuster beim Tabuthema ‚Opfer': Das Opfer hat ‚halt Pech gehabt', es ist ‚dumm gelaufen', es war ‚einfach zu blöd', es hatte ‚selber Schuld' oder der Täter musste sich ‚nur wehren'. Diese Rechtfertigungen werden durch die Opferkommunikation erschüttert (a.a.O., S, 152).

Wie es sich in der Praxis äußert, wenn der Täter seine Verantwortung ablehnt, verdeutlichen die Gesprächsauszüge mit dem Trainingsteilnehmer S. (17):

T: *S., warum nimmst Du am AAT teil?*

S: *Weil mich ein Türke mit dem Messer bedroht hat und ich mich gewehrt habe.*

T: *Wie hast Du Dich zur Wehr gesetzt?*

S: *Ich hatte eine Gaspistole dabei.*

T: *Wohin hast Du gezielt?*

S: *Aufs Knie.*

T: *Aus welcher Entfernung?*

S: *So zweieinhalb Meter.*

T: *Und woher hat S. [= Name des Opfers; Anm.] dann die Verletzungen im Gesicht?*

S: *Der hat sich danach 20 Minuten die Augen gerieben, dann muss es ja rot werden.*

T: *Wie hast Du die Waffe denn gehalten – ausgestreckt oder locker aus der Hüfte, weil's cooler ist?*

S: *Ausgestreckt auf sein Ges..., äh Knie.*

Im Verlauf der „heißen Stuhl"–Sitzung wird S. nicht nur von den TrainerInnen, sondern auch von den anderen jugendlichen Teilnehmern (jT 1-3) konfrontiert:

T: *Wofür hast du Dir die Waffe überhaupt besorgt?*

S: *Damit ich keinen Ärger mehr habe.*

T: *Wann ist die Sache gelaufen?*

S: *Letztes Jahr im Mai.*

T: *Und wie oft hattest Du seitdem Ärger?*

S: *Gar nicht mehr.*

T: *Das heißt, Du bist jetzt seit etwa einem Jahr ohne Waffe und hast keinen Ärger mehr, aber kurz nachdem Du Dir eine Waffe besorgt hast, bekommst Du sofort Ärger – kannst Du mir das mal erklären?*

S: *(Schulterzucken).*

T: *Also: Du holst Dir eine Waffe, damit Du keinen Ärger mehr hast. Das erste Mal, dass Du Dir allerdings richtig Ärger einhandelst, ist, weil Du eine Waffe dabei hast, und seitdem Du die Waffe nicht mehr hast, hattest Du auch keinen Ärger mehr – kannst Du mir mal erklären, wie das zusammenpasst?*

S: *Seitdem hab ich eben keinen Ärger mehr.*

jT₁: *Und warum nicht?*

S: *Weil nichts mehr gewesen ist.*

jT₂: *Wo sind die Mulucken...ach nee, man muss ja Türke sagen,... wo sind die denn alle geblieben? Die müssen doch voll sauer sein auf Dich.*

S: *Ich geh denen aus dem Weg.*

T: *Hier in diesem Dorf, oder was? Das glaubst Du doch wohl alleine nicht!*

T: *Ich warte noch immer auf Deine Erklärung, warum Du mit der Waffe, die Du hattest, um Dir Ärger vom Leibe zu halten, Ärger hattest, aber ohne Waffe überhaupt nicht.*

S: *Ich pass eben jetzt besser auf.*

T: *Worauf passt Du besser auf?*

S: *Dass ich keinen Ärger mehr habe.*

T: *Und warum hast Du keinen Ärger mehr?*

jT₃: *Weil Du nicht mehr bewaffnet bist!*

5. Opferperspektive

Mit diesem Faktor ist äußerst sensibel umzugehen. Keinesfalls darf das Opfer als „Werkzeug" im therapeutischen Setting missbraucht werden, um den Täter für die Folgen seiner Tat zu sensibilisieren (Kube 1985:13). Durch indirekte (Vorspielen eines Opferinterviews per Tonband) oder symbolische (Vorführung von Filmen aus der Opferperspektive) Formen der Opferkommunikation soll das Einfühlungsvermögen des Täters erhöht werden. Des weiteren soll der nicht abgesandte Entschuldigungsbrief des Täters an sein Opfer Betroffenheit für die Tatfolgen des Opfers wecken. Fakt ist: Die Konfrontation des Täters mit der Opferperspektive lässt kaum Ausreden zu und verunmöglicht eine neutrale Distanz zum angerichteten Leid. Die Konfrontation mit der Opferperspektive während einer „heißen Stuhl"-Sitzung veranschaulicht die Passage, in der Trainingsteilnehmer C. (20), dessen Akte bisher Taten wegen Diebstahls, Körperverletzungen sowie Unfallflucht aufweist, sich zu den Gewaltanwendungen gegenüber seiner Freundin äußert:

C: *Meine Freundin fängt erst im Sommer mit ihrer Ausbildung an und ich finde, solange sie bei mir wohnt, kann sie ruhig im Haushalt helfen. Ich werde total sauer, wenn ich von der Arbeit nach Hause komme und sie liegt dann noch immer im Bett. Neulich wollte sie das Treppenhaus putzen, aber sie hat gar nichts gemacht, obwohl sie es versprochen hatte.*

T: *Und wie hast Du reagiert?*

C: *Ich bin sauer geworden. [...]. Und neulich war wieder so was, als ich nach Hause gekommen bin und sie nicht eingekauft hatte. Ich hatte Hunger, und der Kühlschrank war leer. Da musste ich noch los zum Einkaufen, weil sie gleich zum Sport gehen wollte. Da hab ich ihr gesagt, dass das so nicht läuft, wenn ich arbeite und sie nicht mal einkaufen geht.*

T: *Und wie ist das weiter gegangen?*

C: *Wir haben uns gestritten, und dann hab ich sie geschlagen.*

T: *Du hast Deine Freundin geschlagen? Obwohl Du hier während der Kennenlernrunde gesagt hast, Gewalt gegen Frauen und Mädchen lehnst Du ab?*

C: *Ja, das kommt ja jetzt auch nicht mehr vor.*

T: *Wann war das denn?*

C: *Vor etwa zwei Wochen.*

T: *Und vor vier Wochen hast Du hier zu Protokoll gegeben, dass Gewalt gegen Frauen und Mädchen für Dich tabu ist, und zwei Wochen später verprügelst Du Deine eigene Freundin!?*

C: *Ich hab sie ja nicht verprügelt...*

T: *Sondern nur ‚gehauen‘, ja?*

C: *Ich hab ihr mit der flachen Hand ins Gesicht geschlagen.*

T: *Deiner eigenen Freundin! Du hast doch auch schon mal an einem sozialen Trainingskurs teilgenommen – der scheint ja nicht viel gebracht zu haben, oder?*

C: *Doch schon. Ich schlag mich ja jetzt auch nicht mehr.*

T: *Ach, auf einmal. Aber vor zwei Wochen noch die eigene Freundin schlagen. Nenn mir mal einen Grund, warum Dir das jemand glauben soll! Warum?*

C: *Weil ich eingesehen habe, dass das Scheiße ist.*

T: *So plötzlich? Wie muss sich denn Deine Freundin vorkommen, wenn der eigene Freund ihr mit Schlägen kommt?*

C: *Jetzt sag ich ihr ja, dass sie zu Hause schlafen soll, wenn wir Stress haben, weil ich das auch nicht mehr will.*

T: *Hat Deine Freundin Angst vor Dir?*

C: *Warum?*

T: *Weil sie doch damit rechnen muss, von Dir verprügelt zu werden.*

C: *Ich sagte doch, ich mach das nicht mehr.*

6. Provokationstests

Basierend auf der Grundlage der Provokativen Therapie (Farrelly/Matthews 1983) werden Situationen in den Sitzungen behandelt, die nach der bisherigen Tatbiographie des Jugendlichen zu Gewaltdelikten geführt haben. Die Trainingsteilnehmer sollen durch die Provokationstests die Grenzen von Selbstkontrolle, Erregbarkeit und Aggressivität erfahren. Durch das AAT–Team wird die Rolle des ‚Advocatus Diaboli" übernommen, der beständig die Konflikt- und Aggressionsauslöser bearbeitet, oder mit den Worten des Trainingsteilnehmers A. (19) formuliert: „Das ist so, als ob man einen kaputten Zahn hat und alle drücken immer weiter auf dieser Stelle herum. Das ist gut so, was gemacht wird. So macht man sich wenigstens Gedanken darüber, was man gemacht hat." Gleichzeitig werden die verbalen Provokationen durch eine für den Teilnehmer unangenehme Gestaltung der Gesamtsituation verstärkt. Wer es beispielsweise überhaupt nicht mag, permanent ‚angegrabbelt' zu werden, „weil das total schwul ‘rüberkommt'", muss es aushalten, genau dieses ‚Angrabbeln' während der Sitzung auf dem „heißen Stuhl" zu ertragen, ohne sich durch diese andauernde Provokation zu aggressiven Handlungen hinreißen zu lassen. Droht die Erregung des Probanden in Aggressivität umzuschlagen, gilt es, den Provokationstest abzubrechen, 1. weil das Ziel der Gruppensitzungen Gewaltvermeidung trotz Provokation ist und 2. weil Trainer und Teilnehmer sich keinen tatsächlichen Gewalttätigkeiten aussetzen sollen. Ein Beispiel: Auf dem „heißen Stuhl" muss S. (20) es akzeptieren, von allen an der Sitzung Beteiligten hinsichtlich seiner zur Schau gestellten Coolness konfrontiert zu werden, um ihm so die Grenze seiner eigenen Kontrolle aufzuzeigen:

jT1: *Gibt es für Dein Dauergrinsen einen Preis?*

S: *Vielleicht.*

jT2: *Was hat Dich denn vor der Schlägerei so hochgebracht?*

S: *Da hat in der Disco einer meine Freundin angegrabbelt.*

T: *Wie hat er die denn angegrabbelt?*

S: *Er hat ihr an den Hintern gefaßt.*

jT3: *Ist doch toll, wenn die so'n geilen Hintern hat.*

S: *Deshalb muss der sie nicht angrabbeln!*

T: *Und was hast Du dann gemacht?*

S: *Ich bin mit dem Typen rausgegangen.*

T: *Warum hast Du das nicht gleich in der Disco geklärt?*

S: *Ich bin doch nicht bescheuert – vor all den Leuten!*

T: *Dazu bist Du wohl zu feige, was?*

S: *Wieso feige? Wenn da so viele Leute rumstehen.*

T: *Also doch feige.*

S: *Quatsch!*

T: *Natürlich ist das feige!*

S: *Halt's Maul!*

T: *Was war das? Halt's Maul?*

S: *Ich kann auch sagen: halt die Fresse!*

T: *Sonst noch was?*

S: *Du kannst es auch anal haben.*

Wenn es gelingt, das Kränkungsniveau der gewaltbereiten Jugendlichen anzuheben sowie eine Gewalthemmung aufzubauen, können als positive Konsequenzen eines Erregungs- und Provokationsabbaus ganz neue Erfahrungen für die Jugendlichen auftreten, die wie folgt beschrieben werden können: „Wenn Aggressoren provokative Tätigkeiten aufgeben ... machen sie bald mit potentiell belohnenden Aspekten ihrer Umwelt Bekanntschaft, die immer vorhanden waren und die die neu entstehenden Verhaltensmuster automatisch verstärken ... Andere werden freundlicher, wenn sie nicht mehr länger in Schrecken oder in Wut versetzt werden. Positive Aufgeschlossenheit fördert dann wieder herzliche Gegenreaktionen. Wenn eine wechselseitig verstärkende Interaktion zwischen gewaltlosem Verhalten und den Belohnungen aus der Umwelt einmal ins Leben gerufen ist, können sich weitreichende Veränderungen ergeben, auch wenn freundliches Verhalten niemals bewusst entwickelt wurde" (Bandura 1979:337). Den Triumph, dass seine – wenn auch unter Anstrengungen – bewiesene Gelassenheit anerkannt wird, konnte AAT-Teilnehmer K. (22) sich nach der „heißen Stuhl"-Sitzung von einem der Trainer bestätigen lassen:

Trainer: ‚Ich war mir sicher, dass ich Dich hochbringe. Jede Wette wäre ich darauf eingegangen. Und Du hast es geschafft, cool zu bleiben obwohl ich mir soviel Mühe gegeben habe. Ich kann das immer noch nicht richtig glauben, dass Du nicht hochgegangen bist.' Der daraus resultierende Erkenntnisgewinn für K. ist bestechend. Er lautet: „Die größte Niederlage des Provokateurs ist das Ignorieren der Provokation". Inwieweit der Verzicht auf gewalttätige Verhaltensweisen und die Hinwendung zu prosozialem Verhalten von Dauer sein kann (vgl. Ohlemacher et. al. 2000), teilt Trainingsteilnehmer C. (20) beim Feedback nach einer „heißen Stuhl"-Sitzung dem Probanden K. (22) mit: ‚Ich geb Dir einen Tipp: hör mit dem Saufen auf. Ich hab früher auch viel gesoffen

– das ist nichts. Das ist viel schöner, wenn Du Deine Freundin einfach mal so in den Arm nehmen kannst und ihr dann einen Kuss gibst. Das ist schon was Schönes."

Küssen, statt schlagen – zu schön, um wahr zu sein !

Literatur:
Badura, B./Gross, P.: Sozialpolitische Perspektiven. Eine Einführung in Grundlagen und Probleme sozialer Dienstleistungen. München 1976.

Bandura, A: Principles of behavior modification, New York: Holt, Rinehart & Winston 1969.

Bandura, A.: Aggression. Stuttgart 1979.

Bandura, A.: Modifikation und Kontrolle aggressiven Verhaltens, in: ders.: Aggression. Stuttgart 1979, S. 271–356.

Bürgerschaft der Freien und Hansestadt Hamburg (Hrsg.): Bericht der Enquette-Kommission: „Jugendkriminalität und ihre gesellschaftlichen Ursachen". Drucksache 16/4000. Hamburg 2000.

Bugental, J. F. T.: The Third Force in psychology, in: Journal of Humanistic Psychology, 1/1964, S. 19-26.

Corsini, R. J.: Konfrontative Therapie, in: ders. (Hrsg.): Handbuch der Psychotherapie. Weinheim, Basel 1983, S. 555–570.

Ellis, A.: Wut. Berlin 1987.

Emme, M.: „Der Versuch, den Feind zu verstehen": ein pädagogischer Beitrag zur moralisch-politischen Dimension von Empathie und Dialog. Frankfurt am Main 1999.

Farrelly, F./Brandsma, J.: Provokative Therapie. Berlin 1986.

Farrelly, F./Matthews, S.: Provokative Therapie, in: Corsini, R. (Hrsg.): Handbuch der Psychotherapie. Weinheim, Basel 1983, S. 956–977.

Festinger, L.: Theorie der kognitiven Dissonanz. Bern 1978 (1957).

Galuske, M.: Methoden der Sozialen Arbeit. Eine Einführung; 2. Auflage. Weinheim und München 1999.

Grissom, G.: Glen Mills Schools. Research Project. Philadelphia 1984.

Hamburger, F.: Pädagogik angesichts der Gewalt. Überlegungen zur Jugendarbeit, in: Stickelmann, B. (Hrsg.): a.a.O. S. 57–92.

Haußmann, R.: Parteiliche Jugendsozialarbeit, in: Stimmer, F. (Hrsg.): Lexikon der Sozialpädagogik und der Sozialarbeit. München, Wien 1996, S. 360-363.

Heilemann, M.: Kommunikationstraining, in: ZfStrVo 5/1997, S. 280-285.

Heilemann, M.: Geschichte des Antagonistentrainings, in: Zeitschrift für Strafvollzug und Straffälligenhilfe (ZfStrVo) 1994, S. 331-336.

Heilemann, M.: Gemeindenahe Sexualstraftäter-Therapie, in Schorr, A. (Hg.): Klinische Psychologie, Forensische Psychologie, Pädagogische Psychologie, Bd. II, Bonn 1986, S. 53-59.

Joffe, W. G./Sandler, J.: Über einige begriffliche Probleme im Zusammenhang mit dem Studium narzißtischer Störungen, in: Psyche, 21, 1967, S. 152-165.

Kelber, M.: Was verstehen wir unter Gruppenpädagogik?, in: Haus Schwalbach (Hrsg.): Neue Auswahl aus den Schwalbacher Blättern. Beiträge zur Gruppenpädagogik. Wiesbaden 1965, S. 1-13.

Kierkegaard, S.: Die Tagebücher. München 1953.

Kilb, R.: Kooperation als neuer ‚Königsweg‘ oder: ist Kooperation in der Konkurrenzsituation überhaupt möglich ? Sozialmagazin 5/1999, S. 44-48.

Kilb, R./Weidner, J.: Eine neue Methode im Aufwind? Zu Qualitätsanforderungen für das Anti-Aggressivitäts-Training (AAT) und das Coolness-Training (CT), in: Forum Anti-Aggressivitäts-Training 1 - 1998, Dezember 1998, ISS - Aktuell 38/98, S. 63 -72.

Konopka, G.: Soziale Gruppenarbeit: ein helfender Prozeß. Weinheim/Berlin/Basel 1971.

Kriz, J.: Grundkonzepte der Psychotherapie. München 1985.

Kraußlach, J.: Aggression im Jugendhaus. Wuppertal 1981.

Kube, E.: Täter-Opfer-Ausgleich. Wunschtraum oder Wirklichkeit?, in: Weißer Ring 6/1985, 10-18.

Lattke, H.: Gegenwartsforderungen an Methodik und Organisation der Sozialarbeit, in: Caritas 12/1961, S. 315-334.

Maelicke, B.: Ambulante Alternativen zum Jugendarrest und Jugendstrafvollzug. Weinheim 1988.

Moreno, J. L.: Einladung zu einer Begegnung, Wien 1915, in: Gruppenpsychotherapie und Psychodrama. Stuttgart 1959.

Neidhardt, F.: Gewalt. Soziale Bedeutung und sozialwissenschaftliche Bestimmung des Begriffs, in: Bundeskriminalamt (Hrsg.): Was ist Gewalt? Wiesbaden 1986.

Neugebauer, K.: Jugendgewalt – Therapie auf dem „heißen Stuhl", in: Hamburger Abendblatt vom 8. März 1999, S. 12.

Nohl, H.: Jugendwohlfahrt. Sozialpädagogische Vorträge. Leipzig 1927.

Ohlemacher, T. u. a.: Anti–Aggressivitäts–Training und Legalbewährung, in: Bereswill, M.: Interdisziplinäre Beiträge zur kriminologischen Forschung, NOMOS Verlag 2001.

Otto, M.: Gemeinsam lernen durch Soziales Training. Planung, Durchführung und Evaluation eines Lernprogramms für die Anwendung im Strafvollzug, in: Wischka, B./Koop, G. (Hrsg.): Kriminalpädagogische Praxis, Band 7. Lingen/Ems 1988.

Perls, F. S.: Grundlagen der Gestalttherapie. München 1976.

Pfeiffer, C.: Jugendkriminalität und Jugendgewalt in europäischen Ländern (KFN–Forschungsberichte Nr. 70). KFN, Hannover 1997.

Pfeiffer, C./Delzer, I./Enzmann, D./Wetzels, P.: Ausgrenzung, Gewalt und Kriminalität im Leben junger Menschen. Kinder und Jugendliche als Opfer und Täter, in: Sonderdruck zum 24. Deutschen Jugendgerichtstag vom 18.–22. September 1998 in Hamburg. Hannover 1998.

Pichler, M: „Ich kenne keine ärmeren Menschen vor Gott als die Manager." Wie Führungskräfte aus Einzelkämpfern Teams formen können – ein Seminar mit Rupert Lay, in: Handelsblatt vom 08./09. Januar 1999, S. K 2.

Polsky, H.: Cottage Six. Huntington, New York: Robert E. Krieger Publishing Co. 1977 (Orig. 1962).

Rogers, C./Schmid, P. F.: Person-zentriert. Grundlagen von Theorie und Praxis. Mit einem kommentierten Beratungsgespräch von Carl Rogers. Mainz 1991

Rössner, D./Wulf, R.: Opferbezogene Strafrechtspflege, in: Deutsche Bewährungshilfe e. V. (Hrsg.): Rundbrief Soziale Arbeit im Strafrecht. Bonn 1984.

Schiller, H.: Gruppenpädagogik (social group work) als Methode der Sozialarbeit. Darstellung und Analyse ihrer Theorie und Praxis. Wiesbaden. Biebrich 1963.

Schleichert, H.: Wie man mit Fundamentalisten diskutiert, ohne den Verstand zu verlieren. Anleitung zum subversiven Denken. München 1997.

Schomaker, G.: Vorschlag für die Umsetzung eines Anti–Aggressivitäts– Trainings (AAT) in Hamburg–Rahlstedt. Hamburg 1997 (Typoskript).

Stark. W.: Empowerment. Neue Handlungskompetenzen in der psychosozialen Praxis. Freiburg im Breisgau 1996.

Stickelmann, B. (Hrsg.): Zuschlagen oder Zuhören – Jugendarbeit mit gewalt-orientierten Jugendlichen. Weinheim und München 1996.

Stiels–Glenn, M.: Das Anti-Gewalt-Training in der Jugendgerichts- und Bewährungshilfe, in: Weidner, J./Kilb, R./Kreft, D. (Hrsg.): a.a.O., S. 238–261.

Sykes, G. M./Matza, D.: Techniken der Neutralisierung: Eine Theorie der Delinquenz, in: Sack, F./König, R. (Hrsg.): Kriminalsoziologie. Wiesbaden 1979, S. 360–371.

Thiersch, H.: Sozialarbeit zwischen Expertentum und Selbsthilfe, in: Kleiber, D./Rommelspacher, B. (Hrsg.): Die Zukunft des Helfens. Weinheim und München 1986, S. 241–263.

Weber, W.: Wege zum helfenden Gespräch: Gesprächspsychotherapie in der Praxis; ein Lernprogramm mit kurzen Lernimpulsen, praxisnahen Hinweisen und vielen praktischen Übungen. München 1996.

Weidner, J.: Anti-Aggressivitäts-Training für Gewalttäter. Bonn 1997 (1. Aufl. 1990)

Weidner, J./Kilb, R./Kreft, D. (Hrsg.): Gewalt im Griff. Neue Formen des Anti-Aggressivitäts-Trainings. Weinheim und Basel 1997.

Weidner, J./Wolters, J.-M.: Aggression und Delinquenz – Ein spezial-präventives Training für gewalttätige Wiederholungstäter, in: MschrKrim 4/1991.

》 **Horst Schawohl**, Jahrgang 1965, Dipl.-Sozialpädagoge; Anti-Aggressivitäts-Trainer® (Zertifizierung Institut für Sozialarbeit und Sozialpädagogik, Frankfurt am Main), AAT- Trainer bei Nordlicht e.V. Hamburg, der Jugendhilfe e.V. Pinneberg/Schleswig-Holstein, der Jugendgerichtshilfe in Lübeck und der Jugendanstalt Hahnöfersand/Hamburg **《**